JP1による
ジョブ管理
の実践ノウハウ

伊藤忠テクノソリューションズ株式会社 著

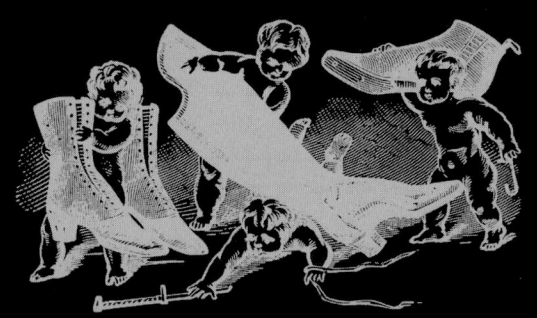

日経SYSTEMS

はじめに

　当社は2000年から，システム統合運用管理製品で国内デファクト・スタンダードとなっている「JP1」の販売と技術サポートを手掛けてきた。取り扱う製品については，必ず専門の技術者を育成し，しっかりとサポートするのが当社の基本的なスタンスである。JP1認定資格にも多くのSEが積極的にチャレンジし，取得してきた。

　本書では，システム運用の自動化の中核となるジョブ管理をテーマに，当社の技術者たちが現場で蓄えてきたノウハウを，具体例とともに余すことなく紹介する。ジョブ管理製品を活用したシステムの設計，構築，運用の各フェーズで役立つ，様々なテクニックを逆引きできるように工夫している。ぜひ，本書をお手元に置いて活用いただきたい。JP1にかかわるすべての技術者が，システム運用管理における課題を解決する一助となれば幸いである。

　本書の出版は，株式会社日立製作所の関係者の皆様によるご協力があって実現した。企画立案段階から参加いただき，多くの提案や貴重な情報提供に協力いただいたプラットフォーム拡販推進センタならびにソフトウェア事業部の方々に，この場を借りて御礼申し上げる。

　書籍化に当たっては，企画および編集で豊富な経験に基づく多くの助言をいただいた日経SYSTEMSの杉山裕幸編集長，森重和春記者に心より感謝したい。

2008年3月
伊藤忠テクノソリューションズ株式会社
執行役員　ITエンジニアリング室長
鈴木 誠治

CONTENTS

第1章 システム運用とJP1
　システム運用が抱える課題とジョブ管理 ……………………… 8

第2章 ケーススタディ── 課題解決の実践例
　2.1　A氏のケーススタディ：
　　　データ・バックアップ作業の自動化 ……………………… 16
　2.2　B氏のケーススタディ：情報端末の運用を無人化 ……… 20
　2.3　C氏のケーススタディ：データ処理を自動化 …………… 24

第3章 ジョブ管理テクニック【設計編】
　3.1　ジョブの定義と管理体系 …………………………………… 30
　3.2　業務自動化の要件設計 ……………………………………… 38
　3.3　ジョブの詳細設計 …………………………………………… 47
　3.4　ジョブ定義のテクニック …………………………………… 68

第4章 ジョブ管理テクニック【運用編】
　4.1　ジョブネットの定義 ………………………………………… 108
　4.2　カレンダー・スケジュールの定義 ………………………… 112
　4.3　ジョブネットの実行 ………………………………………… 114
　4.4　ジョブネットの監視 ………………………………………… 118
　4.5　ジョブ実行操作のテクニック ……………………………… 123

第5章 ジョブ管理テクニック【構築編】

- 5.1 インストールと疎通確認 ……………………… 130
- 5.2 環境設定のテクニック ………………………… 135

第6章 JP1トラブルシューティング
── 問題の解析と対処

- 6.1 トラブルの対処手順 …………………………… 172
- 6.2 現象別の主な対応策 …………………………… 182

第7章 JP1を活用した運用ライフサイクル

- 7.1 システム運用のPDCA ………………………… 190
- 7.2 PDCAに役立つ運用改善ノウハウ …………… 192

付録

- 付録A オプション製品概要 …………………………… 216
- 付録B ジョブスケジューラのインストール手順 …… 238

JP1の主な製品一覧 …………………………………… 257

用語解説 ………………………………………………… 261

索引 ……………………………………………………… 270

CONTENTS

逆引きで分かる！
テクニック，トラブルシューティング，運用改善ノウハウ

ジョブ定義のテクニック

Tips3- 1	ジョブ実行日が休業日のときは，別の運用日に振り替えたい ……… 68
Tips3- 2	ジョブ実行の起点日が休業日のとき，運用日に振り替えたい ……… 70
Tips3- 3	翌日が休日でも，日付をまたいだジョブを実行したい ……… 71
Tips3- 4	毎日実行するジョブと週末実行するジョブを混在して運用したい ……… 73
Tips3- 5	異なるカレンダーが混在する業務間でジョブを運用したい ……… 75
Tips3- 6	異常終了したジョブネットは，次回の実行を保留したい ……… 77
Tips3- 7	パラメータ値が毎月変動するジョブを実行したい ……… 78
Tips3- 8	5分間隔でジョブを定期的に実行したい ……… 79
Tips3- 9	開発環境で定義したジョブを本番環境へ楽に移行したい ……… 85
Tips3-10	先行ジョブの結果に応じて，実行させるジョブを変えたい ……… 87
Tips3-11	別のルートジョブネットの実行終了をきっかけにして，ルートジョブネットを実行させたい（その1） ……… 92
Tips3-12	別のルートジョブネットの実行終了をきっかけにして，ルートジョブネットを実行させたい（その2） ……… 97
Tips3-13	JP1を導入していないシステムや，遠隔地にあるシステムと連携して，ジョブネットを実行させたい ……… 102

ジョブ実行操作のテクニック

- **Tips 4-1** ジョブの定義内容を事前に確認したい ……… 111
- **Tips 4-2** 実行開始日時を一時的に変更したい ……… 123
- **Tips 4-3** ジョブネットの実行を一時的に中止したい ……… 124
- **Tips 4-4** 中断したジョブネットを再実行したい ……… 125
- **Tips 4-5** 実行中のジョブネットを強制終了したい ……… 126
- **Tips 4-6** ジョブネットの実行を保留したい ……… 127
- **Tips 4-7** ジョブネットの実行を保留解除したい ……… 128

環境設定のテクニック

- **Tips 5-1** JP1/BaseとJP1/AJS2だけを自動起動したい ……… 135
- **Tips 5-2** JP1製品と他のアプリケーションの起動順序に依存関係を持たせたい ……… 138
- **Tips 5-3** 他のサーバー上に認証サーバーを設定したい ……… 139
- **Tips 5-4** JP1ユーザーを追加したい ……… 142
- **Tips 5-5** スケジューラサービスの動作環境を変更したい ……… 149
- **Tips 5-6** ジョブ実行環境を変更したい ……… 153
- **Tips 5-7** キューを使用せず、処理性能を上げてジョブを実行したい ……… 155
- **Tips 5-8** ジョブ実行エージェントを追加したい ……… 158
- **Tips 5-9** ジョブ実行制御のためのISAMデータベースを定期的にメンテナンスしたい ……… 162
- **Tips 5-10** 実行登録を解除せずにジョブの定義を変更したい ……… 163
- **Tips 5-11** コマンドでキューを操作したい ……… 164
- **Tips 5-12** 任意のジョブネットの状態を監視したい ……… 166

トラブル現象別対応策

認証サーバーが起動しない ……………………………… 182
JP1/AJS2のサービスが起動しない ……………………… 182
JP1/AJS2のサービス起動に時間がかかる ……………… 183
JP1/AJS2のサービス停止に時間がかかる ……………… 183
ジョブネットの登録に失敗する ………………………… 183
ジョブの起動に失敗する ………………………………… 184
ジョブが異常終了する …………………………………… 185
ジョブを実行できない …………………………………… 185
ジョブネットの実行登録解除に時間がかかる ………… 185
スケジュールを登録できない …………………………… 186
JP1/AJS2にログインできない …………………………… 186
長時間のジョブ運用で処理性能が低下する …………… 186
ManagerとAgentが通信できない ……………………… 187
誤ってジョブを実行してしまった ……………………… 187

PDCAに役立つ運用改善ノウハウ

大量のジョブ定義を一括変更したい …………………… 192
マルチプラットフォームでアプリケーションを共通化したい … 195
電源投入やシステム起動を自動化したい ……………… 197
運用実績報告書の作成を自動化したい ………………… 200
ジョブを実行するサーバーの稼働状況を集中監視したい … 202
ジョブの障害を確実に運用管理者に伝えたい ………… 205
ジョブ実行サーバーを安定稼働させたい ……………… 208
将来のリソース消費を予測したい ……………………… 211

※本書に記載した会社名，製品名などは，各社の登録商標または商標です。

第1章
システム運用とJP1

企業の情報システム部門は，TCO（Total Cost of Ownership）削減やコンプライアンス強化など，多くの課題を抱えている。システム運用が抱える課題と，それを解決する運用管理ツールの役割，業務運用を自動化するジョブ管理について解説する。

システム運用が抱える課題と
ジョブ管理

　顧客ニーズやサービスの多様化に伴って，企業の経営者が抱えるIT活用の課題は大きく変化している。IT活用を考える上で必要なのは，競合他社に先駆けた戦略的システムの早期投入を図ることである。その成功いかんが，企業の競争力に大きく影響し，ひいては企業価値の向上につながるからだ。

　コンプライアンス（法令順守）の強化も忘れてはならない。金融商品取引法など新たな法制度への対応を含め，コンプライアンス強化は避けられない課題だ。企業は，これらの課題を早期に解決し，同時に，増大するITのトータル運用コスト（TCO）の削減も実現しなければならない。

　企業の情報システム部門の責任も，ますます大きくなっている。日常的なシステム運用を確実にこなしながら，ビジネス部門と協調して戦略的システムの策定と導入を推し進めていかなければならないのだ。

増え続ける工数の削減が重要な課題に

　情報システム部門が担うシステム運用には，日々のサーバー運用はもちろん，

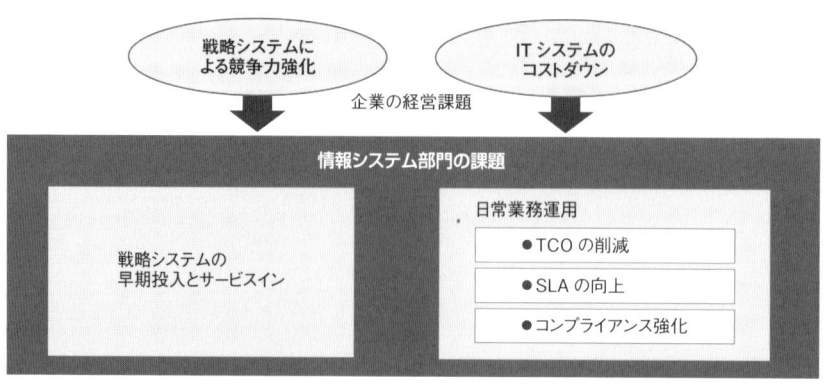

図1-1●情報システム部門の課題

TCOの削減やサービス・レベルの改善，コンプライアンス強化などの取り組みも含まれる。これらの役割をこなしていく上で，情報システム部門の多くが，以下に示すような様々な課題を抱えている（図1-1）。

課題1 混在するプラットフォームや技術に対する均一なSLAの提供

次々リリースされる新しい戦略システムは，その時点で最新のプラットフォームや技術を適用して構築される。そのため，古い既存システムと新しいシステムでは，サービス・レベルは本来異なる。だが，システムを利用するユーザーからは，同一のサービス品質（SLA：サービス・レベル契約）を求められる。その改善や改良のための工数確保に苦慮している。

課題2 担当者に依存した運用ノウハウからの脱皮

システム運用やトラブル対応は，長年の経験を持つ運用担当者に依存し，属人化している。業務が特定の担当者に偏ってしまうため，最適な業務配分ができないという悩みがある。

課題3 コンプライアンス強化のための工数確保

内部統制への対応など，コンプライアンス強化が欠かせない。そのためには，基幹系システム全体の稼働状況や処理内容を監視することが不可欠になる。不正な処理がなかったことを証明し，不正が発生しない仕組みが求められている。これらを実現するための工数の確保が必要である。

運用管理ツールの活用で課題を解決

情報システム部門が，多くの業務を限られた人数の運用チームでまかなうためには，システムの安定稼働を支える強固なシステム基盤と，運用業務の徹底した自動化が不可欠だ。システムの自動化とその統合的な監視の仕組みによって，運用工数を削減できる。さらに運用業務は，計画立案から改善まで，PDCA（Plan，Do，Check，Action）サイクルの実践による継続的な改善が不可欠である。

① Plan（計画）　：従来の実績や将来の予測などを基に，業務計画を作成する。
② Do（実施）　　：計画に沿って業務を行う。
③ Check（点検）：業務の実施が計画に沿っているかどうかを確認する。
④ Action（改善）：実施が計画に沿っていない部分を調べて処置を施す。

　システムの運用業務に求められるこれらの要件を実現するには，運用管理ツールを最大限活用することが重要である。

業務運用の自動化とPDCAサイクルを実践するJP1

　「統合システム運用管理JP1」は，「モニタリング」「オートメーション」「ITコンプライアンス」「ファウンデーション」という，以下に示す四つのコンセプト・カテゴリーから構成される統合システム運用管理製品である。これらのコンセプトに基づく機能を活用し，PDCAサイクルを通じた運用業務の継続的な改善活動を実施することで，前述した様々な課題を解決する（**図1-2**）。

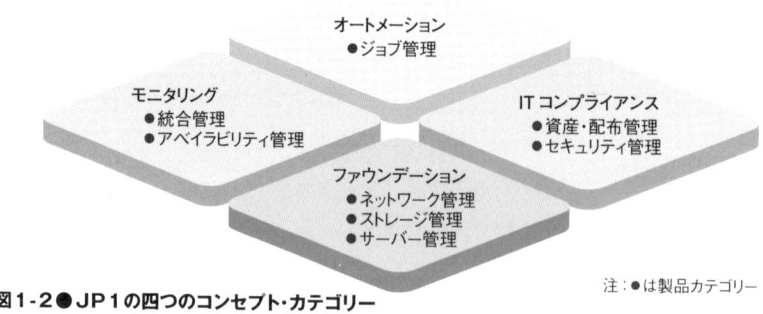

図1-2●JP1の四つのコンセプト・カテゴリー

① モニタリング
　システム全体の稼働状況を「見る」コンセプト・カテゴリー。サービスおよびシステムの稼働状態や障害発生の予兆を監視するための，統合管理とアベイラビリティ管理製品で構成される。
② オートメーション
　計画的に業務を「動かす」コンセプト・カテゴリー。業務の運用計画を立案し，

ポリシーに基づいたシステム運用や業務の自動化を支援するためのジョブ管理製品で構成される。

③ ITコンプライアンス

　企業にとって大切なIT資産を「守る」コンセプト・カテゴリー。セキュリティ・ポリシーや法令，規則に基づく内部統制の強化によって，重要な資産情報の集中管理と，コンプライアンスへの速やかな対応を実施する。そのための資産・配布管理とセキュリティ管理製品から構成される。

④ ファウンデーション

　システムの基盤を「支える」コンセプト・カテゴリー。ネットワークやストレージ，サーバーを効率よく管理し，システム・インフラを強固に支えるための，ネットワーク管理，ストレージ管理，サーバー管理製品から構成されている。

　JP1は，この四つのコンセプト・カテゴリーに分類される製品に加え，テクニカル・サービスやサポート・サービス，研修サービスを加えた商品体系になっている。

ジョブ管理による工数削減とコンプライアンス強化

　限られたリソースでシステム運用の様々な課題を解決するためには，機械化・自動化による工数の削減が最も効果的である。また，情報システムで業務を自動化することで，業務処理に人手を介する余地が最小化される。このことは，操作ミスや許可されていない操作を排除することにつながり，コンプライアンス強化にも貢献するのである。

　自動化で大きな役割を果たすのが，JP1のコンセプト・カテゴリーのうち，「オートメーション」を構成する「ジョブ管理」製品である。ジョブ管理は，「ジョブスケジューラ」という製品を中心に，いくつかのオプション製品や関連製品で構成されている（図1-3）。ジョブスケジューラは，業務実行のスケジューリングや予実績管理など，業務の自動化に必要な機能を提供する。

　本書では，計画的な業務実行を行うジョブ管理にスポットを当て，ジョブ管理によって実現する運用業務自動化のケーススタディと，その構築ノウハウを徹底解説する。

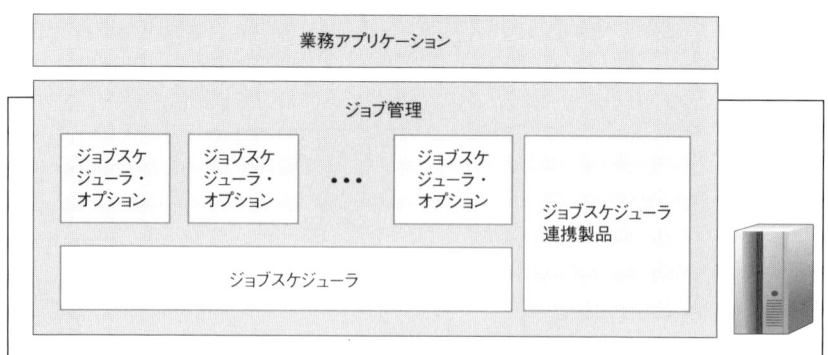

図1-3●ジョブスケジューラとオプションや連携製品から成るジョブ管理

1日のサーバー運用業務を自動化する

図1-4は，ジョブ管理によるサーバー運用自動化の例である。ジョブ管理を利用すれば，サーバーの電源を投入して必要な業務処理を実行し，最後に電源を落とすところまで，つまり1日のサーバー運用業務を，すべて自動化することが可能だ。ジョブスケジューラはまず，JP1システムに定義されているカレンダーに従い，朝一番にサーバーの電源を投入してシステムを立ち上げ，データベースや業務アプリケーションを起動して実行可能状態にする。

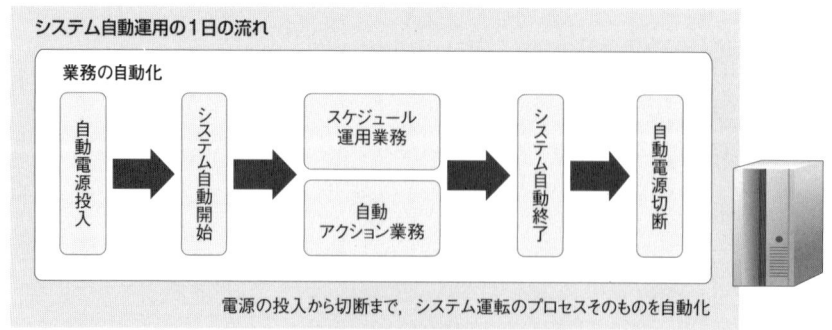

図1-4●ジョブ管理で1日のサーバー運用業務を自動化する

そして，事前に設定した計画に応じて，アプリケーションの処理を実行する。処理実行のタイミングは，日付や時刻で指定したり（スケジュール運用業務），他

のシステムの事象をきっかけに指定したりできる(自動アクション業務)。実行条件となる事象は例えば，支店からファイルが到着したタイミングや，メールが到着したタイミングなどがある。

　1日の業務が終了したことを確認すると，ジョブスケジューラはサーバーを終了して電源を落とし，1日のサーバー運用を完了する。

PDCAを実践するツールを豊富に提供
　ジョブ管理の導入で業務を自動化できるのに加え，JP1が提供する各種オプション製品を追加すれば，ビジネス環境における業務運用サイクルのPDCAを実現することも可能だ。業務運用サイクルを，「業務計画」「業務運用」「業務監視」「業務分析」という四つのフェーズに分けて実践できる。

① 計画フェーズ
ポリシーに基づいたシステム運用から業務運用までの自動化を実現するきめ細かな設定機能を提供する。

② 運用フェーズ
様々な実行手段で業務を柔軟に自動化する機能を提供する。また，運用手順をコマンドなどの機能的な概念で定型化したもの(シナリオ)によりシステム環境の変化や業務変更に強い運用を可能にする。

③ 監視フェーズ
業務の実行状態から予実績管理までをビジュアルに監視する機能を提供する。

④ 分析フェーズ
サーバー稼働管理製品により業務の稼働情報を収集して分析・改善することで，安定的な業務運用を実現する。

第2章

ケーススタディ
課題解決の実践例

ジョブ管理の中核製品であるジョブスケジューラを活用した三つの事例から，JP1によるシステム運用の自動化における課題解決のポイントを紹介する。

2.1 A氏のケーススタディ
　　データ・バックアップ作業の自動化

2.2 B氏のケーススタディ
　　情報端末の運用を無人化

2.3 C氏のケーススタディ
　　データ処理を自動化

2.1 A氏のケーススタディ
データ・バックアップ作業の自動化

A氏は，オンラインショップの受発注システムのバックアップ運用を見直した。依存関係を持つ複数のサーバー機器をシームレスに連動させながら，夜間バッチ処理の無人化と自動化を実現。JP1のジョブ管理機能の活用で，人手が主体だったシステム運用の手間やコストを大幅に軽減した。

(1) 既存システムの概要と刷新の背景

　インターネットのオンラインショップを運営するS社は，6台のWebサーバー兼アプリケーション・サーバーと，2台のデータベース・サーバーで構成された受発注システムを運用している。データベースは，クラスタ・システム「Oracle Real Application Clusters（RAC）」で二重化し，高い可用性を実現している。データベースは日々のバックアップが欠かせない。バックアップ・システムは，データベース・サーバーに接続されたストレージ上のデータを，1台のバックアップ・サーバーを経由してテープ装置へバックアップする構成である。

(2) システム運用上の課題

　受発注システムの運用責任者であるA氏は，システムのバックアップ業務に多くの課題を抱えていた。バックアップ作業は，担当者数人が持ち回り制により人手で実施していた。だが，予期せぬトラブル発生などで人手が取られ，バックアップ作業が滞ることが少なくなかったのである。また，バックアップ時にシステムを完全停止する作業手順は複雑で，人為的なミスがたびたび発生していた。

　バックアップ処理を自動化する仕組みを自前で作り込もうにも，システムの起動／停止やバックアップ処理などを複数のサーバーにまたがって連携させる必要

があり，非常に複雑だ。一度作り込んだとしても，処理の追加が発生した場合のメンテナンスなど，運用維持に懸念がある。

A氏は，これらの課題を解決しながら，バックアップを自動化する仕組みを考える必要性に迫られたのである。

(3) 問題解決手段の検討とJP1の導入

A氏は，社内の他システムの担当者に相談し，解決方法を探った。そして在庫管理システムの担当から，JP1のジョブスケジューラを導入してはどうかとアドバイスを受けたのである。在庫管理システムでは，平日の夜間に日次処理として行う在庫管理データベースの更新処理などにジョブスケジューラ製品を使用している。在庫管理システム担当者は，利用しているJP1の開発・テスト環境を使って，A氏にジョブスケジューラについて説明をしてくれた。

JP1では，基本的な操作は専用のGUIで行うことができる。例えば，いくつもの業務処理を順序立てて実行させるには，フローチャートを描くように「ジョブネット」と呼ばれる実行処理の設定を作成すれば，比較的容易に複数サーバー間の処理連携や依存関係定義が可能だ。また，処理実行の日時の指定も，カレンダー機能やスケジュール設定で分かりやすく，「月曜日～金曜日の午前1時に処理開始」のようなスケジュールを簡単に設定できるのである。

さらに在庫管理システムの担当者は，A氏が運用するバックアップ・システムの処理の流れを参考に，サンプルのジョブネットを作成してシミュレーションまでしてくれた。ジョブネットの実行状態を視覚的にリアルタイムで確認でき，実行結果も後から参照できる。また，ジョブネットの途中でエラーが発生した場合は，処理を中断したりエラー発生時だけ機能させるリカバリー処理機能を実行させたりできることも確認できたのである。

A氏は，JP1を導入すればバックアップ処理が自動化でき，運用の簡素化と担当者変更の際の引き継ぎも容易であると確信した（表2-1-1）。

ジョブスケジューラ導入による自動化に当たってA氏は，バックアップの仕組みそのものも見直すことにした。夜間バックアップ時のシステム完全停止の時間を，可能な限り短くする仕組みを導入することにしたのだ。

表2-1-1 ● システムの要件とJP1のジョブスケジューラを用いた課題解決方法

	課題	解決方法
1	人為的ミスの解消	操作が容易な専用GUIで運用する。運用を設定した後は,複雑な人為的オペレーションは必要ない
2	処理のスケジュール設定	カレンダーやスケジュールルール機能を駆使する。複雑なスケジュールを容易に設定できる
3	複数サーバー間の処理連携	連続して実行する処理のフローをジョブネットとして定義する。一つのジョブネット内で,複数のサーバーごとの処理をフローチャート式に容易に関連付けできる
4	実行結果の確認	専用GUIで実行中の処理の状況や実行終了後の結果を視覚的に参照できる
5	エラーへの対処	ジョブネットの実行途中にエラーが発生しても,自動的に処理を停止して不正な状態での処理継続を抑止できる。エラーを想定したリカバリー処理をあらかじめ用意して,エラー時のみ実施させることもできる

具体的には,バックアップ対象データのスナップショットを取り,スナップショット・データをバックアップする方式を採用した。いったんスナップショットを取得すれば,実データ領域に依存せず,バックアップ処理が行える。バックアップが終了するまでシステムを停止しておく必要がなくなる(図2-1-1)。

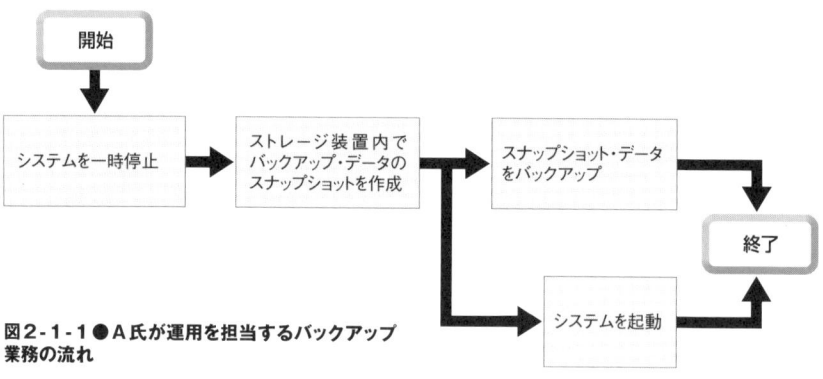

図2-1-1 ● A氏が運用を担当するバックアップ業務の流れ

(4) 導入効果

JP1を導入することで,夜間オペレーターの作業負荷軽減,ひいては運用コストの削減という効果を上げることができた。万が一のトラブルに備え,従来の方法で代替処理可能な体制で1カ月のテスト運用を実施し,システムの自動化が軌道に乗った。操作ミスや人為的要因によるトラブルに悩まされていたバックアッ

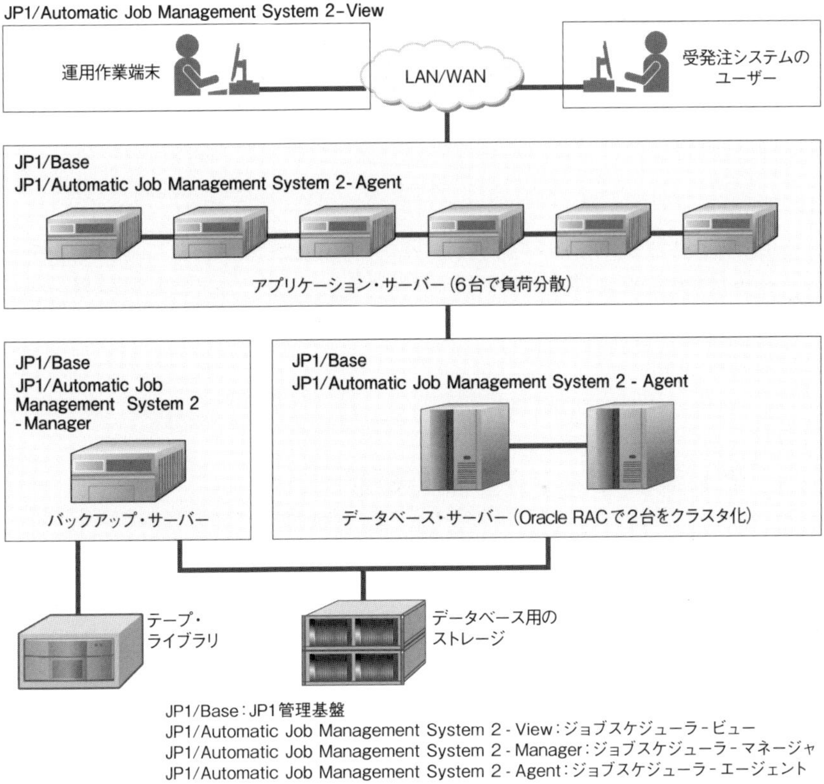

図2-1-2●JP1製品を使って運用を自動化したバックアップ・システム

プ・システムは，JP1のジョブ管理製品の導入によって，自動運用で安定稼働できるシステムに生まれ変わったのだ（図2-1-2）。

◇　　　◇　　　◇

A氏のケーススタディは，第3章「ジョブ管理テクニック【設計編】」で，ジョブ設計の考え方や，ジョブフローの作成手順を，さらに詳しく解説する。

A氏のプロフィール
　S社に入社以来，流通業のシステム開発でSEとして活躍。技術力向上に積極的で，多くの技術資格を持つ。JP1の認定資格も取得した。

2.2 B氏のケーススタディ
情報端末の運用を無人化

B氏は，都内数十カ所の小売店舗に点在する情報端末を，情報システムセンターから集中的に管理・運用する仕組みを構築した。端末やバックエンド・サーバーの障害監視，端末の起動や終了などの自動運用に，JP1のジョブ管理製品を活用した。

(1) 新規導入するシステムの概要

　流通・サービス業のK社は，顧客向けの新たなサービスとして，同社が運営する小売販売店舗に，一般顧客が容易に操作できるタッチパネル操作方式の情報端末を設置することになった。

　システムの中核を成す各種サーバー機器やネットワーク機器約20台は，K社の本社情報システムセンターに設置して運営。ネットワーク構成と重要データを管理するデータベース・サーバーは冗長化し，各サーバー機器には，予期せぬ停電などに備えてUPS（無停電電源装置）を装備する。

　利用者向けの情報端末は，都内の数十店舗に約200台配置する。三つの管理グループに分けて本社のシステムと接続し，管理運営する構成である。情報端末はWindowsパソコンで，店舗利用者の操作はタッチパネルのモニター部のみ露出した構造である。専用ボックスに収納し，不用意なOS操作や電源操作は行えない構造とした。

(2) システム導入に当たっての運用課題

　新システム導入のプロジェクト・マネージャであるB氏は，システムを構築するに当たって，サーバーやネットワーク機器，情報端末を管理運用する上での要

件を洗い出した(**表2-2-1**)。例えば店舗の情報端末では，電源のON/OFFやリモートからの操作のほか，アプリケーションの配布やバージョン管理も集中管理したい。

表2-2-1 ●システムの要件

運用項目	課題
情報端末の管理	店舗の情報端末は，毎朝営業開始前に起動し，夕方の閉店後に停止する。不用意に電源やOSを操作できない構造とするため，起動や停止の運用を本社からリモート操作で行いたい。アプリケーションや情報コンテンツのバージョン管理や入れ替え作業も本社で集中管理したい
サーバーの管理	年に2回程度，休日や夜間に本社ビルのメンテナンスに伴う停電が発生する。停電に伴うサーバーの計画停止を極力自動化したい。また，夜間の日次データ・バックアップ運用を自動化したい
機器の監視	サービス提供に影響を及ぼすような障害が発生していないか，24時間×365日監視したい。ただし，情報端末の営業時間外やサーバーの計画停止時などは，監視を自動的に停止，再開できるようにしたい

B氏は，これらの集中管理の要件を実現し，かつその運用も極力自動化したいと考えていた。ただし，要求を満たす管理ソフトウエアを自前で開発するには多大な工数，コストがかかる。サービスインの予定に間に合わせるには，短期間の導入が不可欠だったのである。

(3) 問題解決手段の検討とJP1の導入

B氏は，構築するシステムの運用で必要となる要件のポイントを，以下の三つに整理して，その実現手段を検討した。

① 本社から集中的に店舗の情報端末の電源ON/OFFやリモート操作をする方法はないか。
② 情報端末の電源ON/OFFやサーバー機器のデータ・バックアップを，無人で指定した時刻に実行できないか。
③ システムの中核である本社情報システムセンターのサーバー群やネットワーク機器については昼夜を通じて，店舗に設置してある情報端末については営業時間中，稼働状態を監視し，正常に稼働しているかどうかを自動検知することはできないか。

B氏は，IT専門誌などを通じ，「システム統合運用管理」を行うためのミドルウェア製品を，国内のメーカーが販売していることを知っていた。だが，実際に導入したり使用したりした経験はなく，どのような製品が，B氏の考える要件を満たし，導入や維持管理が容易かを判断しなければならなかった。

　B氏はまず，メーカーから資料を取り寄せて製品の紹介を受け，要件と照らし合わせながら導入する製品を検討した。そして，取引先のシステム・インテグレータI社から，JP1導入の提案を受けたのである。

　提案を検討したところ，JP1を使えば，情報端末の電源ON/OFFを制御する機能が活用できるほか，パソコン同士でWindows画面をリモート操作する機能もあるので，情報端末に不具合があっても，本社のシステム担当者がリモートで状況確認できるのも魅力的だった。また，JP1のジョブスケジューラを使えば，情報端末の電源制御をはじめとした様々な処理の実行を自動化することもできる。情報端末の電源制御は，パソコンが備えるハード機能の「Wake On LAN」との連動で実現できる（表2-2-2）。

表2-2-2●システムの要件とJP1を用いた課題解決方法

	課題	解決方法
1	情報端末の電源ON/OFFなどのリモート管理	ソフトウェア配布・資産管理のJP1/NETM/DMを使うと，ソフト配布時にパソコンのハード機能と連動し，電源ON/OFFを制御できる。また，情報端末に不具合があれば，同製品のWindows画面のリモート操作機能を使って本社側のシステム担当者が状況を確認できる
2	情報端末やサーバーのリアルタイムの障害監視	ネットワーク管理基盤のJP1/Cm2/Network Node Managerを導入し，ネットワークを通じて機器の稼働状態を監視する
3	情報端末は台数が多く，電源ON/OFFのリモート管理を人手で行うのは困難。本社システムのバックアップは夜間作業が必要	ジョブスケジューラ「JP1/Automatic Job Management System 2」を導入して自動化・無人化する

　最終的にB氏は，JP1を導入した場合と自前で運用管理機能を開発した場合のコストや工数予測なども比較し，JP1導入が課題解決に有効であると判断した。これらの検討結果を経営陣に訴え，JP1の導入を決定したのである。

(4) 導入効果

〈工数面〉

　B氏はJP1を導入したことにより，3.5人月程度の工数を削減した。

2.2 ■ B氏のケーススタディ：情報端末の運用を無人化

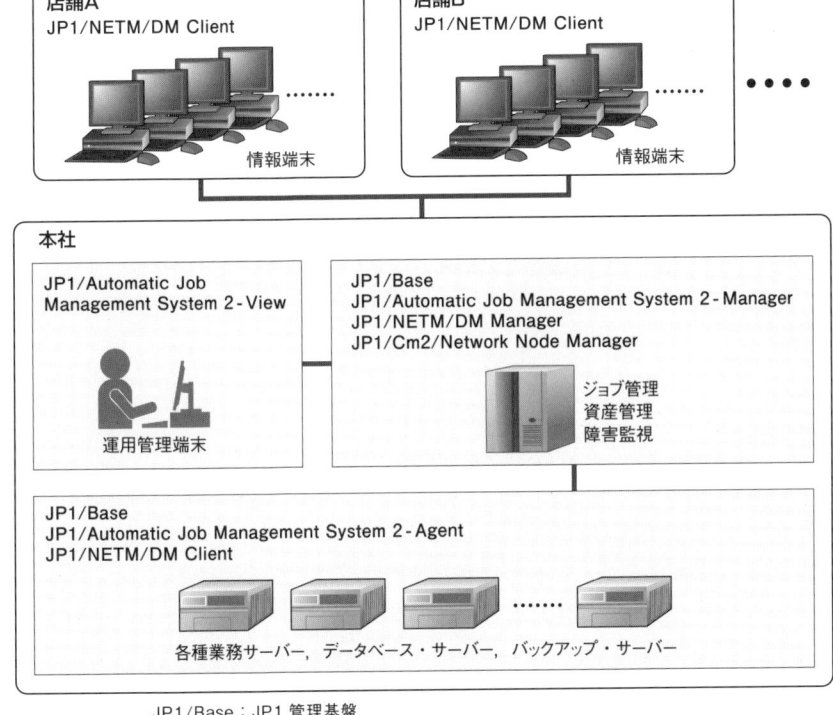

```
JP1/Base：JP1 管理基盤
JP1/Automatic Job Management System 2 - View：ジョブスケジューラ - ビュー
JP1/Automatic Job Management System 2 - Manager：ジョブスケジューラ - マネージャ
JP1/Automatic Job Management System 2 - Agent：：ジョブスケジューラ - エージェント
JP1/NETM/DM Manager：ソフトウェア配布・資産管理 - マネージャ
JP1/NETM/DM Client：ソフトウェア配布・資産管理 - クライアント
JP1/Cm2/Network Node Manager：ネットワーク管理基盤
```

図2-2-1●JP1製品を使って運用を自動化したクライアント端末集中管理システム

〈納期面〉

　製品導入決定の10カ月後には無事にシステム導入にこぎつけ，当初の構想通り情報端末の運用無人化に成功した。

〈安定稼働〉

　十分な品質を備えるパッケージ製品を導入したことで，日々のシステム運用を問題なく安定稼働させることができた。

2.3 C氏のケーススタディ
データ処理を自動化

C氏は，二つの銀行の経営統合に伴う人事給与システムを刷新した。異なる大規模システム間のデータ連携を自動化。サーバー，あるいはプログラム単体を結ぶ単機能の連携ではなく，それぞれが個別に稼働していたシステム間の橋渡しに，JP1のジョブ管理機能を活用した。

（1）既存システムの概要と刷新の背景

　X銀行は，Y銀行と経営統合し，経営効率化のための業務改革を進めていた。人事関連の業務改革には，「担当業務と職務の即時一致」「目標管理制度（MBO）の導入」という二つの制度見直しが含まれていた。従来のX銀行では，職務変更は半期ごと，給与システムへの人事データの登録も半期に1回だった。だが，制度改革により，データ登録が月1回に変わる。目標管理制度を新たに給与システムと連携する必要もある。人事給与システムの責任者であるC氏は，新たなシステムの実現に向け，検討を開始した。

　X銀行の人事給与システムは，人事システムと給与システムがそれぞれ独立し，サブシステムごとに異なるプラットフォーム（OS）で稼働していた。システム間で，直接のデータ交換は行っていなかった。

　人事システムは，各支店に配置された約600台の人事申請ワークフローシステム（Windowsサーバー）と，4台のUNIXサーバーで冗長化構成された人事基本情報を管理するデータベース・システムに分かれていた。新たに導入する目標管理制度のシステムは，ロード・バランサー配下に4台のWebアプリケーション・サーバー（Windows）と冗長化構成された2台のデータベース・サーバーで構成することになっている。給与システムはメインフレームで稼働しており，月例給与計算と賞与計算がサブシステムとして稼働していた（表2-3-1）。

表2-3-1 ● 人事給与システムの概要

	サブシステム名	プラットフォーム	アプリケーション
人事	人事申請ワークフロー	Windows × 600台	Lotus Notes/Domino
	人事基本情報管理システム	HP-UX × 4台	Oracle Database
	目標設定管理システム	Windows × 4台 HP-UX × 2台	Oracle Application Server Oracle Database
給与	月例給与計算	メインフレーム	専用アプリケーション
	賞与計算		専用アプリケーション

　これらのシステム間では，人事申請ワークフローから人事基本情報管理システムへの「職務データ」登録，人事基本情報管理システムから月例給与計算への「職務手当てデータ」の受け渡し，目標管理システムから賞与計算への「人事評定データ」の受け渡しの大きく三つのデータ交換が行われる。

　システムは他の業務システムとも連携しているため，ユーザーの利用時間やバックアップ・スケジュールなど，様々な運用条件を考慮してデータ連携のタイミングを決定する必要がある（図2-3-1）。

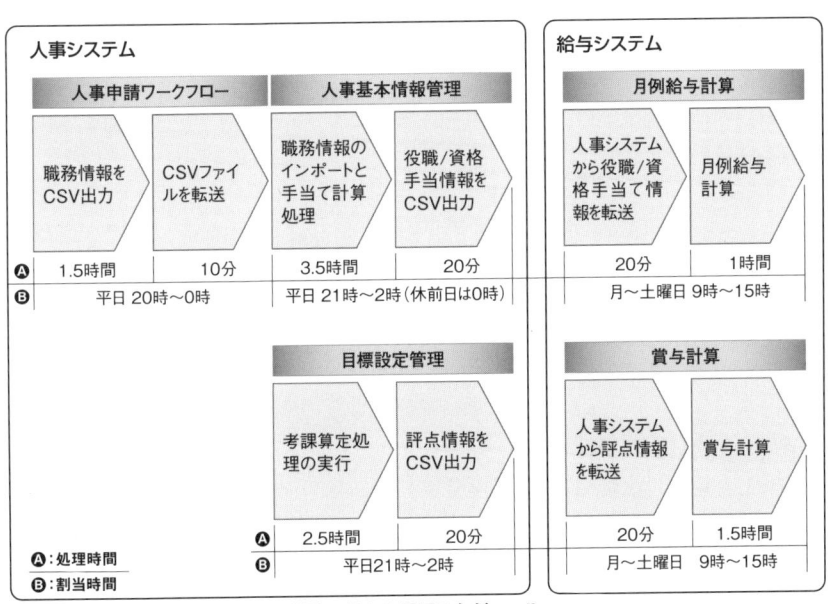

図2-3-1 ● 人事・給与システムの業務の流れと運用スケジュール

(2) システム運用上の課題

人事給与システムの刷新に伴って，以下のような課題が浮き彫りになった。

① スケジュール調整の問題

作業スケジュールを決定する上で，他の業務システムの処理時間，休祝日，担当者の勤務予定など様々な要因を考慮する必要がある。OSのスケジュール機能を用いた単純な自動化では実現が難しい。

② 担当者に掛かる負担

複雑なスケジュール調整の結果，作業開始が夜中や早朝になるなど担当者にとって負担が多くなる。月次の作業は，他の月次処理の隙間を縫うなどスケジュールが複雑。さらなる負担増加となり，ミスを誘発しやすくなる。

③ 属人化された運用の問題

システム間でデータを連携する場合，処理の途中で問題が発生したときには，どのシステムのどの時点まで処理を戻す必要があるかなど難しい判断が必要。その判断を，担当者個人に依存していた。その上，人事給与システムは労働基準法や社会保険法の改正といった制度改革の影響を受け，業務フローの変更や運用の見直しの負担が大きい。

C氏は課題解決のために，人手を介さない自動運用を検討することにした。

(3) 問題解決手段の検討とJP1の導入

C氏は，人手で行っている作業を自動化するための技術的な課題の洗い出し，対応方法を検討した(表2-3-2)。

検討した作業のうち，GUI操作を必要とする項目(表2-3-2の1, 2)が問題となった。これらは，アプリケーションが持つ機能とOSの機能を用いてGUI操作をなくすことで，バッチ処理化できることがわかった。

シェル・スクリプトで実行している作業(表2-3-2の3～6)は，人手による操作が前提で，処理完了やエラー発生時に標準出力または標準エラー出力にメッセー

表2-3-2 ● 人手で実行していた作業

	業務	作業内容
1	人事申請ワークフローの職務情報をCSVファイルに出力	Lotus Notesの画面から、CSV出力ボタンをクリックして操作端末のローカル領域にファイルを保存する
2	職務情報ファイルを人事基本情報管理システムにFTP転送	GUIのFTPクライアントを使い、操作端末に保存したCSVファイルをOracleサーバーにFTP転送する
3	職務情報を人事基本情報へ登録	シェル・スクリプトを起動し、FTP転送した職務情報のCSVファイルをOracleに登録する
4	手当て計算処理の実行	シェル・スクリプトを起動し、Oracleのストアド・プロシージャを実行して、役職/資格手当てなどの情報を確定する
5	役職/資格手当て情報をCSVファイルに出力	シェル・スクリプトを起動し、役職/資格手当ての情報をHP-UXサーバー上にCSVファイルとして保存する
6	役職/資格手当て情報を給与システムに転送	シェル・スクリプトを起動し、役職/資格手当てのCSVファイルをファイル転送ソフトを用いてメインフレームに転送する
7	月例給与計算の実行	月例給与計算の処理を手動で実行する

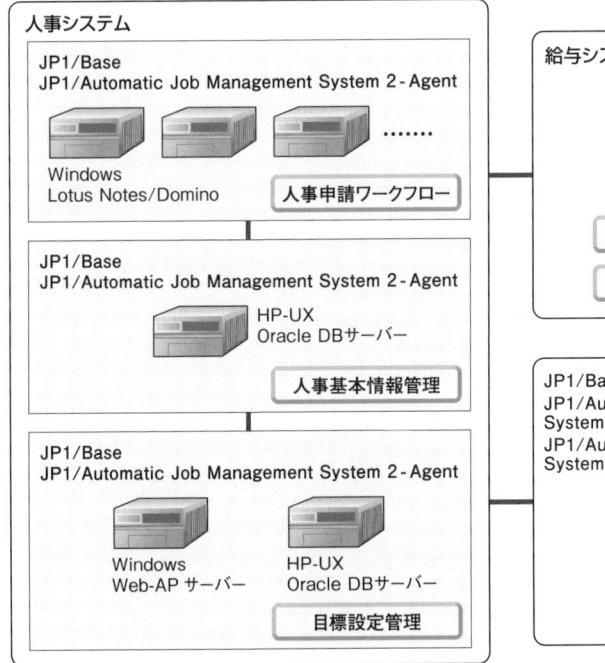

JP1/Base：JP1 管理基盤
JP1/Automatic Job Management System 2 - View：ジョブスケジューラ - ビュー
JP1/Automatic Job Management System 2 - Manager：ジョブスケジューラ - マネージャ
JP1/Automatic Job Management System 2 - Agent：ジョブスケジューラ - エージェント

図2-3-2 ● JP1製品を使って運用を自動化した人事給与システム

ジを表示する仕組みとなっていた。後に続く処理に合わせてリターン・コードを決定し、適切なリターン・コードを返すようにシェル・スクリプトを改修することで人手による確認を不要にし、自動化することにした。

残る問題は、自動化する処理を、システムの稼働時間やプラットフォームの違いを超えて連携・自動化する仕組みをどうするかだ。取引先のシステム・インテグレータの担当者に、上記の検討内容を伝えて相談した。

その結果、JP1のジョブ管理製品を使えば、マルチプラットフォームに対応し、システム間の処理連携、柔軟なスケジュール設定ができることが分かった。処理の実行には多様な条件設定が可能で、設定作業はGUI操作で容易にできる。処理途中で問題が発生した場合も、複雑なエラー処理により、従来担当者に依存していたような判断も自動化できることが分かった。

C氏は、人事給与システムのシステム間連携とその自動化に、JP1のジョブ管理製品を採用することを決断した(図2-3-2)。

(4) 導入効果

データ連携の自動化により、人手を増やすことなく月次処理に対応でき、担当者の負担は大幅に軽減できた。期末と月末が重なり処理時間の調整が困難な場合でも、GUIからジョブの停止や再実行が可能で、柔軟に対応できる。GUIによる運用が可能になったことで、担当者のノウハウへの依存を大幅に減少できた。また業務フロー変更に柔軟に対応できるなど運用工数削減も実現できた。

また、給与にかかわるデータ処理がすべて自動化されたことで担当者がデータに直接アクセスする必要がなくなり、職務分掌の観点から内部統制の実現にも寄与した。C氏は、運用工数削減にとどまらず「業務の見える化」「内部統制」への対応などを実現できたのである。C氏はさらに、今回の成果に満足し、X銀行の業務システムの改革に向けて、新たな取り組みを開始した。

第3章
ジョブ管理テクニック
【設計編】

ジョブスケジューラ(JP1/AJS2)は,自動化する一連の業務をジョブの集合体として体系化して管理する。ジョブ設計の考え方の基本や手順,ジョブ定義のテクニックを解説する。

3.1 ジョブの定義と管理体系
3.2 業務自動化の要件設計
3.3 ジョブの詳細設計
3.4 ジョブ定義のテクニック

3.1
ジョブの定義と管理体系

　ジョブの設計や定義を解説する前に，ジョブスケジューラ「JP1/Automatic Job Management System 2（JP1/AJS2）」について説明しておく。
　サーバー上で動かすジョブは，日次や月次であらかじめ計画された日時に実行したり，メールの着信やファイルの更新などをきっかけに実行したりする。また，あるジョブの実行結果に応じて次に実行するジョブやコマンドを決定したり，処理を連携させたりする。
　JP1/AJS2は，このような事前に計画された業務を確実に実行するための自動化機能を提供する。具体的には，ジョブの実行手順を定義し，定義に従ってジョブ管理を行う「マネージャ（JP1/AJS2 - Manager）」，マネージャの指示に従って実行する「エージェント（JP1/AJS2 - Agent）」，ユーザー・インタフェースを提供し，実行結果の表示やジョブ定義などを行う「ビュー（JP1/AJS2 - View）」の三つで構成されている（図3-1-1）。
　管理マネージャからジョブスケジューラ - エージェントにジョブを転送して実行する方法は，次の2種類に分類できる。

① ジョブをいったん待ち行列であるキューに入れて制御する実行方法。実行登録したジョブはキューにいったん登録され，同時に実行するジョブの数をキューで制御しながら，ジョブスケジューラ - エージェントにジョブを順次転送していく。
② キューを使わず，ジョブを直接ジョブスケジューラ - エージェントに転送して実行する実行方法（キューレスジョブ）。キューによるジョブの管理を省略することで，処理を簡略化する方法である。

システム環境を考慮してジョブを定義する
　キューとは，同時に実行するジョブの数が多くなり過ぎないよう，実行登録さ

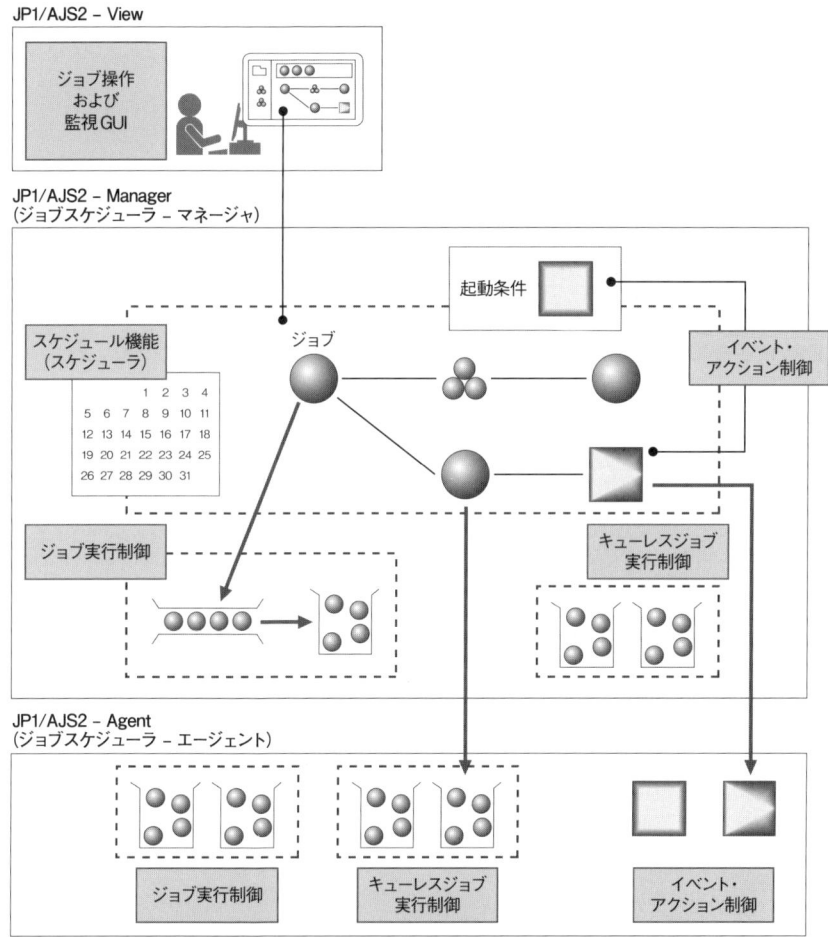

図3-1-1●JP1/Automatic Job Management System 2の構成

れたジョブを一時的にためておくところである。キューには，一つまたは複数のジョブスケジューラ - エージェントが接続されている。キューに登録されたジョブは，順番に並べられ，そのキューに接続されているジョブスケジューラ - エージェントに順次転送され，実行される。

　ただし，ジョブで指定した排他実行リソースがほかのジョブで使用されているなど，ジョブを転送できない場合は，ジョブの転送順が入れ替わることがある。

また、キューに登録できるジョブ数や同時に実行可能なジョブ数は任意に定義できるが、システムの能力を超えたジョブ数を指定すると、実行性能の低下や、リソース不足によるジョブの異常終了などのエラーが発生することがある。システムの環境に合った設計と設定が必要である。

第3章では、ジョブ設計を行うに当たり、検討すべき事項や検討方法などを具体例を交えて解説していく（ジョブスケジューラのインストールについては、第5章5.1「インストールと疎通確認」を参照）。

自動化する業務を階層化して管理

ジョブスケジューラでは、自動化する業務を「ジョブネットワーク要素」と呼ぶユニットで定義していく。ジョブネットワーク要素の最小単位は「ジョブ」で、ジョブは、自動化する業務を構成する一つひとつの処理である。また、定義したジョブに実行順序を付け、一つの業務としてまとめたものを「ジョブネット」と呼ぶ（図3-1-2）。複数のジョブに実行順序を付けてまとめることを、ジョブのネ

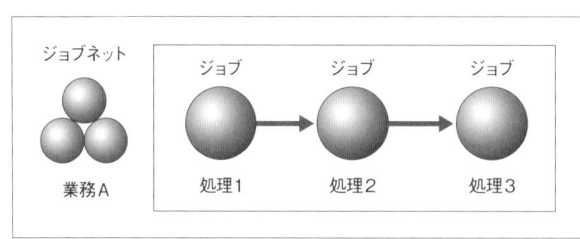

図3-1-2●複数のジョブで構成されるジョブネット

ットワーク化という。

さらに、ジョブネットをまとめる管理ユニットとして、「ジョブグループ」や「プランニンググループ」がある。このように、ジョブスケジューラでは、自動化する業務の細かな処理の一つひとつを、階層化して、体系的に管理する。ジョブネットワーク要素の管理階層を、図3-1-3に示す。

これらのユニット全体は、「スケジューラサービス」という制御単位で管理される。スケジューラサービスとは、「ルートジョブグループ（最上位のジョブグループ）」として「AJSROOT1」のようにデフォルトで定義されているもので、その下位に定義されたユニット全体を管理する。

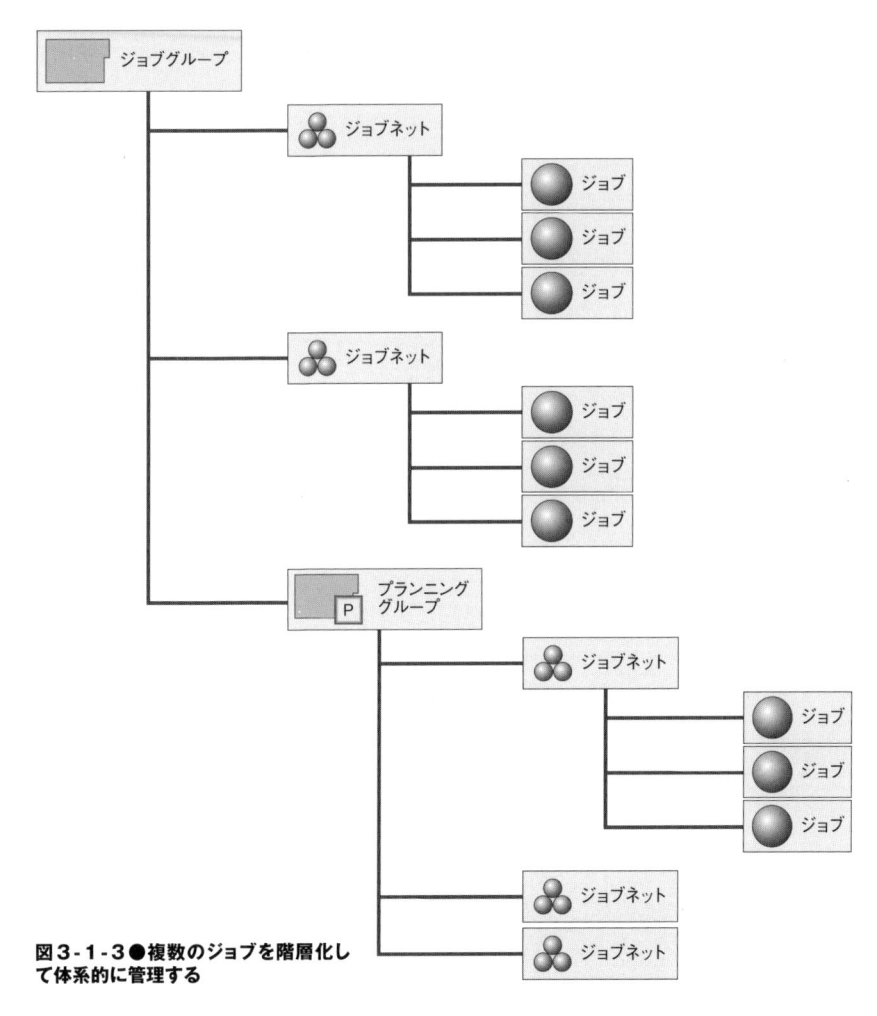

図3-1-3●複数のジョブを階層化して体系的に管理する

　スケジューラサービスは，複数起動して個別の設定環境を持つことができる。そのため，新しく導入するシステムの運用テストに使用したり，またスケジューラサービスを多重起動することでルートジョブグループごとに独立したジョブネットを並行して運用したりすることができる。
　ジョブスケジューラの主な管理項目について，以下に説明する。

① ジョブの実行順序

　ジョブスケジューラでは，複数の処理に実行順序を付けて一つの業務を定義する。このとき，ジョブネットワーク要素の最小単位であるジョブの一つひとつを，**図3-1-4**のように実行順に並べて順序付けをする。ジョブAをジョブBの先行ジョブ，またジョブCをジョブBの後続ジョブと呼ぶ。

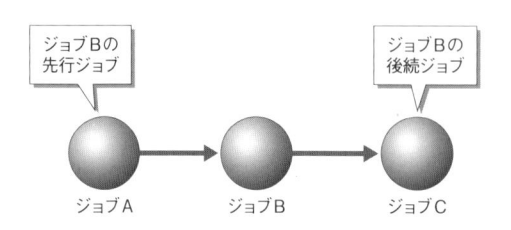

図3-1-4●ジョブを実行順に並べて順序付ける

ジョブBの先行ジョブ　　　　　　　ジョブBの後続ジョブ

ジョブA　　ジョブB　　ジョブC

　ジョブには，処理の形態ごとに様々な種類があり，定義するジョブを選ぶことができる。主なジョブの種類を，**表3-1-1**に示す。

② ジョブネット

　実行順序を付けた複数のジョブの集まりが，ジョブネットである。ジョブネットは階層構造を採ることができる。最上位のジョブネットをルートジョブネット，ルートジョブネットの下位に定義したジョブネットをネストジョブネットと呼ぶ。ジョブスケジューラは，ルートジョブネット単位で実行される。そのためルートジョブネットには，実行予定を設定するために必要なスケジュール情報を定義する必要がある。

　ルートジョブネットにスケジュール情報を定義すると，その下位のユニットもルートジョブネットのスケジュール情報に基づいてスケジュールが設定される。ただしネストジョブネットには，個別にスケジュール情報を定義することもできる。一つのジョブネットの中に定義した各処理のうち，運用スケジュールが異なるものがある場合などは，ネストジョブネットを作成して個別にスケジュール情報を定義する。

　またルートジョブネットでは，ジョブネットにスケジュールを設定するための情報として，多重起動の可否，保存世代数，優先順位，打ち切り時間，スケジューリング方式などを設定できる。

3.1 ■ ジョブの定義と管理体系

表3-1-1 ●ジョブスケジューラで利用する主なジョブの種類

	ジョブの種類		説明
1	標準ジョブ		実行ファイルと実行先サーバー名などを指定して、処理を実行させるジョブ
		UNIXジョブ	UNIXサーバーで処理を実行させるためのジョブ
		PCジョブ	Windowsサーバーで処理を実行させるためジョブ
		QUEUEジョブ	特定のキュー(実行登録されたジョブを一時的にためておくところ)にジョブを送り処理を実行させるためのジョブ。用途別にキューを使い分けたい場合などに使用する
2	ORジョブ		イベントジョブ(後述)を先行ジョブとして複数定義しておき、それらが監視する事象が一つでも発生した場合に、後続ジョブを実行させるジョブ。ORジョブの先行ジョブとして定義できるジョブはイベントジョブのみ
3	判定ジョブ		実行する条件に合致しているか、していないかを判定するジョブ。判定ジョブには、従属ジョブを実行させるための判定条件を設定する。条件が成立した場合は従属ジョブを実行し、条件に合致しない場合は従属ジョブを実行せずに後続ジョブを実行する。ただし、従属ジョブが異常終了すると後続ジョブは実行されない
4	イベントジョブ		事象(イベント)の発生を監視するジョブ。ジョブネット内やジョブネットの起動条件などにイベントジョブを定義することで、事象の発生をきっかけにしてジョブやジョブネットを実行できる
		JP1イベント受信監視ジョブ	JP1/Baseから特定のイベントを受け取ったときに、イベントジョブが終了する
		ファイル監視ジョブ	特定のファイルが作成、削除、更新されたときにイベントジョブが終了する
		メール受信監視ジョブ	特定のメールを受信したときにイベントジョブが終了する
		MS MQ受信監視ジョブ	MS MQから特定のジョブを受信したときにイベントジョブが終了する
		ログファイル監視ジョブ	JP1/Baseのログファイルトラップ機能と連携し、指定したログ・ファイルに特定の情報が書き込まれたときにイベントジョブが終了する
		Windowsイベントログ監視ジョブ	JP1/Baseのイベントログトラップ機能と連携し、Windowsイベント・ログ・ファイルに特定の情報が書き込まれたときにイベントが終了する
		実行間隔制御ジョブ	指定した時間が経過したらイベントジョブが終了する
5	アクションジョブ		特定の処理を実行するジョブ。イベントジョブと組合せ、事象の発生をきっかけにJP1イベントやメールを送信したり、状態を通知したりするなどの処理(アクション)を実行できる
		JP1イベント送信ジョブ	JP1イベントをJP1/Baseのイベントサービスに登録するジョブ
		メール送信ジョブ	メールを送信するジョブ
		MS MQ送信ジョブ	MS MQのメッセージを送信するジョブ
		ネットワーク管理製品状態通知ジョブ	JP1/Cm2/Network Node Managerに状態通知するジョブ
6	カスタムジョブ		JP1/AJS2以外のプログラムが、JP1/AJS2と連携して処理を実行するジョブ

MS MQ：Microsoft Message Queue Server　　JP1/Base：イベントサービス機能を提供するための製品

③ ジョブネットコネクタ

　ジョブネットコネクタは，ルートジョブネットの実行順序を制御するためのユニットである。ジョブネットコネクタには，以下の二つの機能がある。

1. ルートジョブネットの終了待ち合わせ
2. ルートジョブネットを自身の実行開始と同期して開始

　ジョブネットコネクタは，ジョブネットの配下にジョブネットワーク要素の一つとして定義できる。ただし，ジョブネットコネクタを使って実行順序を制御できるのは，ルートジョブネットまたはプランニンググループ直下のルートジョブネットになる。

④ ジョブグループ

　ジョブグループは，ジョブネットをまとめたり分類したりして体系的に管理するためのユニットである。ジョブグループの配下にジョブグループを作ることも可能だ。ジョブグループには，ジョブスケジューラを運用するためのカレンダー情報（運用日・休業日の設定，基準日・基準時刻の設定）を定義できる（カレンダー情報の定義については，第4章4.2「カレンダー・スケジュールの定義」を参照）。

⑤ プランニングジョブグループ

　ジョブスケジューラでは，複数のジョブネット（またはルートジョブネット）に個別に実行期間を指定することによって，どのジョブネットを実行するかを計画的に切り替えることができる。このような運用をする場合に使用するユニットが，プランニングジョブグループである。

　ジョブは，「ビュー」と呼ぶ専用の画面で定義する。**図3-1-5**は，［ジョブネットエディタ］画面を使ってジョブネットを定義する画面である。マウスを使ってジョブをドラッグ＆ドロップし，ジョブ間を関連線でつないで，実行順序を設定する。

3.1 ■ ジョブの定義と管理体系

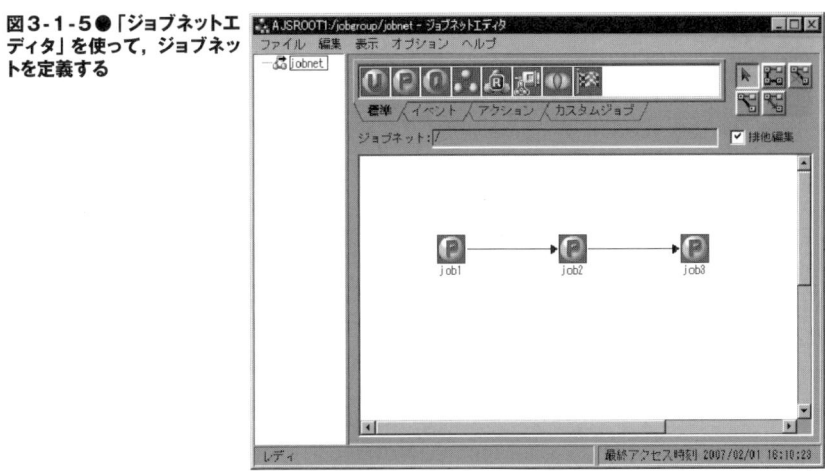

図3-1-5●「ジョブネットエディタ」を使って，ジョブネットを定義する

3.2
業務自動化の要件設計

　業務の自動化に迫られた管理者が，まず初めに検討すべき事項は何か。ここでは，実際の業務を，ジョブスケジューラ（JP1／AJS2）が管理するジョブやジョブネットなどに落とし込んでいく方法について解説する。

　ジョブスケジューラを使って業務を自動化するためにはまず，現行の業務をどのように自動化していくかを検討する必要がある。検討すべき主な項目を，表3-2-1に示す。

表3-2-1●ジョブスケジューラによる業務自動化の主な検討項目

	検討項目	概要
1	自動化の対象となる業務	どの業務を自動化するか
2	業務に必要な処理	業務を実行するために必要な処理は何か
3	業務の実行条件	どのような条件が成立したときに業務を実行するか
4	業務の実行日時・実行サイクル	業務をいつ，どのような周期で繰り返し実行するか
5	業務の運用日・休業日	運用日と休業日はいつか
6	業務に対する権限	業務を定義，実行するユーザーをどうするか

　以下では，業務を自動化するための検討の流れに沿って，具体的な方法を説明する。第2章2.1の「A氏のケーススタディ」を具体例として参照しながら，手作業で行っていた定常業務を，ジョブスケジューラを使った自動化システムへ移行する手順を見ていこう。A氏の実際の取り組み過程から，業務を自動化するときの設計手法や考え方のポイントをつかんでほしい。

（1）業務内容の洗い出し

　まず，自動化する業務の詳細を洗い出すことから始める。このとき，自動化したい業務の中で，実際にはどの部分が自動化できる処理なのか，どこが自動化できないのかを見極める必要がある。

　ジョブスケジューラは，バッチ・ファイルやシェル・スクリプトなどの実行フ

ファイルを使って処理の自動化を実現する。このため，対応する実行ファイルの形式以外の処理や，ユーザーの応答を必要とする対話処理については，自動化の範囲外となることを考慮する。ジョブスケジューラで定義できる実行ファイルの形式を表3-2-2に示す。

表3-2-2●ジョブスケジューラで定義可能な実行ファイル形式

実行環境のOS	定義可能な実行ファイル
Windows	exeファイル
	comファイル
	cmdファイル
	バッチ・ファイル（.bat）
	JP1/Scriptで作成したスクリプト・ファイル（.spt）
	アプリケーションに関連付けられているファイル・タイプ（拡張子）を持つファイル
UNIX	シェル・スクリプト

　自動化を実現するための実行ファイルについては，以下の①～⑥についても考慮しておくとよい。

① 画面やメッセージで応答が発生しない処理にする

　ジョブスケジューラで実行する実行ファイルは，システムのバック・グラウンドで実行される。そのため，実行ファイルを作成するときは，画面やメッセージが表示されるなど，入力待ち状態にならない処理にする。

② 実行ファイルのリターン・コードを出力する処理にする

　ジョブスケジューラは，処理結果が正常終了なのか異常終了なのかを，実行ファイルのリターン・コード（戻り値）によって判定している。そのため，処理結果に応じたリターン・コードが出力されるように，実行ファイルを作成する。

③ 一つの実行ファイルに一つの命令を定義する

　一つの命令単位ごとに実行ファイルの処理を分けておくことで，どの処理までが正常に終了し，どの処理がうまく実行できなかったかが分かる。また，途中で異常終了した処理を再実行するときなどは，異常終了した処理から後の処理を再実行したり，異常終了した処理だけを再実行したりすることができる。これにより，正常終了した処理まで再実行させる必要がなくなる。

④ 実行時間の短い処理にする

一つの処理の実行経過時間が長くなり過ぎると，ジョブスケジューラが正常に実行中なのか，プログラムの無限ループやファイル読み込み応答障害などのトラブルで止まっているのか分からなくなる恐れがある。一つの処理の実行時間は，2時間程度までを目安とするとよい。

⑤ 処理を実行したいサーバーに実行ファイルを保存する

処理を定義する実行ファイル（シェル・スクリプトやバッチ・ファイルなど）は，処理を実行したいサーバー上に保存する。

⑥ 命名ルールを決定する

実行ファイル名や実行ファイルを格納するフォルダ名，ディレクトリ名のルールを，ジョブスケジューラで使用する業務や処理などの命名ルールと合わせて決めておくと業務全体を管理しやすくなる。業務名，処理名，処理サイクル，実行場所などを意味する識別子を決めておくとよい。

A氏の場合3-1

バックアップ業務を四つの処理に分類

A氏の場合は，自動化したいバックアップ業務を，大きく次の四つの処理に分類した。

1. システムの一時停止

バックアップを取得するために，システムを一時的に完全停止させる。

2. スナップショットの取得

システム停止時間を最短に抑えるために，バックアップ対象データのレプリカを作成する。

3. データのバックアップ

スナップショットを取得した後，対象データのバックアップを行う。

4. システムの起動

> スナップショット取得後，データのバックアップと同時にシステムの起動も行う。

(2) 業務フローの検討

自動化する業務を洗い出したら，それぞれの業務に必要な処理や実行条件などを明らかにして，処理を実行させる順番や優先順位を検討しながら，業務フローを作成していく。業務フローを検討する際には，以下の点も併せて考慮しておく。

① 処理を正常に実行できなかったときの対処

業務フロー内の処理がうまくいかなかった場合の対処について，あらかじめ検討しておく。検討のポイントは以下の二つである。

1. 処理が異常終了したときの後処理を自動的に実行させる場合

ジョブスケジューラは，実行ファイルのリターン・コードで処理が正常終了したか異常終了したかを判定し，異常終了を検知したときに，異常時専用の後処理を自動的に実行させることができる。例えば，処理が異常終了したと判定したら，システム管理者に異常終了した旨のメールを送信する，などのリカバリジョブを検討しておく。

2. 同じ処理を再実行する場合

異常終了した処理を再実行する場合は，業務全体を再実行するのか，業務の一部分を再実行するのかを検討しておく。部分的に再実行するときは，異常終了した処理をもう一度実行させるのか，異常終了した処理の次の処理から実行させるのか，などの再実行方法を検討しておく。

② 打ち切り時間

何らかの原因で処理の実行が終了しない場合など，運用形態に応じて，その処理の実行を打ち切るまでの時間を検討しておく。処理の実行を打ち切ることで，システム管理者に異常を通知して原因を調査したり，異常終了した場合にだけ実行する処理を実行させたりすることができる。

A氏の場合3-2
四つの処理の実行条件を検討

A氏は，分類した四つの処理の実行条件や実行順を検討して，業務フローを作成した。万が一どれかの処理が異常終了した場合の再実行など，最低限必要な処理とその影響範囲を考慮して，業務フローの概要は，図3-2-1のようになった。

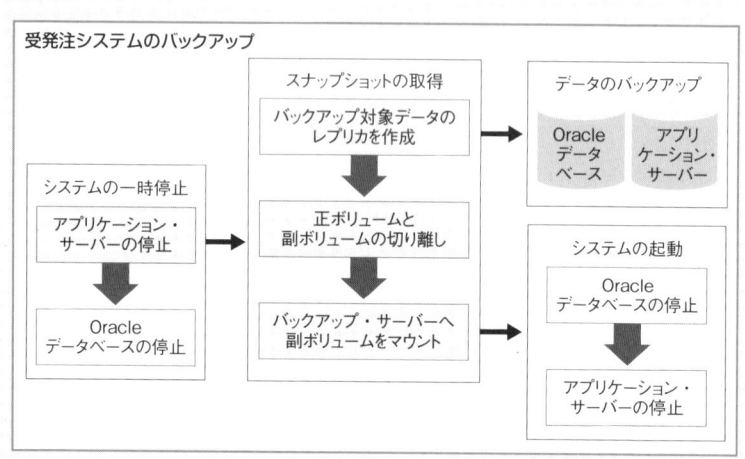

```
受発注システムのバックアップ
┌─────────────┐   ┌─────────────┐   ┌─────────────┐
│ システムの一時停止 │   │ スナップショットの取得 │   │ データのバックアップ │
│ ┌─────────┐ │   │ ┌─────────┐ │   │ ┌───┐ ┌───┐ │
│ │アプリケーション・│ │   │ │バックアップ対象データ│ │   │ │Oracle│ │アプリ│ │
│ │サーバーの停止 │ │ → │ │のレプリカを作成 │ │ → │ │データ│ │ケーション│ │
│ └─────────┘ │   │ └─────────┘ │   │ │ベース│ │・サーバー│ │
│      ↓      │   │      ↓      │   │ └───┘ └───┘ │
│ ┌─────────┐ │   │ ┌─────────┐ │   └─────────────┘
│ │ Oracle   │ │   │ │ 正ボリュームと │ │   ┌─────────────┐
│ │データベース  │ │   │ │副ボリュームの切り離し│ │   │ システムの起動  │
│ │の停止    │ │   │ └─────────┘ │   │ ┌─────────┐ │
│ └─────────┘ │   │      ↓      │   │ │ Oracle   │ │
└─────────────┘   │ ┌─────────┐ │   │ │データベースの停止│ │
                  │ │バックアップ・サーバーへ│ │ → │ └─────────┘ │
                  │ │副ボリュームをマウント │ │   │      ↓      │
                  │ └─────────┘ │   │ ┌─────────┐ │
                  └─────────────┘   │ │アプリケーション・│ │
                                    │ │サーバーの停止 │ │
                                    │ └─────────┘ │
                                    └─────────────┘
```

図3-2-1●A氏が検討した業務フローの概要

(3) 業務運用スケジュールの検討

自動化する業務フローを整理した処理について，どのような実行開始形態を使い，どのようなスケジュールで実行するか，またどのようなカレンダー情報を適用するのかなどを検討する。検討の過程は，以下のとおり。

① 実行条件の検討

ジョブスケジューラによる業務の実行開始形態には，以下の三つのパターンがある。

1. 条件が成立したら業務を実行する(あらかじめ日時を指定できない業務)
2. 時間がきたら業務を実行する
3. 端末から直接実行する(非定型業務の実行)

　業務の自動化を定義するときは,三つのうちどの実行形態を使用するのかを検討しておく。特に,実行する日時をあらかじめ指定できないような不定期の業務の場合は,以下の5項目のような条件に基づいて,自動実行を定義できる。
1. 指定したファイルが更新されたとき
2. 特定のJP1イベントを受信したとき
3. 指定した時間が経過したとき
4. ログ・ファイル中に特定の文字列が出力されたとき
5. メールを受信したとき

　これらの条件に基づく処理は,条件に応じて並行して,あるいは連続で処理を実行することもできる。どの実行条件をどのように組み合わせて使用するかも検討しておく必要がある。

② 運用スケジュールを検討
　自動化する業務の運用形態に合わせて,実行開始日や実行サイクルなど,スケジュールに関する項目を検討する。主な検討項目を**表3-2-3**に示す。

表3-2-3●運用スケジュールに関する主な検討項目

検討項目	概要
実行開始日時	業務をいつ実行するか
実行サイクル	どのような周期で業務を実行するか
実行条件の監視の開始日時,監視期間,回数	実行条件を使って業務を実行する場合,条件の成立をいつから監視し始めるか,監視する期間,回数をどのくらいにするか
遅延監視日時	業務の開始や終了が遅れた場合,その後の業務の実行スケジュールに大きな影響を与えるような業務に対して,業務の実行が終了すべき時間がどのくらいか

③ カレンダーの検討
　自動化する業務の運用形態に合わせて,運用日や休業日,休業日の振替方法など,カレンダーに関する項目を検討する。主な検討項目を**表3-2-4**に示す。

表3-2-4 ●カレンダーに関する主な検討項目

検討項目	概要
運用日と休業日	業務を実行する日と実行しない日をいつにするか
基準日	1カ月の起点(月の境目)となる日をいつにするか
基準時刻	1日の起点(日付の境目)となる時刻をいつにするか
休業日の振替方法	実行日と休業日を踏まえたうえで，実行サイクルに従った実行予定日が休業日だった場合，別の日に振り替えて実行するかどうか

A氏の場合3-3
毎週金曜日にバックアップ業務を実行

　A氏は，バックアップ業務を毎週金曜日の24：00から実行開始させることにした。業務の休業日は年末年始(12月29日～1月3日)として，その他の日を運用日とすることを決めた。

(4) 業務実行ユーザーの検討

　最後に，業務のアクセス権について検討する。ジョブスケジューラを使用するユーザーに，処理の実行だけを許可する権限や，処理結果の参照だけを許可する権限を与えることで，誤った操作が行われることを防ぐためである。検討項目は，以下の①～③のようになる。

① 登録するJP1ユーザーを検討

　ジョブスケジューラで使用するJP1ユーザー(ユーザー名とパスワード)を決める。ジョブスケジューラはインストール時に，「jp1admin」というJP1ユーザーを自動的に作成する。jp1adminユーザーは，ジョブスケジューラのシステム全体を管理するためのユーザーとして定義されている。実際の業務運用では，必要に応じて，適切な権限を持つJP1ユーザーを追加する。

A氏の場合3-4
データベースやAPサーバー向けに JP1ユーザーを追加

A氏は，データベースやアプリケーション・サーバー関連のシステムを管理するユーザー，手動操作を行うユーザーを追加し，表3-2-5の四つのJP1ユーザーを使用することにした。

表3-2-5●A氏が使用したJP1ユーザー

JP1ユーザー名	用途・権限	種類
jp1admin	システム全体を管理するユーザー	デフォルト
jp1ora	Oracleデータベース関連のシステムを管理するユーザー。Oracleデータベースに関連する業務の管理者権限を与える	追加
jp1app	アプリケーション・サーバー関連のシステムを管理するユーザー。アプリケーション・サーバーに関連する業務の管理者権限を与える	追加
jp1ope	オペレータ向けの業務監視，手動操作を行うユーザー。業務の実行権限，参照権限を与える	追加

② JP1ユーザーのアクセス権限を検討

登録するJP1ユーザーごとに，「どのようなグループ（JP1資源グループ）に，どのようなアクセス権（JP1権限レベル）を許可するのか」を検討する。

このとき，ジョブスケジューラの管理操作は，Administrator（管理者）の権限を持つOSユーザーで行う必要がある。また，ジョブの実行環境やキューなどの管理を行うコマンド（jpqxxxxコマンド）を実行するには，JP1権限レベルの「JP1_JPQ_Admin」が必要となる。

jpqxxxxコマンドを使用する場合は，コマンドを実行しているOSユーザーと同名のJP1ユーザー名で権限を確認する。そのためOSユーザーのAdministratorがjpqxxxxコマンドを実行するためには，AdministratorをJP1ユーザーとして登録し，ジョブ実行環境やキュー管理を行うことができるJP1権限レベルを与えておく必要がある。

A氏の場合3-5
グループごとにJP1の権限を指定

　A氏は、ジョブ実行環境やキュー管理を行うユーザーを検討し、それぞれのユーザーに表3-2-6のような権限を与えた。

表3-2-6 ● A氏がJP1ユーザーに設定したアクセス権限

JP1ユーザー	グループ名	グループに対するJP1/AJS2の権限	種類
jp1admin	＊(すべてのグループ)	JP1_AJS_Admin, JP1_JPQ_Admin	デフォルト
jp1ora	oracle	JP1_AJS_Admin, JP1_JPQ_Admin	追加
jp1app	application	JP1_AJS_Admin, JP1_JPQ_Admin	追加
jp1ope	operator	JP1_AJS_Operator	追加
Administrator	＊(すべてのグループ)	JP1_JPQ_Admin	追加

③ JP1ユーザーに対応づけるOSユーザーを検討

　ジョブスケジューラでは、処理を実行する場合に、JP1ユーザーにひも付けられたOSユーザーの権限で実行ファイルなどのOS資源にアクセスして処理を実行する。そのため、処理を実行するサーバー上で、どのOSユーザーとひも付けるのかを検討しておく必要がある。また、各JP1ユーザーが、どのサーバー上でジョブやコマンドを実行するのかについても併せて検討しておく。

A氏の場合3-6
OSユーザーをひも付け

　A氏は、データベースやアプリケーション・サーバーの管理権限を考慮し、表3-2-7のようにOSユーザーをひも付けた。

表3-2-7 ● A氏が設定したJP1ユーザーとOSユーザーのひも付け

JP1ユーザー	OSユーザー	ジョブやコマンドを実行するサーバーのホスト名	種類
jp1admin	Administrator	＊(すべてのサーバー)	デフォルト
jp1ora	oracle	db01, db02	追加
jp1app	appli	ap01〜ap06	追加
jp1ope	operator	＊(すべてのサーバー)	追加

db01, db02：Oracleデータベース・サーバー　　ap01〜ap06：アプリケーション・サーバー

3.3 ジョブの詳細設計

3.2で解説した業務自動化のための検討項目を踏まえ，A氏の事例で実際に設計したジョブフローとその詳細な設計手順を解説していく。

(1) バックアップ・システムのジョブフロー

業務自動化のために，前項3.2で検討した内容を基に，A氏がジョブスケジューラに定義した実際のジョブフローを紹介する。

① 全体のジョブフロー

A氏の事例におけるバックアップ・システムは，様々なジョブやジョブネットを組み合わせて，システムのバックアップ処理を自動化している(図3-3-1)。バックアップ対象は，Oracleデータベースとアプリケーション・サーバーのデータである。図中の①〜⑩はジョブを，A〜Fはジョブネットを示す。

具体的な処理の流れをみてみよう。まずジョブスケジューラは，一時的にシステムの完全停止処理を行う(ジョブネットA)。その後，Oracleデータベースとアプリケーション・サーバーのデータについて，それぞれスナップショットを取得する(ジョブネットB,C)。スナップショットを取得後は，Oracleデータベース，アプリケーション・サーバーのデータのバックアップ取得を開始する(ジョブ④，⑦)。同時に，システムの起動を行う(ジョブネットD)。

続いて，ジョブスケジューラは，バックアップ処理が正常に行われたかどうかを判定し(ジョブ⑤，⑧)，バックアップが正常に終了していれば，バックアップ・サーバーからディスク上のバックアップ対象ボリュームをアンマウント(ジョブネットE)し，各処理ごとに記録しているログの後処理(ローテート)を行って(ジョブネットF)，全体の処理が終了する。

ジョブネット開始(ジョブ①)や，スナップショット処理の開始や終了(ジョブ②，

③),またバックアップ処理が正常に終了しなかった場合(ジョブ⑥,⑨)など,フローの全体を通じて,それぞれの状況をログ(ジョブネット処理結果ログ)に残す。

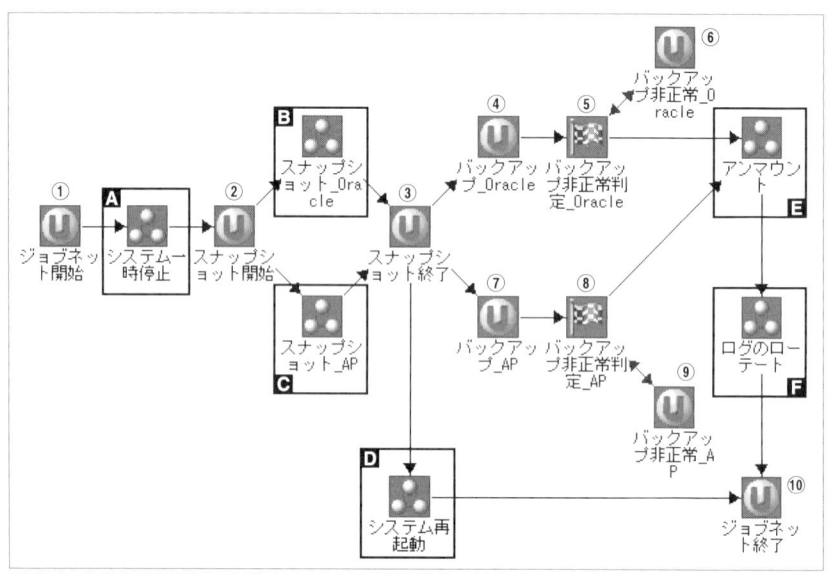

図3-3-1●A氏の事例におけるバックアップ処理全体の流れ

② ジョブフローの詳細

　図3-3-1に示したジョブフローのうち,ジョブネットA〜Fは,複数のジョブやジョブネットで構成された処理である。本システムで特徴的なジョブネットA,Bについて,ジョブネット内で行っている処理の詳細を,以下に解説していく。

〈ジョブネットA:システム一時停止〉

　システムの一時停止処理を実行するジョブネットAではまず,システム停止処理の開始時に,ジョブネット処理結果ログにメッセージを出力する。そして,アプリケーション・サーバー,Oracleデータベースの順に,それぞれの停止処理を実行する(**図3-3-2**)。Oracleデータベースを使用するアプリケーション・サーバーのサービスが稼働した状態では,Oracleデータベースの正常なシャットダウンができないからだ。アプリケーション・サーバーのサービスが正常に停止したことを確認したら,Oracleデータベースのシャットダウンを行う。システム停

止処理の完了時にも，ジョブネット処理結果ログにメッセージを出力する。

図3-3-2●バックアップ・システムの一時停止を定義したジョブネットの構成

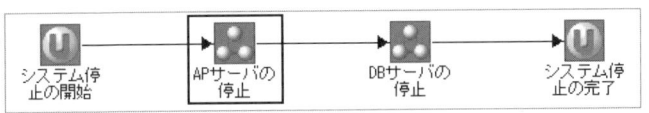

[システム停止の開始] → [APサーバの停止] → [DBサーバの停止] → [システム停止の完了]

「APサーバの停止」ジョブネット内の処理

アプリケーション・サーバーを停止するジョブネットはさらに，図3-3-3ような処理で構成されている。

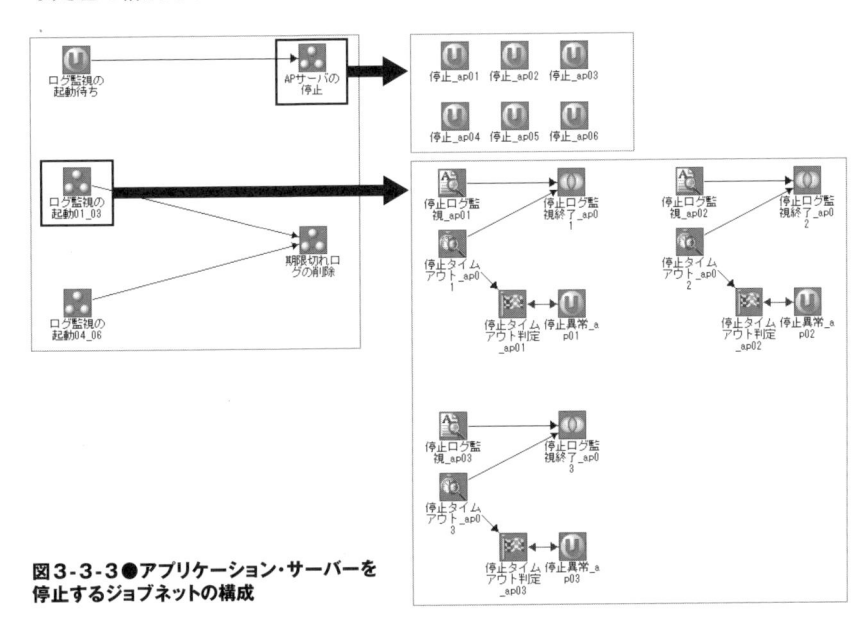

図3-3-3●アプリケーション・サーバーを停止するジョブネットの構成

「APサーバの停止」ジョブネットでは，アプリケーション・サーバーの停止が正常に行われたかどうかを確認するために，停止状況をメッセージとしてログ（アプリケーション・サーバー用の停止ログ）に書き出す。この停止ログのメッセージを監視することで，正常に停止しなかった場合は，処理が異常終了したことがジョブネット処理結果ログに残される。

ジョブネット処理結果ログは，一定時間を過ぎたものに関して削除する処理

(「期限切れログの削除」ジョブネット)を最後に実行させるようにしている。

　APサーバの停止ジョブネットが開始すると，アプリケーション・サーバーの停止ログ監視の確実な開始を待つために10秒間待機する「ログ監視の起動待ち」ジョブが起動する。同時に，6台のアプリケーション・サーバーのログ監視を開始する処理(「ログ監視の起動01_03」，「ログ監視の起動04_06」ジョブネット)も起動する。

　ジョブネット開始から10秒経つと，アプリケーション・サーバーを停止する処理(「APサーバの停止」ジョブネット)が実行される。APサーバの停止ジョブネットでは，6台のアプリケーション・サーバーそれぞれに，同時に停止処理が実行される。

　一方「ログ監視の起動0x_0x」ジョブネットは，それぞれ3台のアプリケーション・サーバーに対する監視の処理を構成している(「0x」は，01，02，03…をすべて共通に示す。以下同)。アプリケーション・サーバーが正常に停止したというメッセージが停止ログに出力されれば正常終了する(「停止ログ監視_ap0x」ジョブ)。ログ監視が開始されて10分経過してもアプリケーション・サーバーが正常に停止したというメッセージが停止ログに出力されなければ(「停止タイムアウト_ap0x」ジョブ)，ジョブネット処理結果ログに異常のメッセージを残す(「停止異常_ap0x」ジョブ)。

〈ジョブネットB：スナップショット_Oracle〉

　「スナップショット_Oracle」ジョブネットでは，Oracleデータベースのデータ領域，アーカイブログ領域，REDOログ領域のそれぞれについて，スナップショットを取得するジョブネットが定義されている(**図3-3-4**)。ここではそのうち，データ領域を取得するジョブネット「スナップショット_ORADATADP」ジョブネットの処理の詳細を説明する。

「スナップショット_ORADATADP」内の処理

　スナップショット_ORADATADPジョブネットが開始されると，ジョブスケジューラは，Oracleデータベースのデータ領域のレプリカを，ディスク上の別領域に作成する処理を実行する(「同期_ORADATADP」ジョブ，**図3-3-5**)。

図3-3-4●Oracleデータベースのスナップショットを取得するジョブネット

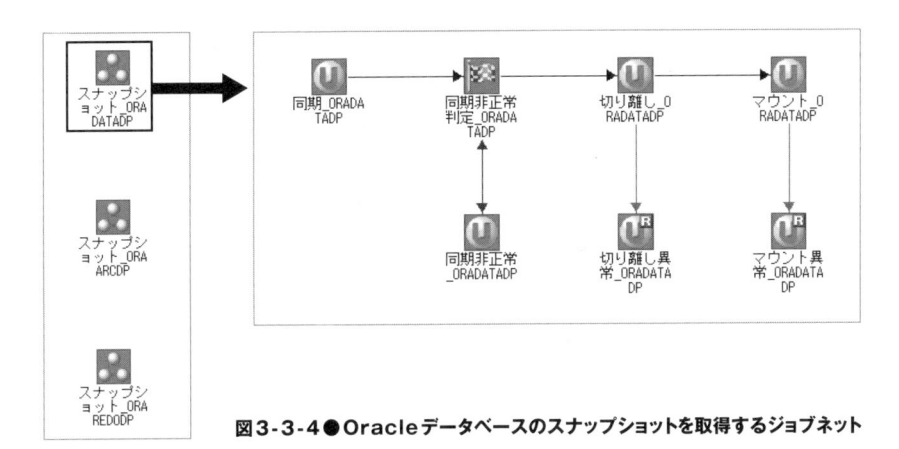

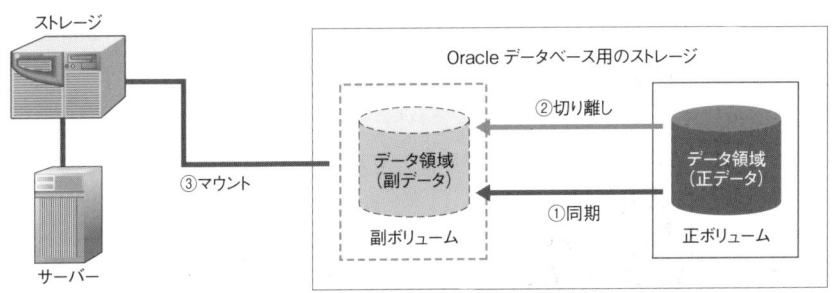

図3-3-5●「同期_ORADATADP」ジョブネットの処理の流れ

 続いて，同期が正常に終了したかどうかを判断し（「同期非正常判定_ORADATADP」），正常に同期が取れていれば，正ボリュームと副ボリュームを切り離す（「切り離し_ORADATADP」ジョブ）。処理が正常に終了しない場合は，ジョブネット処理結果ログに状況通知のメッセージを残してから（「同期非正常_ORADATADP」ジョブ），ボリュームの切り離しを行う。

 正ボリュームと副ボリュームの切り離しが正常に終了すれば，バックアップを行うために，副ボリュームをバックアップ・サーバーへマウントする（「マウント_ORADATADP」ジョブ）。ボリュームの切り離しやマウントに失敗した場合は，それぞれジョブネット処理結果ログに状況通知のメッセージを出力し，ジョブを異常終了させる（「切り離し異常_ORADATADP」，「マウント異常_ORADATADP」ジョブ）。

(2) ジョブフロー作成で業務を自動化

　ここからは，実際のジョブフロー作成の具体的な手順を解説していく。前述したA氏のバックアップ・ジョブのジョブフローの一部を取り上げて，3.2の項で検討した項目を使って，実際にジョブフローを作成していく。JP1/Base，JP1/AJS2のインストールや基本設定は完了していることを前提に説明する。

① JP1ユーザーの作成とOSユーザーのひも付け

　実際に業務を自動化する作業に入る前に，ジョブスケジューラで使われるユーザーの準備をしておく（JP1ユーザーの登録やOSユーザーのひも付けの具体的な手順については，第5章5.2「環境設定のテクニック」を参照）。

　A氏は，まずジョブスケジューラに追加登録するJP1ユーザーにひも付けるOSユーザーを作成し，JP1/Baseの［環境設定］画面から，検討した以下のJP1ユーザーの登録，権限付与，OSユーザーとのひも付けについての作業を行った。A氏が設定したJP1ユーザーの情報を，**表3-3-1**に示す。

表3-3-1 ● A氏が設定したJP1ユーザー

JP1ユーザー	グループ名	グループに対するJP1/AJS2の権限	種類
	OSユーザー	ジョブやコマンドの実行先サーバーのホスト名	
jp1admin	*（すべてのグループ）	JP1_AJS_Admin, JP1_JPQ_Admin	デフォルト
	Administrator	*（すべてのサーバー）	
jp1ora	oracle	JP1_AJS_Admin, JP1_JPQ_Admin	追加
	oracle	db01, db02	
jp1app	application	JP1_AJS_Admin, JP1_JPQ_Admin	追加
	appli	ap01～ap06	
jp1ope	operator	JP1_AJS_Operator	追加
	operator	*（すべてのサーバー）	
Administrator	*（すべてのグループ）	JP1_JPQ_Admin	追加
	不要	不要	

②「受発注システム」のジョブグループを作成

　ジョブスケジューラでは，1台のジョブ管理マネージャ上で複数のジョブネットを区別して管理するためのジョブグループというディレクトリを作成できる。ジョブネットを分類してジョブグループに登録することで，管理しやすくなる（ジ

ョブグループ作成の具体的な手順は第5章5.2「環境設定のテクニック」を参照)。

ジョブグループ名やジョブネット名，ジョブ名などは，あらかじめ命名規則を作っておくとよい。

A氏が運用を担当しているのは，オンライン・ショップの受発注サービスを提供するシステムである。A氏は，[JP1/AJS2-View]画面で[編集][新規作成][ジョブグループ]を選択し，受発注サービスのジョブネットを管理するジョブグループ「受発注システム」を作成した(図3-3-6)。

図3-3-6●ジョブグループ「受発注システム」の作成

③「受発注システム」の各処理の名称の定義

作成したジョブグループの中に，ジョブネットを定義する(ジョブネット作成の具体的な手順は第4章4.1「ジョブネットの定義」を参照)。

A氏は，オンライン受発注システムの業務の一つであるバックアップ業務を，「受発注システムBackUp」というジョブネット名を付けて管理することにした(図3-3-7)。そのほか，「受注サービス」「発注サービス」という業務についても，同様にジョブネットを作成し，オンライン受発注システムを構成する業務とした(図3-3-8)。

図3-3-7●ジョブネット「受発注システムBackUp」の作成

図3-3-8●バックアップ業務を管理するジョブネットを作成

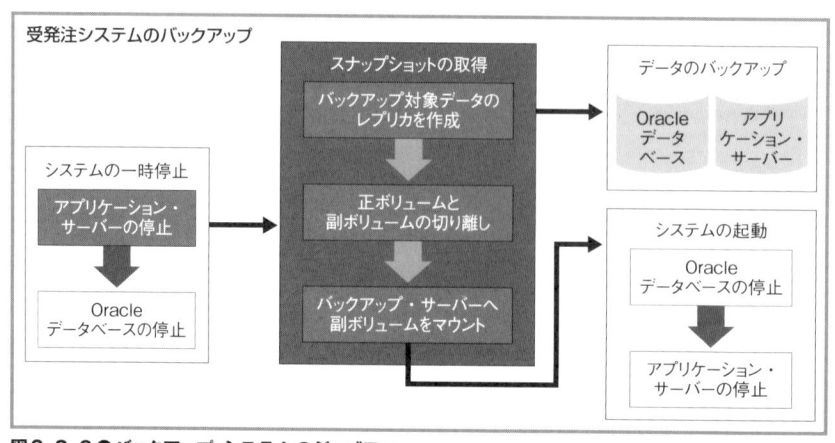

図3-3-9●バックアップ・システムのジョブフロー

④「受発注システムBackUp」で実行するプログラムの実行順序の定義

作成したそれぞれのジョブネットを構成するジョブを作成する。

A氏が検討したバックアップ・システムの業務フローを，図3-3-9に示す。この業務フロー上の各処理を，ジョブやジョブネットを使って定義していく。事前に，各ジョブやジョブネットで実行するプログラムを作成しておく。

⑤ ジョブで実行する処理の定義

業務フローの作成が完了したら，定義したジョブで実行する処理プログラムを，各ジョブに登録していく。

A氏が作成したジョブスケジューラのジョブ定義の全体は図3-3-10のようになる。ここでは，ジョブネット「受発注システムBackUp」のうち，「システムの一時停止」と「スナップショットの取得」の業務処理のジョブネットの定義の手順を説明する。

図3-3-10●バックアップ・システムのジョブフロー

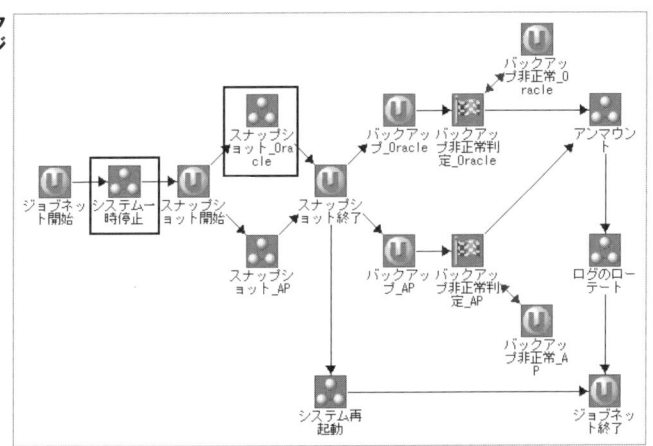

〈「ログ監視起動_01-03」ジョブネットの定義〉

図3-3-11は，システムの一時停止ジョブネットの配下にある「ログ監視の起動01_03」のジョブフローである。ジョブの階層構造は「受発注システムBackUp/システム一時停止/APサーバの停止/ログ監視の起動01_03」となる。

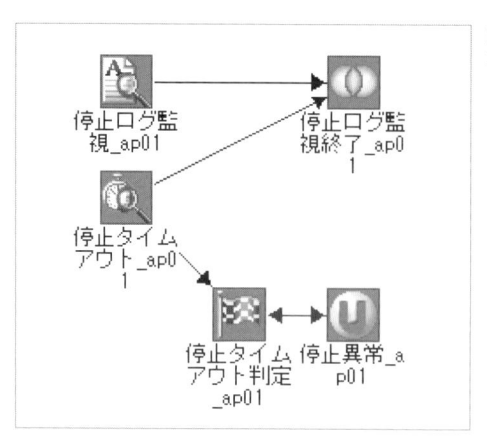

図3-3-11 ●「ログ監視起動_01-03」ジョブネット

 「APサーバの停止」ジョブは，正常停止した場合のみログにメッセージを記録する。「ログ監視起動_01_03」ジョブネットは，この停止ログの監視を行う。
 アプリケーション・サーバーが正常に停止したというメッセージが停止ログに出力されれば正常終了となる（「停止ログ監視_ap0x」ジョブ）。ログ監視が開始されて10分経過してもアプリケーション・サーバーが正常に停止した旨のメッセージが停止ログに出力されなければ（「停止タイムアウト_ap0x」ジョブ），ジョブネット処理結果ログに異常が発生している旨のメッセージを残す（「停止異常_ap0x」ジョブ）。
 ジョブネットを構成するそれぞれのジョブは，ジョブネットエディタを使って作成し，ジョブ間の実行順序を設定して，ジョブネットを定義する。以下では，その手順を説明する。

ジョブの定義と実行順序の設定
1.「停止ログ監視_ap01」ジョブの作成
 ジョブネットエディタのアイコンリストの［イベント］タブから［ログファイル監視］ジョブをマップエリアにドラッグ＆ドロップして，表示された［ログファイル監視］ジョブの属性を定義する（**図3-3-12**）。A氏の場合は「/opt/AP/log/stop.log」ログファイルを監視し，「This server process stops\.」という文字列を検知（トラップ）するように設定している。

3.3 ■ ジョブの詳細設計

図3-3-12 ●「停止ログ監視_ap01」ジョブの作成

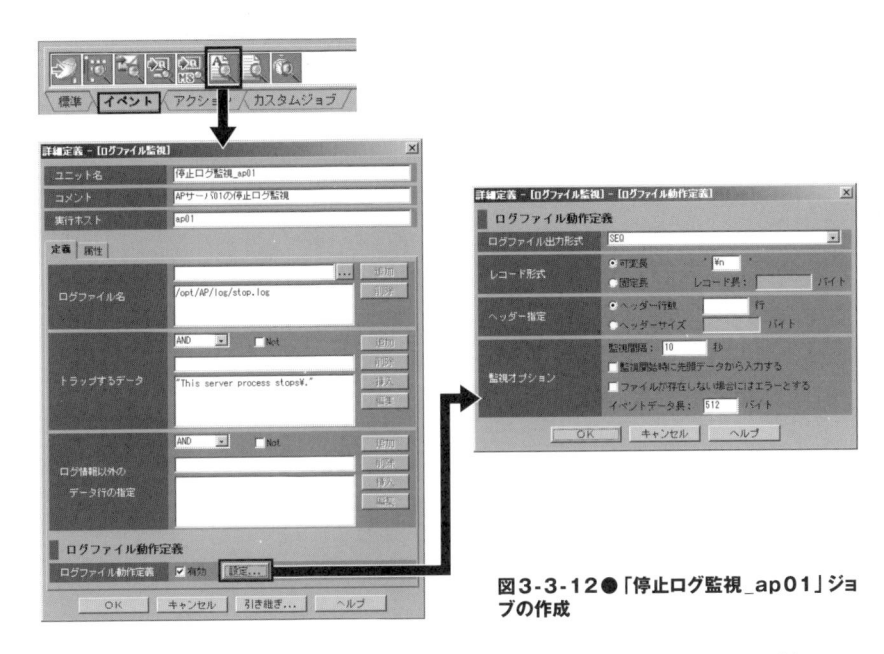

また，ログファイルの出力形式をシーケンシャルファイル形式として監視している。属性を定義したのち，[OK]をクリックして[ログファイル監視]の設定画面を閉じる。

2.「停止タイムアウト_ap01」ジョブの定義

アイコンリストの[イベント]タブから[実行間隔制御]アイコンをドラッグし，マップエリアにドラッグ＆ドロップして，表示される[実行間隔制御]ジョブの属性を定義する（**図3-3-13**）。A氏は，実行間隔を運用上の許容時間である10分とした。属性を定義したら，[OK]をクリックして[実行間隔制御]ジョブを閉じる。

3.「停止ログ監視終了_ap01」ジョブの定義

アイコンリストの[標準]タブから[ORジョブ]アイコンをドラッグし，マップエリアにドラッグ＆ドロップして[ORジョブ]の属性を設定する（**図3-3-14**）。[ORジョブ]を使用すると，二つの先行ジョブのうち，どちらかの条件が成立した時点で，両方の先行ジョブは実行を終了し，後続ジョブに処理が続いていく。

図3-3-13●「停止タイムアウト_ap01」
ジョブの作成

図3-3-14●「停止ログ監視終了
_ap01」の作成

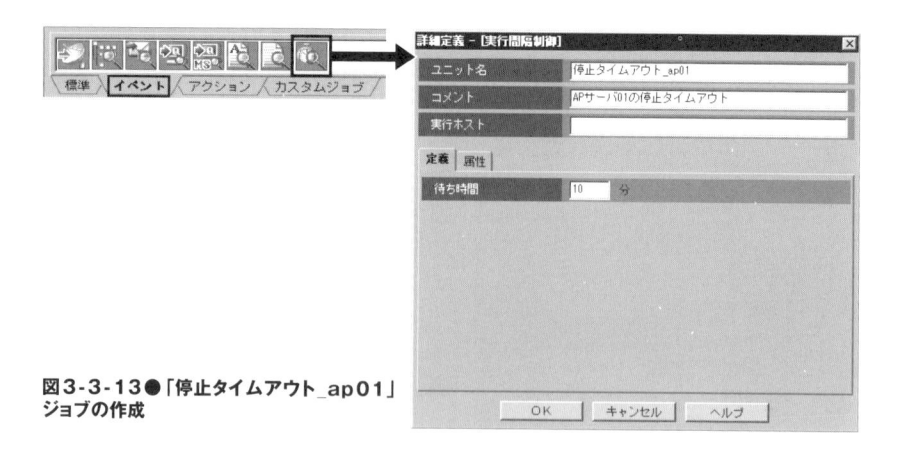

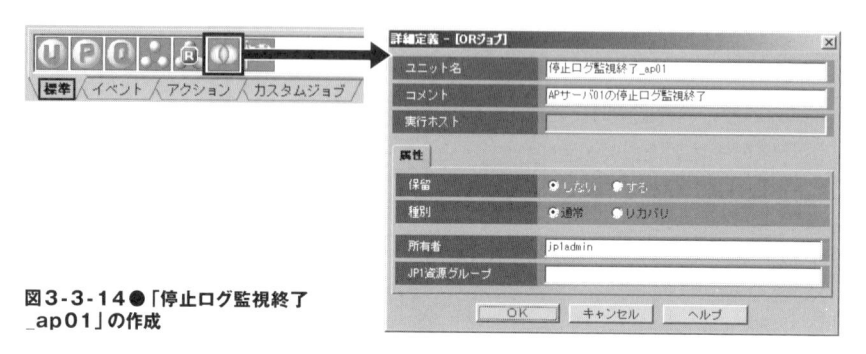

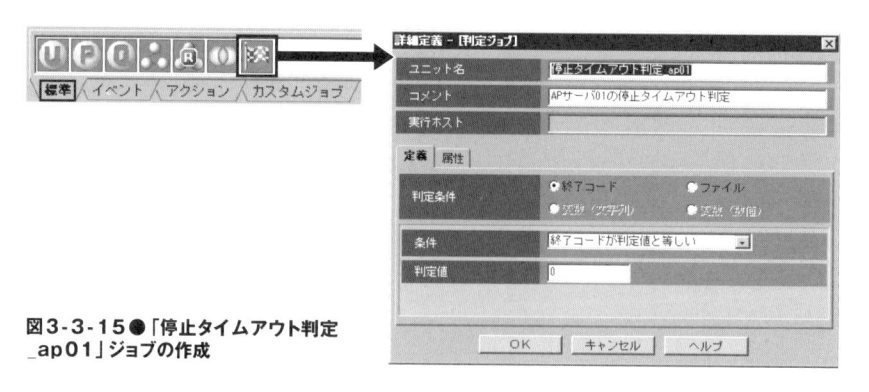

図3-3-15●「停止タイムアウト判定
_ap01」ジョブの作成

属性を定義したら，[OK]をクリックして[ORジョブ]ジョブを閉じる。

4.「停止タイムアウト判定_ap01」ジョブの定義

アイコンリストの[標準]タブから[判定ジョブ]アイコンをドラッグし，マップエリアにドラッグ＆ドロップする。[判定ジョブ]を使用すると，先行ジョブの実行結果を判定して，次に実行するジョブを振り分けることができる。A氏は，先行ジョブのリターン・コードが0の場合に，後続ジョブを実行させるように設定した（図3-3-15）。属性を定義したら，[OK]をクリックして[判定ジョブ]ジョブを閉じる。

5.「停止異常_ap01」ジョブの定義

アイコンリストの[標準]タブから[UNIX Job]アイコンをドラッグし，マップエリアにドラッグ＆ドロップする。A氏は，ジョブネット処理結果ログに異常のメッセージを残すような[UNIX Job]を作った（図3-3-16）。[判定ジョブ]と関連付けることで，従属ジョブとしての役割を果たす。

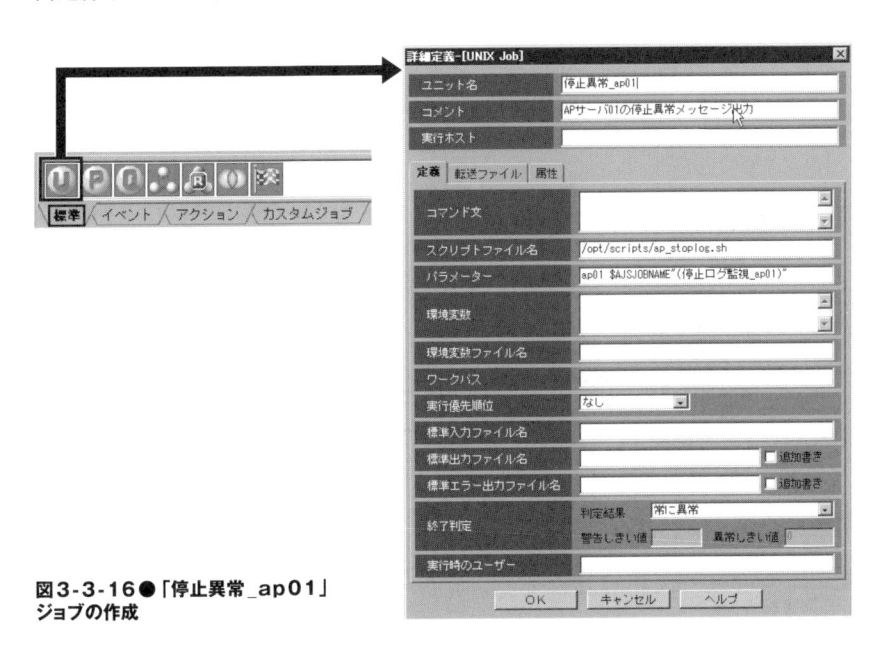

図3-3-16●「停止異常_ap01」ジョブの作成

属性を定義したら，[OK]をクリックして[UNIX Job]ジョブを閉じる。

6.ジョブの実行順序の定義

1.～5.で作成した「ログ監視起動_01-03」ジョブネットを構成する五つのジョブは，ジョブネットエディタ画面のジョブを定義する領域であるマップエリアに，図3-3-17のように表示される。

ここで，定義したそれぞれのジョブの間に関連線を引き，ジョブの実行順序を設定する。[ジョブネットエディタ]画面で[関連線連続接続]ボタンをクリックし，

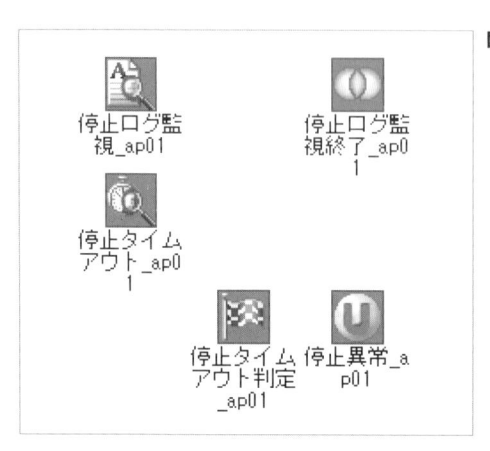

図3-3-17●作成した五つのジョブ

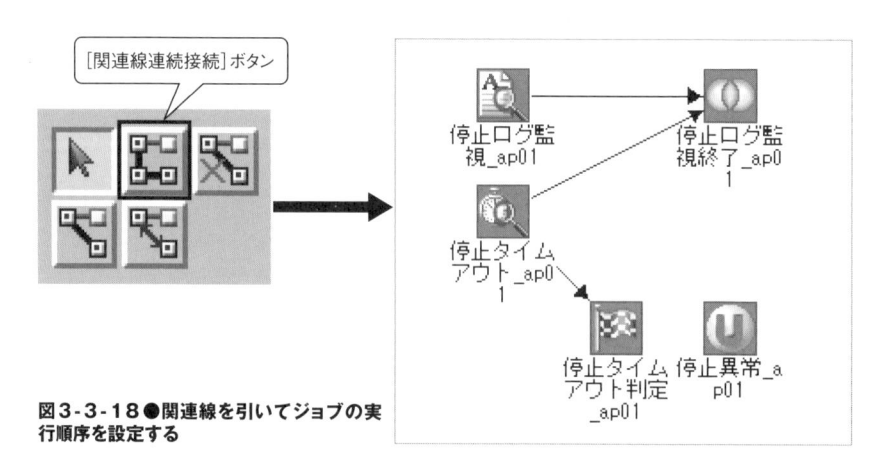

図3-3-18●関連線を引いてジョブの実行順序を設定する

ジョブを実行させたい順に，ジョブのアイコンをクリックする（図3-3-18）。ここでは，「停止ログ監視_ap01」→「停止ログ監視終了_ap01」,「停止タイムアウト_ap01」→「停止ログ監視終了_ap01」,「停止タイムアウト_ap01」→「停止タイムアウト判定_ap01」の3種類の線を引く。

さらに[ジョブネットエディタ]画面で，[条件接続]ボタンをクリックして，「停止タイムアウト判定_ap01」→「停止異常_ap01」の順にクリックして関連線を引く（図3-3-19）。

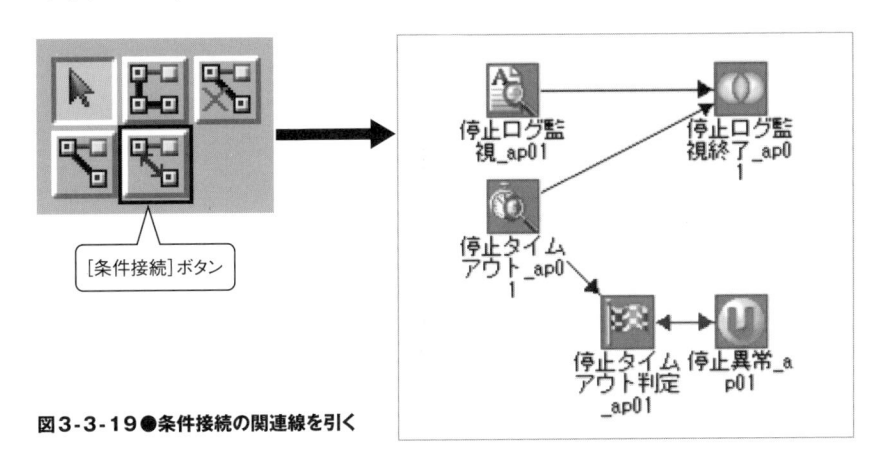

図3-3-19●条件接続の関連線を引く

〈「スナップショット_ORADATADP」ジョブネット内の定義〉

続いて，「/受発注システムBackUp/スナップショット_Oracle/スナップショット_ORADATADP」ジョブネットの定義の手順を説明する。

「スナップショット_OracleDATADP」ジョブネットは，Oracleデータベースのデータ領域をバックアップする前に，バックアップ対象のスナップショットを取得する処理である。処理の詳細は以下のようになる。

まず，同期が正常に終了したか否かを判断し（「同期非正常判定_ORADATADP」），正常に同期が取れた場合は正ボリュームと副ボリュームの切り離しを行う（「切り離し_ORADATADP」ジョブ）。正常に終了しない場合は，ジョブネット処理結果ログに状況通知のメッセージを残してから（「同期非正常_ORADATADP」ジョブ），ボリュームの切り離しを行う（図3-3-20）。

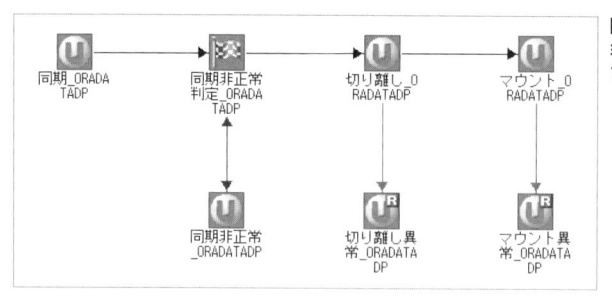

図3-3-20●「スナップショット_ORADATADP」ジョブネット

　正ボリュームと副ボリュームの切り離しが正常に終了すれば，バックアップを行うために，副ボリュームをバックアップ・サーバーへマウントする（「マウント_ORADATADP」ジョブ）。ボリュームの切り離しに失敗した場合やマウントに失敗した場合は，ジョブネット処理結果ログに状況通知のメッセージを出力し，ジョブを異常終了させる（「切り離し異常_ORADATADP」，「マウント異常_ORADATADP」ジョブ）。

〈ジョブの定義と実行順序の設定〉
　ジョブネットを構成するジョブは，ジョブネットエディタ画面を使って作成する。作成したジョブ間の実行順序を設定して，ジョブネットを定義する。

1.「切り離し異常_ORADATADP」ジョブの作成
　アイコンリストの［標準］タブから［UNIX Job］アイコンをドラッグし，ジョブを定義する領域であるマップエリアにドラッグ＆ドロップしてジョブを設定する（図3-3-21）。作成するUNIXジョブは，正・副ボリュームの切り離し処理で，正常に終了しない場合にジョブネット処理結果ログに異常のメッセージを残す処理である。先行ジョブが正常終了しない場合だけこのジョブを実行させるため，ジョブの［種別］は「リカバリ」に設定する。
　属性を定義したら，［OK］をクリックして［UNIX Job］画面を閉じる。

2.「切り離し_ORADATADP」ジョブの作成
　アイコンリストの［標準］タブから［UNIX Job］アイコンをドラッグし，マッ

3.3■ジョブの詳細設計

図3-3-21●「切り離し異常_ORADATADP」ジョブの作成

図3-3-22●「切り離し_ORADATADP」ジョブの作成

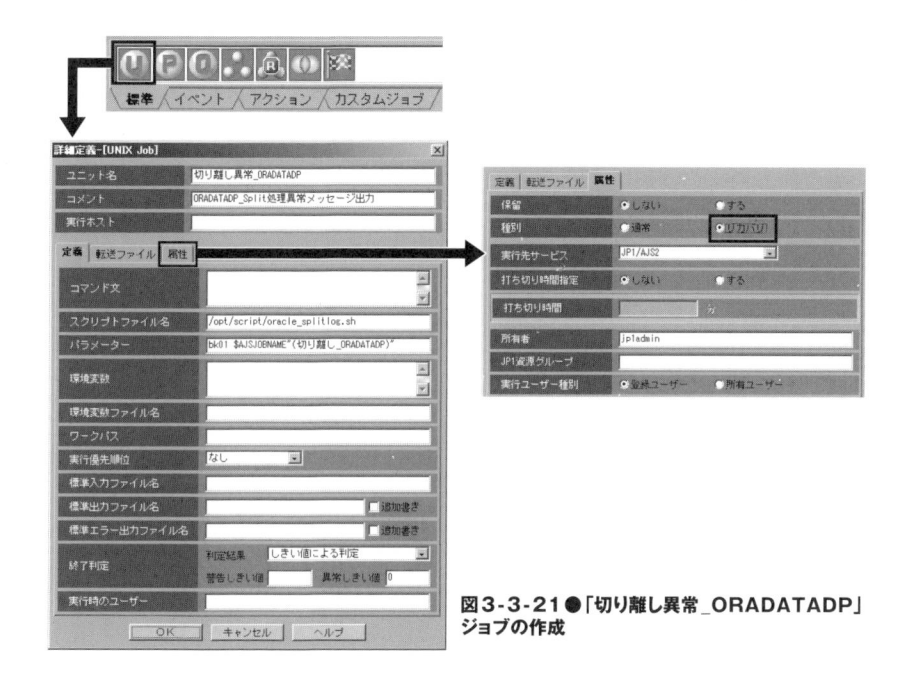

プエリアにドラッグ&ドロップしてジョブを設定する(図3-3-22)。正・副ボリュームの切り離しの処理をさせるUNIXジョブを作成した。この処理が正常終了しなかった場合に後続のリカバリジョブを実行させるために,[終了判定]の判定結果を「しきい値による判定」とし,異常しきい値を「0」に設定する。切り離し処理のリターン・コードが0以外だった場合は,異常とみなされリカバリジョブが実行される。

属性を定義したら,[OK]をクリックして[UNIX Job]画面を閉じる。

3.その他のジョブの作成

上記の手順と同様に,UNIXジョブ「同期_ORADATADP」「マウント_ORADATADP」と,判定ジョブ「同期非正常判定_ORADATADP」,従属ジョブ「同期非正常_ORADATADP」を作成する。

4.ジョブの実行順序の定義

1.～4.で作成した「スナップショット_ORADATADP」ジョブネットを構成する七つのジョブは,ジョブネットエディタ画面のジョブを定義する領域であるマップエリアに,図3-3-23のように表示される。ここで,定義したそれぞれのジョブの間に関連線を引き,ジョブの実行順序を設定する。[ジョブネットエディタ]画面で[関連線連続接続]ボタンをクリックし,実行させたい順にジョブのアイコンをクリックして,実行順序を設定する(図3-3-24)。

図3-3-23●「スナップショット_ORADATADP」を構成する七つのジョブ

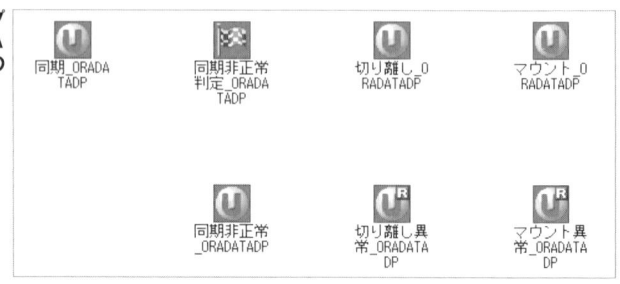

ここでは「同期_ORADATADP」→「同期非正常_ORADATADP」→「切り離し_ORADATADP」→「マウント_ORADATADP」の順で設定する。続いて

3.3 ■ ジョブの詳細設計

図3-3-24 ●関連線を引いた「スナップショット_ORADATADP」

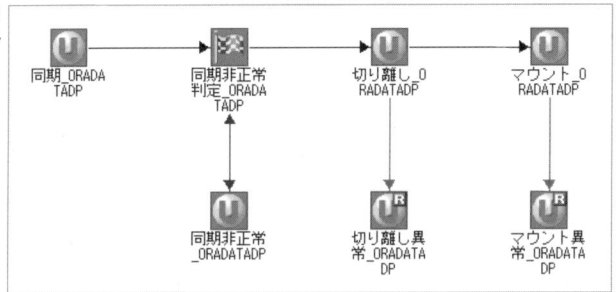

［条件接続］ボタンをクリックし、「同期非正常判定_ORADATADP」→「同期非正常_ORADATADP」の順に設定する。リカバリジョブに対しても、［関連線連続接続］ボタンを使って、「切り離し_ORADATADP」→「切り離し異常_ORADATADP」、「マウント_ORADATADP」→「マウント異常_ORADATADP」の順で関連付ける。リカバリジョブの関連線は赤色で表示される。

⑥ 運用スケジュールの定義

最後に、ジョブフローに対するスケジュールの定義を行う。A氏は「受発注システム」ジョブグループと「受発注システムBackUp」ジョブネットに、それぞれカレンダー情報とスケジュールを定義した（カレンダー情報の詳細については第4章4.2「カレンダー・スケジュールの定義」を参照）。

〈「受発注システム」ジョブグループへのカレンダー情報の定義〉

「受発注システム」ジョブグループ全体の処理に対して、運用日や休業日を定義する。A氏は、休業日を年末年始（12月29日〜1月3日）とし、そのほかの日を運用日とした。月間カレンダーを、以下の手順で定義する。

［JP1/AJS2 - View］画面の「受発注システム」を選択して右クリックし、［カレンダー］メニューを実行すると、［月間カレンダー編集］画面が表示される。年末年始（12月29日〜1月3日）の日付の四角を1回ずつクリックすると、表示が緑色から赤色に変わり、休業日が設定される（図3-3-25）。

カレンダー情報を設定したら、［ファイル］［保存］を実行して［月間カレンダー

編集]画面を閉じる。

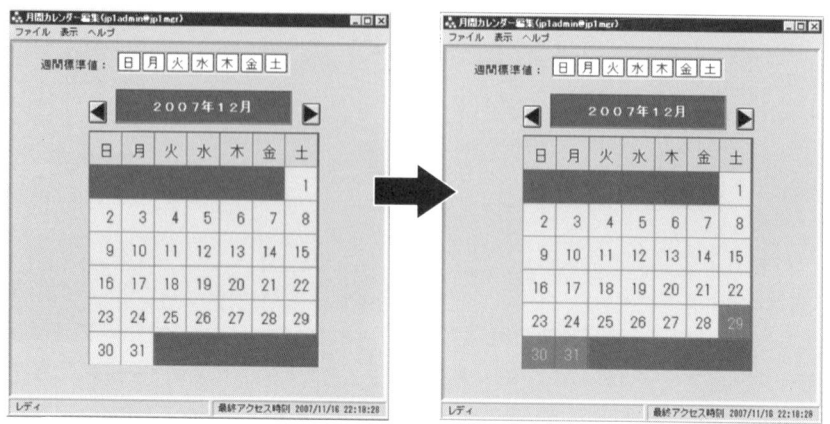

図3-3-25●12月29日～31日を休業日に設定

〈「受発注システムBackUp」ジョブネットへのスケジュールの定義〉

ジョブグループ内にある各ジョブネットに対して，処理の開始時間や実行間隔などを定義できる。A氏は，バックアップ業務を週1回，受発注システムの処理量が少ない土曜日に行うことにし，毎週金曜日の24:00から実行開始させることにした。受発注システムBackUpジョブネット内にあるすべてのジョブネットに，受発注システムBackUpジョブネットのスケジュールを継承させることにした。スケジュールは，以下の手順で定義する。

「受発注システムBackUp」ジョブネットを選択して右クリックし，[スケジュールの設定]メニューを選択すると，[スケジュールの設定]画面が表示される。この画面の[スケジュールルール一覧]から1番目の行をダブルクリックして[スケジュールルール]画面を表示する。A氏は，開始日時を2007年5月最終金曜日の24:00，1週間に1回のサイクルで実行させるようにスケジュールを設定した(図3-3-26)。

スケジュールルールを設定したら，[OK]をクリックしてスケジュールの設定を終了する。

図3-3-26●毎週金曜日24：00の実行を設定

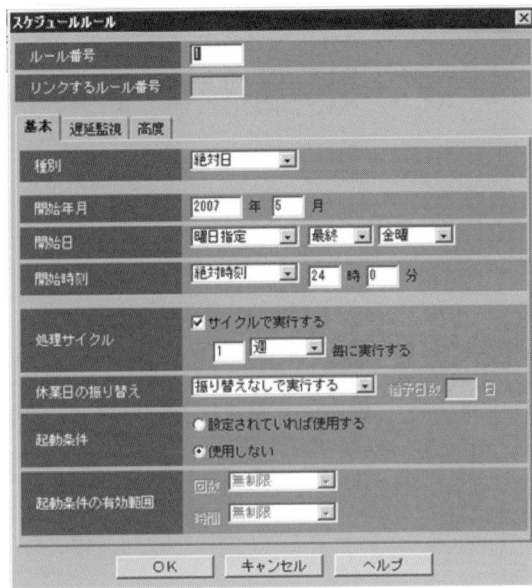

このA氏のケーススタディの受発注システムでは，ジョブスケジューラ運用でバックアップ処理を金曜日の24:00（実質は土曜日のAM0:00）開始として処理を扱うため，48時間制でスケジュールを立てられるようシステムを設定している。詳細は第3章3.4の「Tips 3-3」で解説する。

3.4 ジョブ定義のテクニック

以下では，ジョブスケジューラ使ってジョブを定義するときに役立つテクニックを解説していく。

Tips3-1 ジョブ実行日が休業日のときは，別の運用日に振り替えたい

毎週金曜日に実行するジョブを，金曜日が祝祭日の休業日のときにはその前日の運用日に実行する運用がしたい。自動的に振り替えることはできるか？

解説

スケジュールルールの［休業日の振り替え］を設定することで，休業日のジョブ実行を運用日に振り替えることができる。［休業日の振り替え］では，表3-4-1に示す項目について設定することで，振り替える運用日を指定する。

表3-4-1●休業日振替の設定事項

設定項目	設定内容	説明
休業日の振り替え方法	実行しない	休業日にはジョブネットを実行しない
	前の運用日に振り替え	ジョブネットの実行を前の運用日に振り替える
	次の運用日に振り替え	ジョブネットの実行を次の運用日に振り替える
	振り替えなしで実行	休業日であってもジョブネットを実行する
猶予日数	日数	休業日の振り替え方法で［前の運用日に振り替え］，［次の運用日に振り替え］を指定した場合、猶予日数を指定できる（猶予日数を処理サイクルより短い日数で指定すること）

設定例

振り替え方法を「前の運用日に振り替え」とし，猶予日数を「2日」に設定する方法を，以下に説明する。

まず，スケジュールを設定したいジョブネットを選択して右クリックし，［ス

3.4 ■ジョブ定義のテクニック

図3-4-1●休業日の振り替え方法と猶予日数を指定する

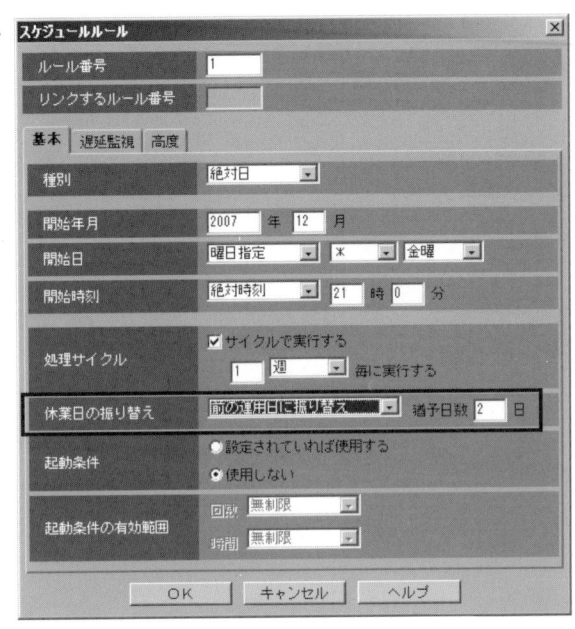

図3-4-2●2日前の運用日に実行する

ケジュール]を選択する。[スケジュールルール一覧]から対象となるスケジュールを選択してダブルクリックすると、[スケジュールルール]画面が表示される(図3-4-1)。

以上の設定を行えば、毎週金曜日に実行予定のジョブは、木曜日と金曜日が連続して休業日のときでも、自動的に2日前の水曜日に振り替えて実行される(図3-4-2)。

Tips3-2 ジョブ実行の起点日が休業日のとき、運用日に振り替えたい

給与計算処理を行うジョブを、給与支給日の2運用日前に実行させたい。だが、給与支給日が休日の場合は、その前の営業日に前倒しになる。前倒しの給与支給日の2日前の運用日に、計算処理を自動実行することは可能か？

解説

ジョブの実行を、「起点日」と呼ぶ指定期日の何日か前に設定するというスケジュール運用である。このような場合、「起算スケジュール」を使ってジョブ実行のスケジュールを定義する。起算スケジュールを使うと、次のような処理を実行できる。
- 休業日の振り替えなどを考慮し、起点日(ここでは給与支給日)を求める。
- 起点日から、さらに休業日の振り替えなどを考慮して、ジョブ実行の予定日(ここでは給与計算日)を求める。

設定例

給与支給日が毎月25日で、給与計算のジョブを、給与支給日の2運用日前に実行するときの設定方法を、以下に説明する。

まず、起点日を求めるスケジュールルールを設定する。[スケジュールルール]画面で、ジョブ実行サイクルを「毎月実行」に、起点日となる給与支給日を25日に、休業日の振り替えを前日に設定する(図3-4-3)。

次に、[スケジュールルール]画面の[高度]タブを選択し、起算スケジュールを設定する。ジョブ実行予定日を起点日から2運用日前とする(図3-4-4)。

図3-4-3●給与計算の起算日を25日に設定

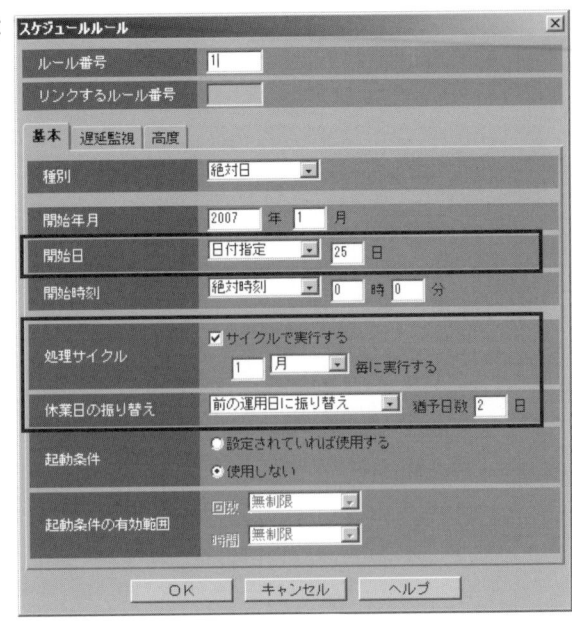

図3-4-4●起算スケジュールの設定

Tips 3-3 翌日が休日でも，日付をまたいだジョブを実行したい

　翌日は休業日だが，日付をまたぐジョブ，例えば「翌日のAM2:00に実行開始するジョブ」をスケジュール設定したい。何か方法はないか？

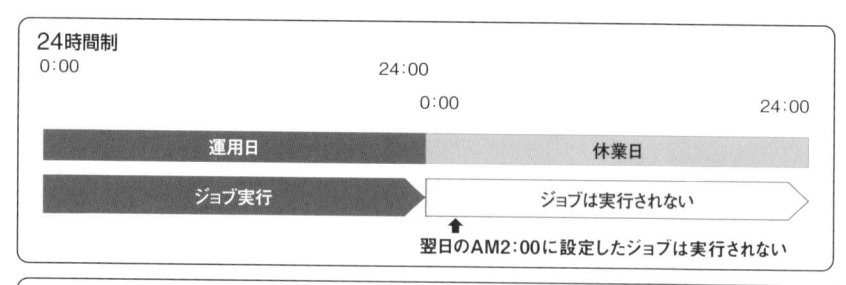

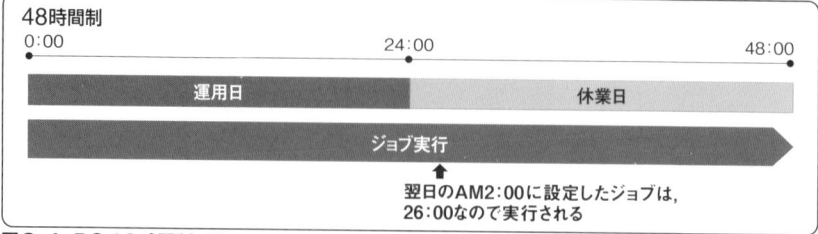

図3-4-5●48時間制で翌日にまたがるジョブを実行する

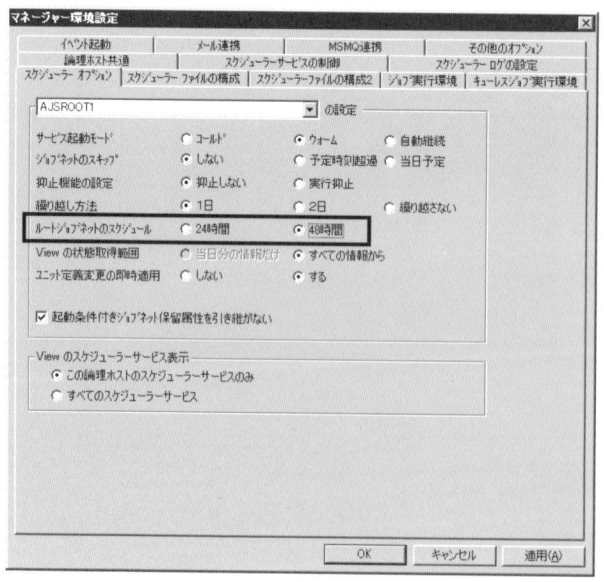

図3-4-6●ジョブスケジューラを48時間に設定

解説

1日のスケジュールを48時間制に設定することで，翌日にまたがるジョブがある場合でも，休日を意識することなくスケジュール設定やジョブの実行ができる（図3-4-5）。

設定例

翌日のAM2:00に実行開始するジョブの場合，ジョブスケジューラの[マネージャ環境設定]画面で，ルートジョブネットのスケジュールを48時間制に設定する（図3-4-6）。そしてジョブの実行開始時間を26:00に指定すると，設定したジョブは，その日の延長としてスケジュール計算される。そのため，翌日が休業日であってもジョブは実行される。

Tips 3-4 毎日実行するジョブと週末実行するジョブを混在して運用したい

毎日実行するあるジョブネットで，その中の一つのジョブだけを，週末にだけ実行したい。このような運用は可能か？

解説

実行サイクルの異なるジョブをネストジョブネットに設定して，別のスケジュールルールを定義する。この設定により，ネストジョブネットに設定した部分を，

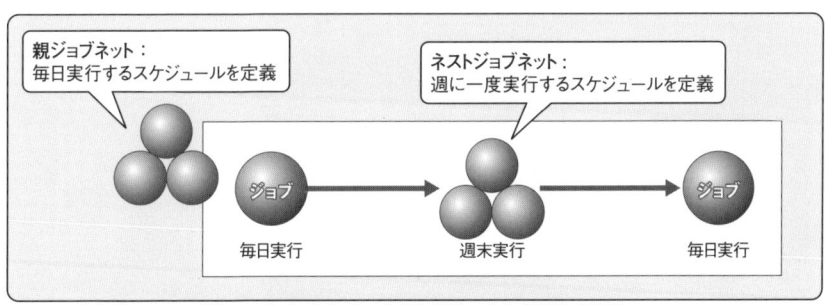

図3-4-7●ネストジョブネットで，異なるジョブの実行サイクルを混在させる

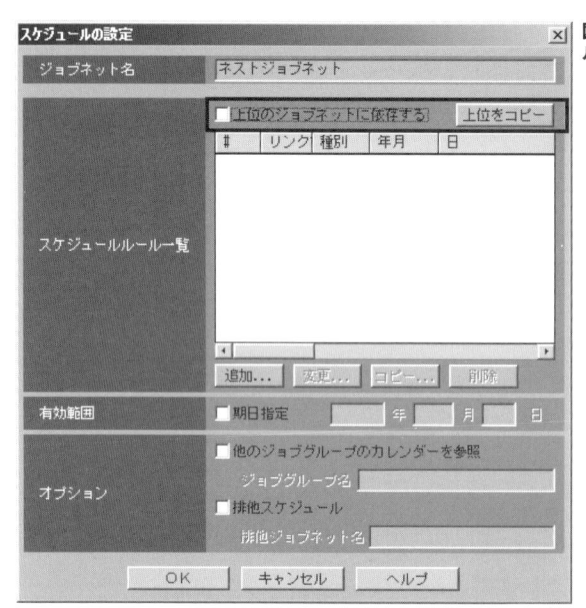

図3-4-8 ●スケジュールルールの上位依存設定を外す

図3-4-9 異なるスケジュールルールの設定

別のスケジュールで実行できる（図3-4-7）。

設定例

　まず，ネストジョブネットの［スケジュール設定］画面の［スケジュールルール一覧］で，「上位のジョブネットに依存する」のチェックを外す（図3-4-8）。続いて，週末実行するスケジュールを定義する（図3-4-9）。

Tips 3-5 異なるカレンダーが混在する業務間でジョブを運用したい

　ある業務で，自社と取引先の運用日が異なる場合，双方の運用日に合わせたジョブ実行を混在させて運用する方法は？

解説

　通常は，あるジョブグループ配下のジョブネットは，上位のジョブグループで設定した運用日・休業日に従った運用になる。複数の連携するジョブやジョブネットで，異なる運用日・休業日が設定されている場合は，運用の異なるカレンダーを設定した別のジョブグループを定義しておく。そして，ジョブネットのスケジュール設定時に「他のジョブグループのカレンダーを参照」を選択することで，異なるカレンダーを混在して運用できる。

設定例

　ここでは，自社が毎週日曜日を休業日とし，取引先が日曜日，水曜日，土曜日を休業日としている場合を考える。自社と取引先とで連携するジョブやジョブネットを定義するときは，別に定義したジョブグループのカレンダーを参照させるネストジョブネットとして定義する。カレンダーは，日曜日，水曜日，土曜日を休業日として定義する（図3-4-10）。

　［スケジュールの設定］画面で，「他のジョブグループのカレンダーを参照」をチェックし，参照先のジョブグループ名を指定すれば，そのネストジョブネットは別のスケジュールに設定できる（図3-4-11）。

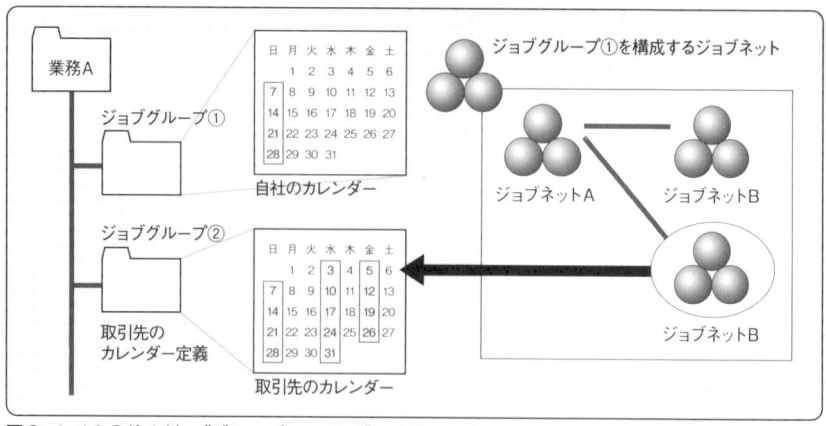

図3-4-10 ●他のジョブグループのカレンダーを参照する

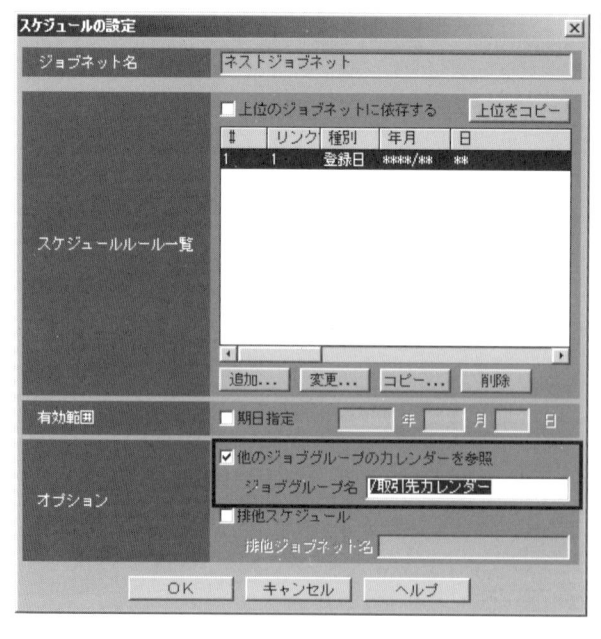

図3-4-11 ●他のジョブグループのカレンダーを参照

Tips 3-6 異常終了したジョブネットは,次回の実行を保留したい

定期的に実行するジョブネットが異常終了したときは,異常が発生した要因を取り除く必要がある。異常な状態のまま,誤って次回の処理が実行されないように,ジョブの実行を自動的に保留するよう設定できないか？

解説

ジョブネットの属性設定により,異常終了したジョブネットの次回の実行を保留できる。保留後に異常の原因に対策を施し,ジョブを再実行させるように対処することができる。

設定例

ジョブネットのプロパティ画面で[属性]タブを選択し,[保留]欄で[前回異常

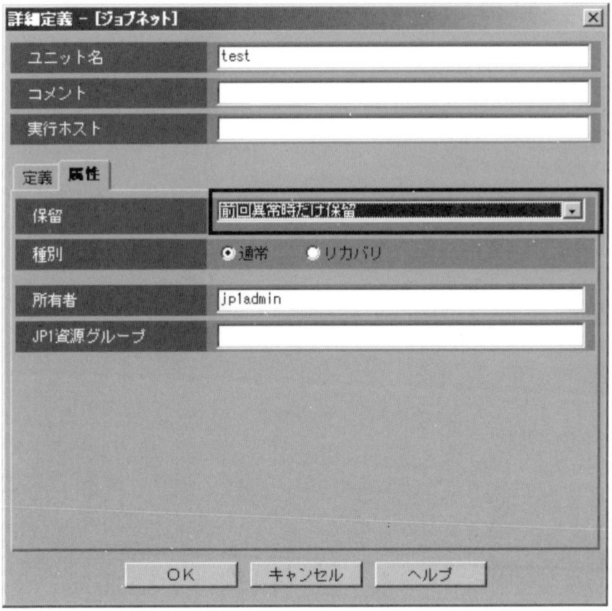

図3-4-12●異常終了したジョブの保留を設定

時だけ保留]または[前回異常警告時だけ保留]を設定する(図3-4-12)。ジョブネットが異常検出終了した場合などは,次の実行が保留される。

Tips3-7 パラメータ値が毎月変動するジョブを実行したい

パラメータ値が毎月変動する処理を含んだジョブネットがある場合,ジョブネットの定義を月ごとに変更しないで,自動化することはできないか?

解説

ジョブに値を引き継ぐ情報を「マクロ変数」として定義し,実行登録時に値を指定することで自動化できる。業務運用上,またはジョブのプログラム仕様上,年月の情報を毎月指定する必要がある場合などに有効である。

設定例

図3-4-13のジョブネットモニタに表示したジョブネットを実行するとき,「PC処理D」に,年月の情報をパラメータとして渡す場合を考える。設定・実行

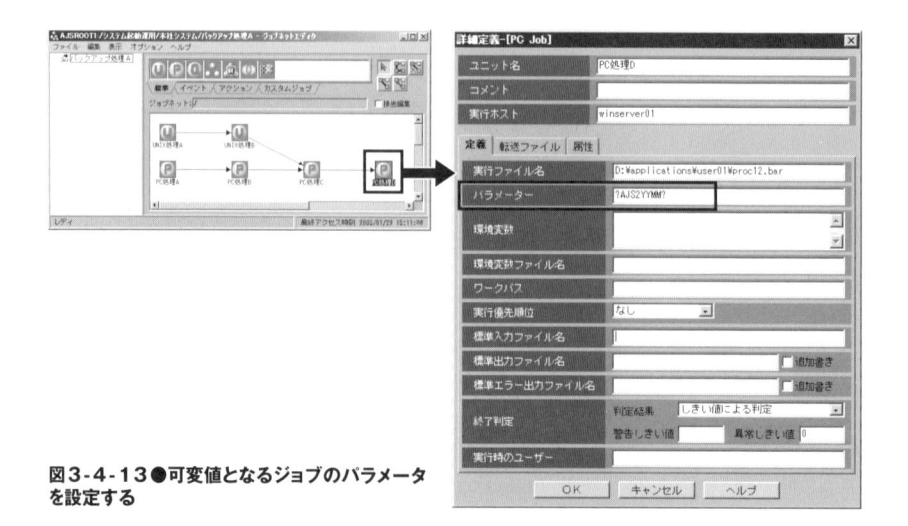

図3-4-13●可変値となるジョブのパラメータを設定する

手順は以下のようになる。

まず，可変値となるジョブのパラメータをマクロ変数として定義する。ジョブネットの実行登録時に，定義したマクロ変数の値（ここでは「200801」）を引き継ぎ情報として設定する（図3-4-14）。以上の設定により，PC処理Dに引数として200801を渡し，ジョブを実行できる。ジョブネットを実行するごとに，同じ手順で，年月（マクロ変数）を引き継ぎ情報として指定し，ジョブを実行できる。

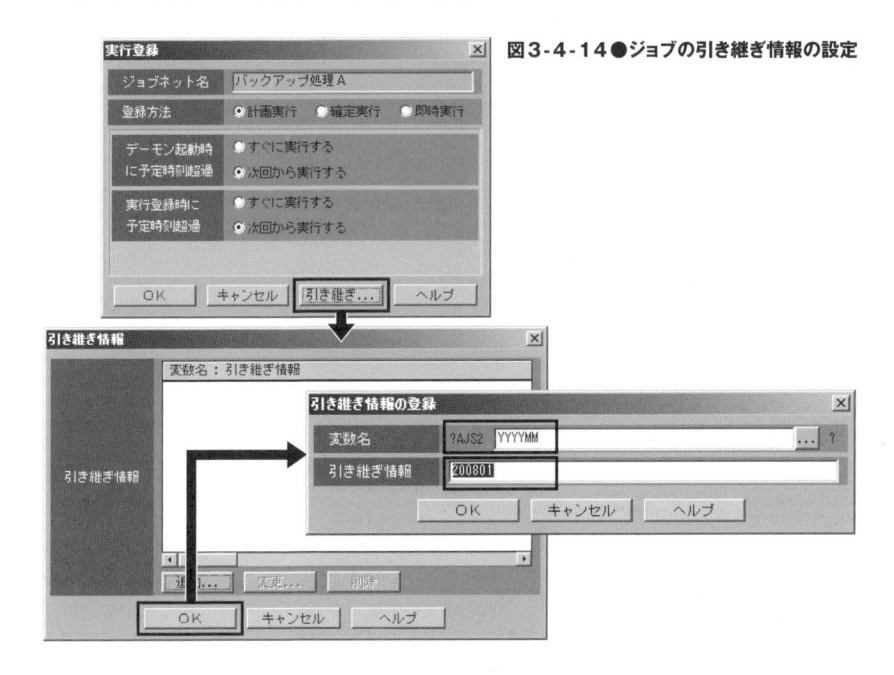

図3-4-14●ジョブの引き継ぎ情報の設定

Tips 3-8 5分間隔でジョブを定期的に実行したい

営業日の毎朝9:00に起動し，その後17:30まで9:00，9:05，9:10・・・と，5分間隔で定期的に実行させたいジョブがある。どのようにスケジュールを設定すればよいか？

解説

通常スケジュールは、ジョブネットのスケジュールルールで設定を行う。ただし、一つのスケジュールルールで設定できる処理サイクルの最小間隔は1日である（図3-4-15）。そのため、ジョブネットを1日以下のサイクルで実行させたい場合は工夫が必要になる。もし、ジョブネットのスケジュールルールを使うと、開始時間を5分ごとにずらしたスケジュールを複数作成する必要がある。これには手間がかかる上に、設定変更など管理も煩雑になる。

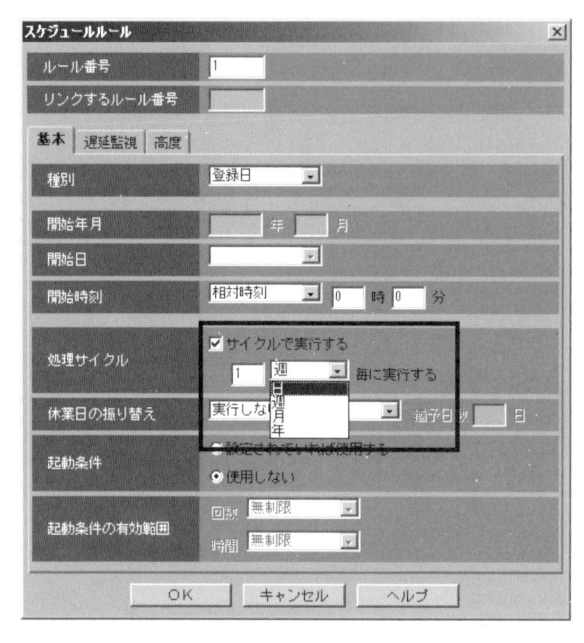

図3-4-15●スケジュールの処理サイクル設定画面

このような場合は、起動条件を使ってスケジュールを設定することが有効である。起動条件とは、特定の事象をトリガーとしてジョブネットを実行させる場合に、「どのような条件が成立したときにジョブネットを実行させるか」を定義したものである。

設定例

ジョブネットを、分単位など、1日以下のサイクルで実行させたい場合は、起

動条件に「実行間隔制御イベントジョブ」を使用してスケジュールを設定できる。図3-4-16のようなルートジョブネット「5minutes」で，ジョブネットを5分おきに実行させる場合を考える。設定手順は以下の通り。

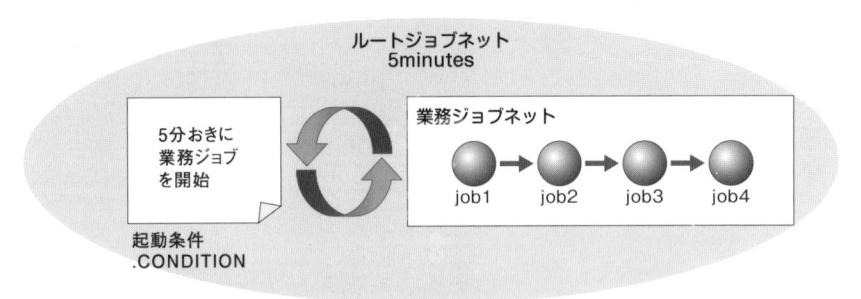

図3-4-16●起動条件を使って5分おきにジョブを実行する

① ジョブネットの作成

　ルートジョブネット「5minutes」を作成し，5分おきに起動させたいジョブネットを作成する。

　このとき基本的には，「実行間隔」は「ジョブネットの実行時間」より長い時間を設定するのがポイントである。ジョブネットの実行時間が実行間隔よりも長くなってしまった場合，デフォルトでは前回の実行が終了するまで待ち状態となる。この例でいうと，もしジョブネット（job1→job2→job3→job4）の実行に7分かかったとすると，5分後に次の実行時刻がきてもジョブネットは実行されない。実行時刻は，9:00→9:07→9:14・・・と，ずれてしまうのだ。想定した時刻通りに実行させたい場合には，ジョブネットのプロパティ画面で［多重起動］を「可能」に変更して，ジョブネットを複数起動できるようにする（図3-4-17）。

② 起動条件の設定

　［ジョブネットエディタ］画面で［編集］［起動条件の設定］を選択して［詳細定義］［起動条件］画面を表示する。［OK］をクリックして「.CONDITION（AND）」ジョブネットを作成する（図3-4-18）。

　［起動条件］画面の［定義］タブで「AND」を選択した場合は，設定した起動条件がすべて成立した時点で，ジョブネットが起動する。「OR」を選択すると，設定

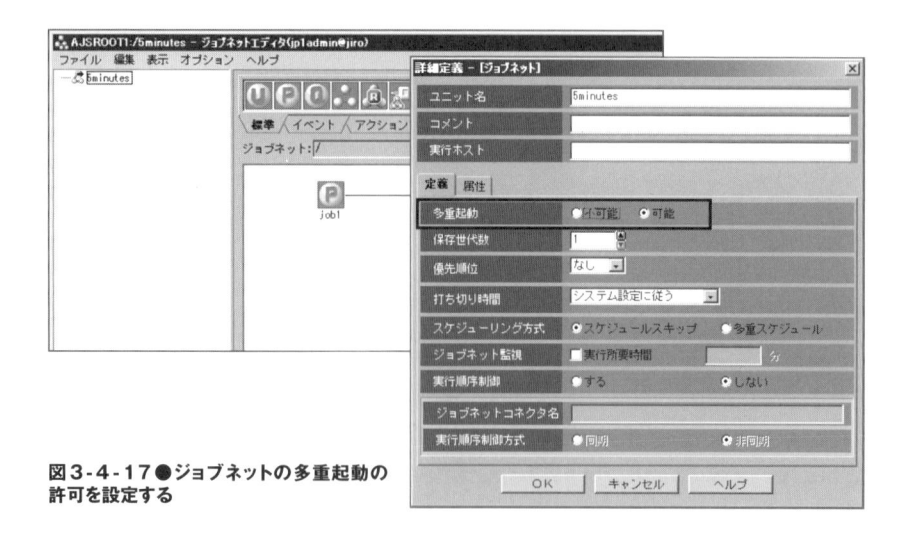

第3章 ジョブ管理テクニック【設計編】

図3-4-17●ジョブネットの多重起動の許可を設定する

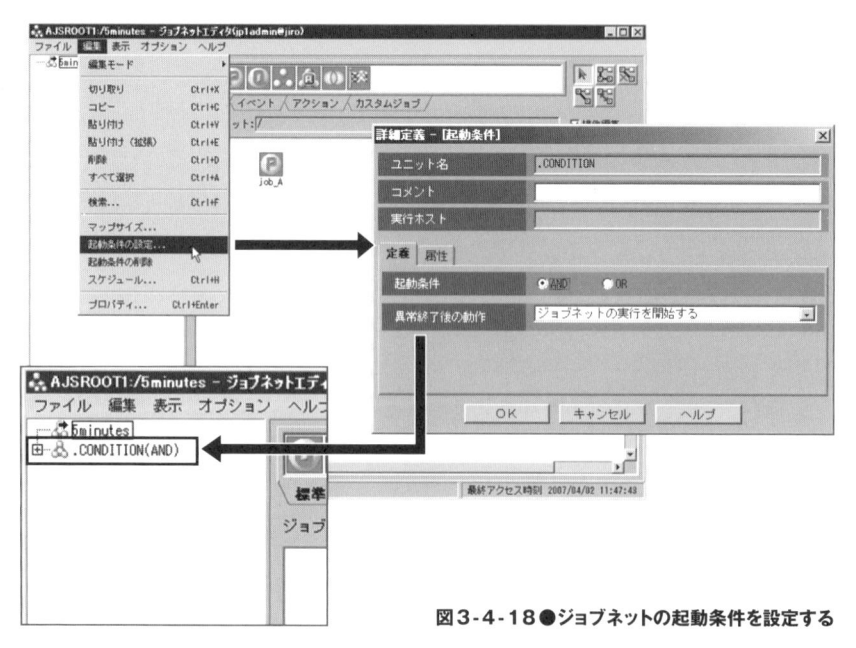

図3-4-18●ジョブネットの起動条件を設定する

3.4 ■ ジョブ定義のテクニック

した起動条件がどれか一つ成立した時点で，ジョブネットが起動する。

続いて「.CONDITION（AND）」ジョブネットをクリックして，.CONDITION用の画面を表示。アイコンリストの［イベント］タブから，実行間隔制御イベントジョブをドラッグ＆ドロップして［実行間隔制御］画面を表示する（図3-4-19）。［待ち時間］に実行間隔（ここでは5分）を指定して［OK］をクリックする（図3-4-20）。

図3-4-19●「実行間隔制御」イベントジョブをドラッグ＆ドロップする

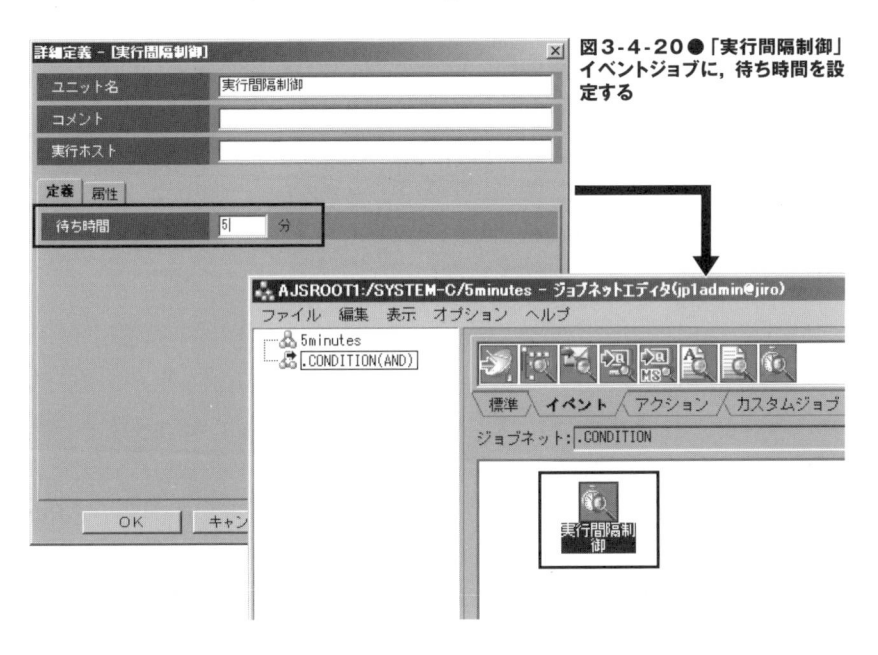

図3-4-20●「実行間隔制御」イベントジョブに，待ち時間を設定する

③ スケジュールルールの設定

作成したルートジョブネット「5minutes」のスケジュールルールを表示して，実行開始年月日，実行開始時間，処理サイクルを設定する。[起動条件]は「設定されていれば使用する」を選択し，[起動条件の有効範囲]に，回数，時間を指定する。[OK]ボタンをクリックして[スケジュールの設定]画面で[OK]ボタンをクリックする(図3-4-21)。

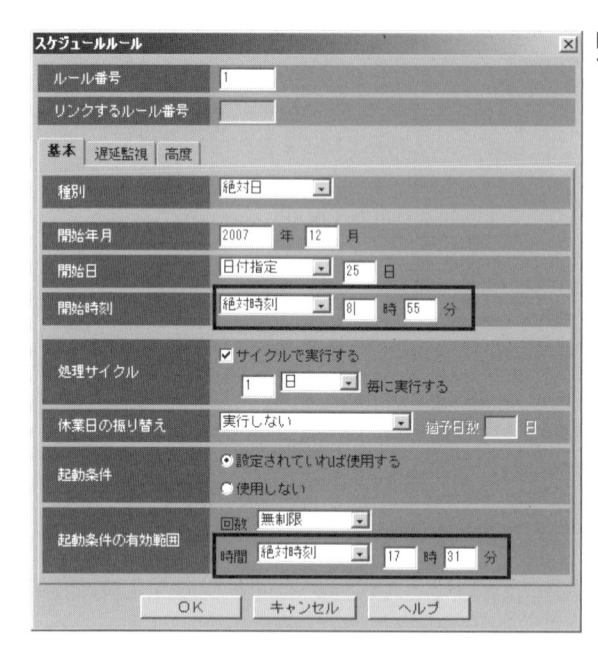

図3-4-21●開始時刻や処理サイクルを設定する

ジョブネット設定する開始時刻には注意が必要だ。図3-4-21のように「8時55分」にしておけば，起動条件として定義された実行間隔制御ジョブが8:55に開始され，ジョブネットの初回起動は，その5分後の9:00となる。また，ジョブネットの終了時刻は[起動条件の有効範囲]の[時間]で設定するが，「17時30分」を指定すると，ジョブネットは17:30には実行されずに終了してしまう。17:30の回も，ジョブネットを実行してから終了させたい場合は，終了時刻に1分を足した「17時31分」を設定しておく。

Tips 3-9 開発環境で定義したジョブを本番環境へ楽に移行したい

ジョブスケジューラ（JP1/AJS2）の運用で，開発・テスト用のシステム環境と本番環境が異なる。ジョブとして実行するプログラムのインストール先が違う場合は，開発環境でジョブの定義や実行テストを行った後で，本番環境へ移したジョブ定義を本番環境用に設定し直すのは面倒である。この煩わしさを解消する方法はないか？

解説

開発環境と本番環境でジョブ実行用のプログラムのインストール先が異なる場合は，実行するジョブの環境設定パラメータにワーク・パスを変数として定義することで，プログラム実行の設定項目に変数を使用できる。設定できる変数には，以下のような項目がある。

- コマンド文（UNIX限定）
- 実行ファイル名（Windows限定）
- スクリプトファイル名（UNIX限定）
- パラメータ
- 標準入力ファイル名
- 標準出力ファイル名
- 標準エラー出力ファイル名

各プログラムの実行先で，変数名にプログラムのインストール・パスを設定しておくことで，プログラムのワーク・パスが異なるジョブを，開発環境から本番環境に定義を変更することなく移植できる。

設定例

Windows環境における設定方法は以下の通り。設定は，ジョブを実行するサーバーごとに必要である。

① ジョブスケジューラ（JP1/AJS2）関連のサービスを停止

以下の二つのサービスを停止する。

● JP1/AJS2サービス
● JP1/AJS2 Monitorサービス (ジョブスケジューラ - マネージャの場合)

② メモ帳などを使用して，環境変数引き渡し用のファイルを作成する
ここでは[C:¥temp¥job_variable.txt]というファイル名で，以下のテキストを記述したファイルを作成する。ただし注意点として，"変数名"には，「JP1」で始まる名前は使用できない。また，クラスタ環境など，論理ホストを運用する場合は，JP1_DEFAULTの部分は論理ホスト名とする。

[JP1_DEFAULT¥JP1NBQAGENT¥Variable]"変数名"="変数の値"

③ 環境変数を適用するコマンドを実行
環境変数を記述したファイルを指定して，以下のコマンドを実行する。

```
jbssetcnf C:¥temp¥job_variable.txt
```

④ ①で停止したサービスを再び起動

⑤ 定義した変数を使ったジョブを定義する
　上記で定義した変数をジョブ定義で使用するときは「$変数名$」という形式で指定する。例えば，環境設定パラメータ情報に変数名として「ProgDir」を指定した場合，ジョブ定義では「$ProgDir$」と指定する (**図3-4-22**)。
　開発環境と本番環境の環境設定パラメータにProgDirを設定してジョブを設定することで，ジョブの定義を開発環境から本番環境に移行しても，ジョブ定義の「実行ファイル名」を変更する必要がなくなる。

3.4 ジョブ定義のテクニック

図3-4-22 ●変数パラメータを使ったジョブを定義する

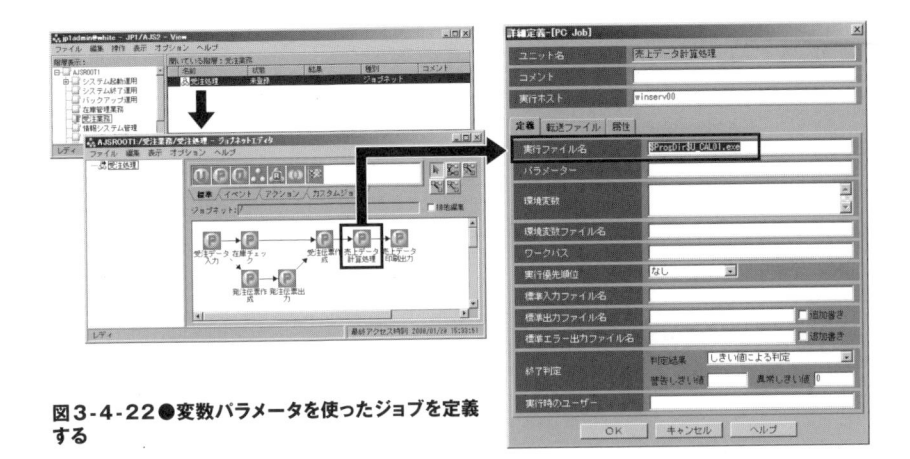

Tips 3-10 先行ジョブの結果に応じて，実行させるジョブを変えたい

あるジョブを実行した結果が正常か異常かによって，次にどのジョブを実行するかの振り分けをしたい。どうすればよいか？

解説

判定ジョブを使用することで，先行するジョブの実行結果に応じて異なるジョブやジョブネットを実行させることができる。ただし，判定ジョブでリターン・コードを判定するときは，先行する処理として指定するジョブは限定される。ジョブネットを指定すると，ジョブネット内の最終ジョブのリターン・コードを判定ジョブへ引き継ぐことができない。

設定例

先行ジョブのリターン・コードによって，後続ジョブを振り分ける構成例を図3-4-23に示す。ジョブ「Job_a」のリターン・コードを「判定ジョブb」と「判定ジョブc」で判定し，リターン・コードが「0」の場合はネストジョブネット「JobNet_b」を，「1」の場合はネストジョブネット「JobNet_c」を実行させる。

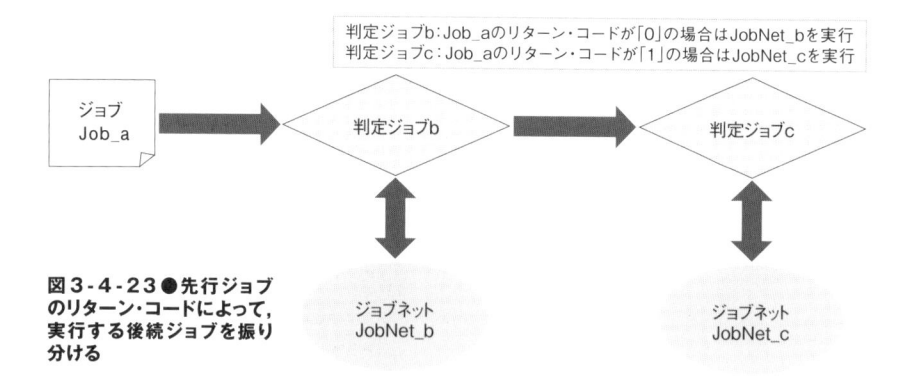

図3-4-23●先行ジョブのリターン・コードによって，実行する後続ジョブを振り分ける

判定ジョブb：Job_aのリターン・コードが「0」の場合はJobNet_bを実行
判定ジョブc：Job_aのリターン・コードが「1」の場合はJobNet_cを実行

- Job_a：実行後にリターン・コード「0」か「1」を返すジョブ
- JobNet_b：Job_aのリターン・コードが「0」のときに実行する後続ジョブネット
- JobNet_c：Job_aのリターン・コードが「1」のときに実行する後続ジョブネット

設定手順は以下のようになる。

① ジョブネットの作成

まず，ルートジョブネット「HanteiJobNet」を作成する（図3-4-24）。続いて，Job_a，JobNet_b，JobNet_cを作成する。ここで，リターン・コードによって終了判定されないように［終了判定］の項目を「常に正常」に設定する（図3-4-25）。「しきい値による判定」を指定すると，異常しきい値として設定したリターン・コードの場合，異常終了で実行が終了してしまうので注意が必要だ。

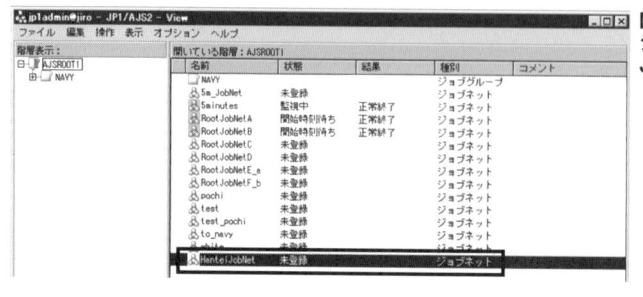

図3-4-24●ルートジョブネット「HanteiJobNet」を作成する

3.4 ■ ジョブ定義のテクニック

図3-4-25 ●ジョブネットの終了判定の条件を設定する

② 判定ジョブの作成

　Job_aのリターン・コードを判定させるために，判定ジョブを作成する。リターン・コードごとに異なるジョブネットを実行させるためには，リターン・コードごとに判定ジョブの作成が必要になる。判定ジョブは，判定結果が真のときのみ，従属ジョブやジョブネットを実行させることができるからだ。

　Job_aのリターン・コードが「0」であるかどうかの判定をする「判定ジョブ_0」を作成するため，ルートジョブネットHanteiJobNet用のジョブネットエディタを表示し，アイコンリストの[標準]タブから判定ジョブをドラッグ＆ドロップして[判定ジョブ]画面を表示する（図3-4-26）。

　任意の[ユニット名]を入力し，[判定条件]に「リターン・コード」，[条件]に「リターン・コードが判定値と等しい」，[判定値]にリターン・コード（ここでは「0」）を指定する（図3-4-27）。 同様に，Job_aのリターン・コードが「1」であるかどうかの判定をする「判定ジョブ_1」も作成する（図3-4-28）。

89

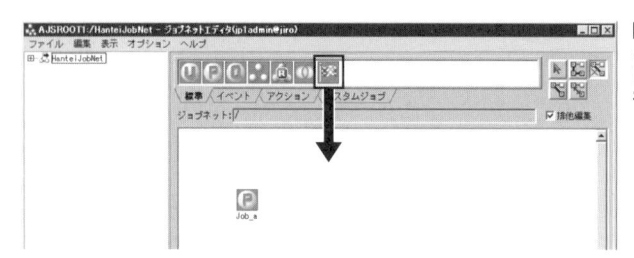

図3-4-26 ●「Hantei JobNet」のジョブネットエディタから判定ジョブを作成する

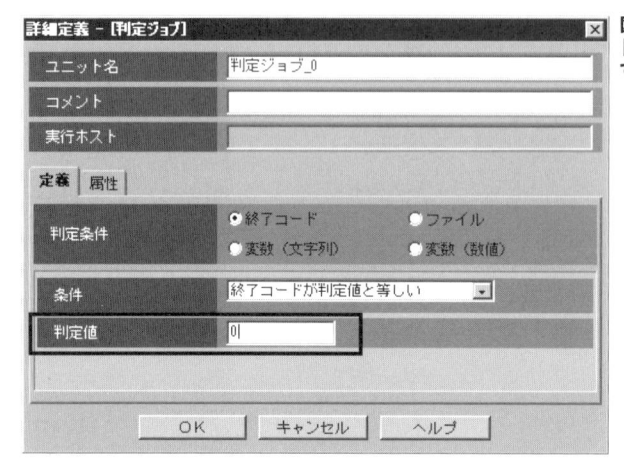

図3-4-27 ●判定値が「0」の判定ジョブを作成する

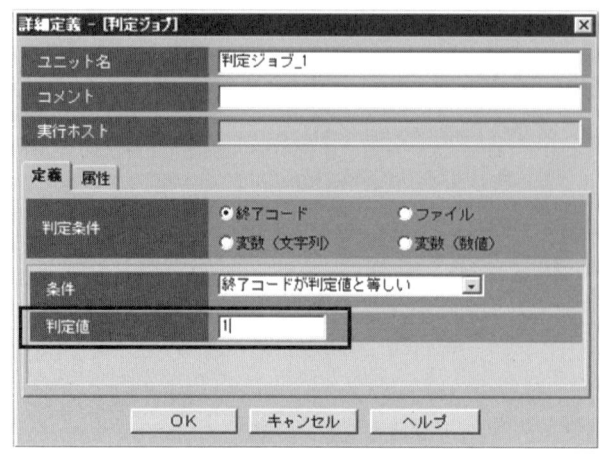

図3-4-28 ●判定値が「1」の判定ジョブを作成する

3.4■ジョブ定義のテクニック

③ 関連線で結ぶ

　Job_aと判定ジョブ_0，判定ジョブ_1を，関連線接続を使って実行順に接続する（図3-4-29）。続いて，それぞれの判定ジョブと従属ジョブネットを，条件接続を使って接続する。判定ジョブと従属ジョブネットを関連付ける条件接続は，青色の両矢印で表示される（図3-4-30）。

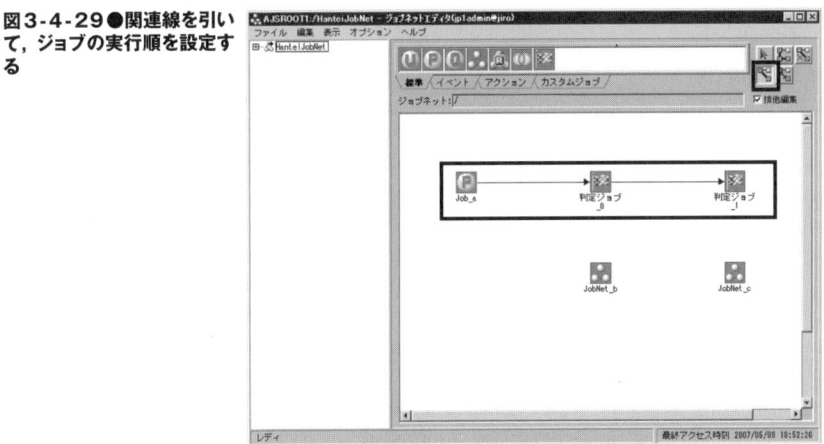

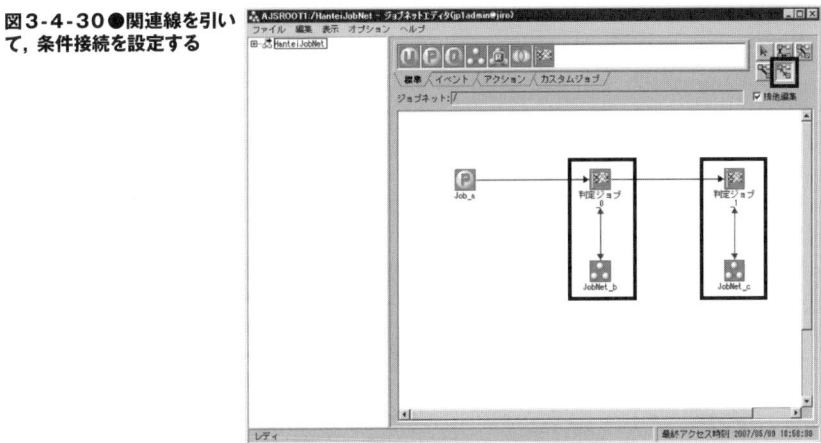

図3-4-29●関連線を引いて，ジョブの実行順を設定する

図3-4-30●関連線を引いて，条件接続を設定する

Tips 3-11 別のルートジョブネットの実行終了をきっかけにして、ルートジョブネットを実行させたい（その1）

独立した二つのルートジョブネットがある。一つの業務が終了してから、もう片方の業務が始まるようなジョブを設計したい。どうしたらよいか？

解説

複数のルートジョブネットを関連線で接続することはできない。ルートジョブネット間の順序付けを行いたい場合は、JP1イベント送信/受信監視ジョブを使用する方法、ジョブネットコネクタを使用する方法のいずれかの方法を用いる（ジョブネットコネクタを使用する方法は、Tips3-12を参照）。

複数のジョブの集まりに順序付けしたものをジョブネットと呼ぶ。ジョブネットのうち、最上位のジョブネットをルートジョブネット、ルートジョブネットの下位に定義されたジョブネットをネストジョブネットという。ジョブスケジューラで自動化する業務は、ルートジョブネット単位で実行される。

設定例

ここでは、図3-4-31に示すようなジョブを定義する。ルートジョブネット「RootJobNetA」の実行終了後にルートジョブネット「RootJobNetB」の実行が始まるようにするために、JP1イベント送信ジョブ、JP1イベント受信ジョブを使用する方法を以下に示す。

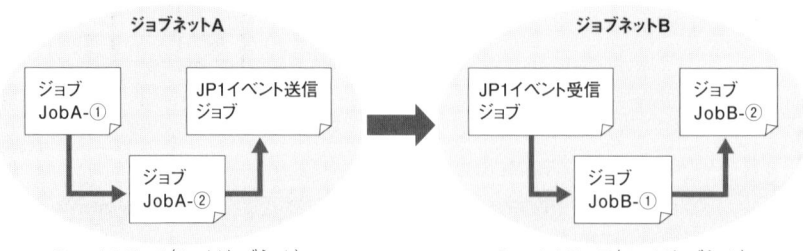

図3-4-31●JP1イベント送信ジョブ/受信ジョブを使って、複数のルートジョブネットを連携する

3.4 ■ ジョブ定義のテクニック

図3-4-32 ●「RootJobNetA」と「RootJobNetB」を作成する

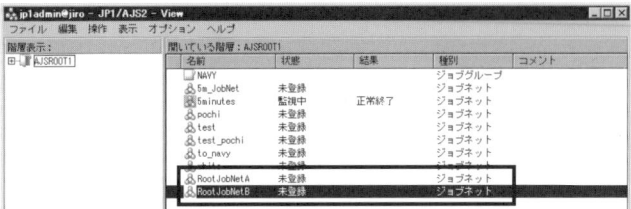

図3-4-33 ●RootJobNetAに「JobA-①」と「JobA-②」を作成する

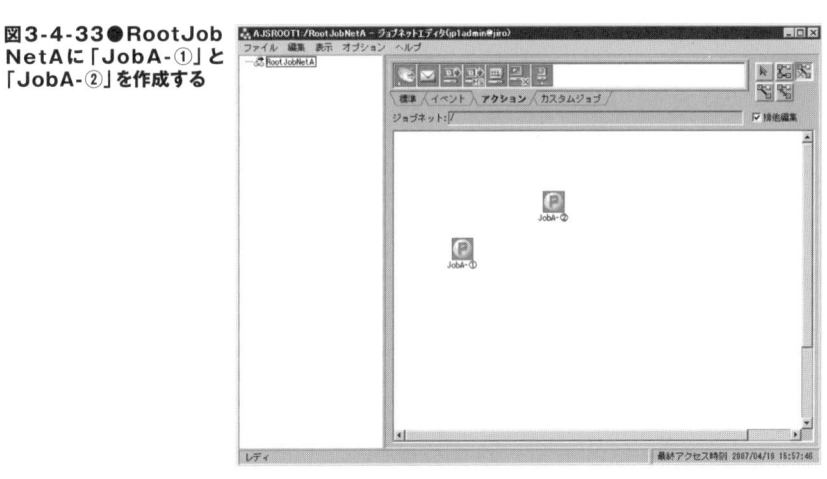

図3-4-34 ●RootJobNetBに「JobB-①」、「JobB-②」を作成する

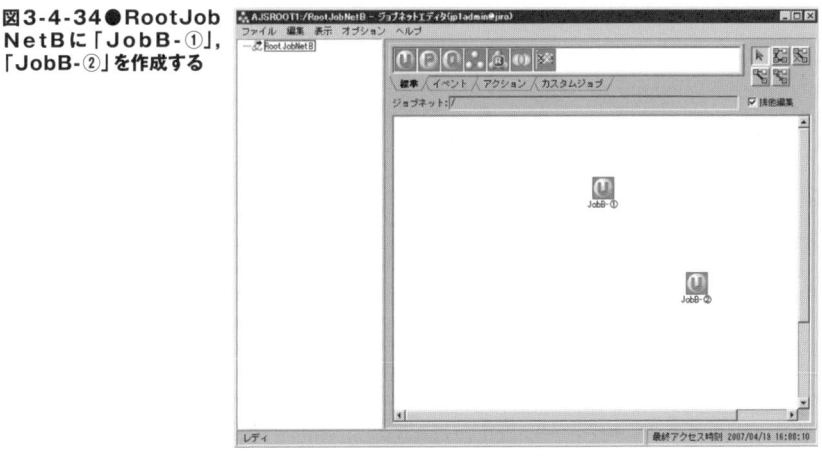

93

① ジョブネットの作成

まず，RootJobNetAとRootJobNetBを作成する（**図3-4-32**）。続いて，各ジョブを作成する。RootJobNetAは「JobA-①」「JobA-②」で構成する（**図3-4-33**）。RootJobNetBは，「JobB-①」「JobB-②」で構成する（**図3-4-34**）。

② JP1イベント送信ジョブの作成

図3-4-31のジョブの流れでは，RootJobNetAの実行が終了したことをJP1イベント通知によってRootJobNetBに伝え，RootJobNetBの実行を開始させる。そのために，RootJobNetAに，JP1イベント送信ジョブを作成する。

RootJobNetA用のジョブネットエディタ画面を表示し，アイコンリストの[アクション]タブからJP1イベント送信ジョブをドラッグ＆ドロップして[JP1イベント送信]画面を表示する（**図3-4-35**）。

図3-4-35●ジョブネットエディタで[JP1イベント送信]を選択し，イベントの詳細を設定する

任意の[ユニット名]，[実行ホスト]を指定し，[イベント送信先ホスト名]にイベント送信する先のサーバーのホスト名（ここではnavy），[イベントID]に送信するイベントのイベントID（ここでは7FFF9009）を指定する。[OK]をクリッ

クして，JP1イベント送信ジョブの作成を終了する。

続いて，関連線を使って，作成したJP1イベント送信ジョブとジョブを接続する。JP1イベント送信ジョブによるRootJobNetBへのJP1イベントの送信は，RootJobNetA内のすべてのジョブの実行を終えた後，最後に実行するように設定する（図3-4-36）。

図3-4-36●JP1イベント送信ジョブの実行順を設定する

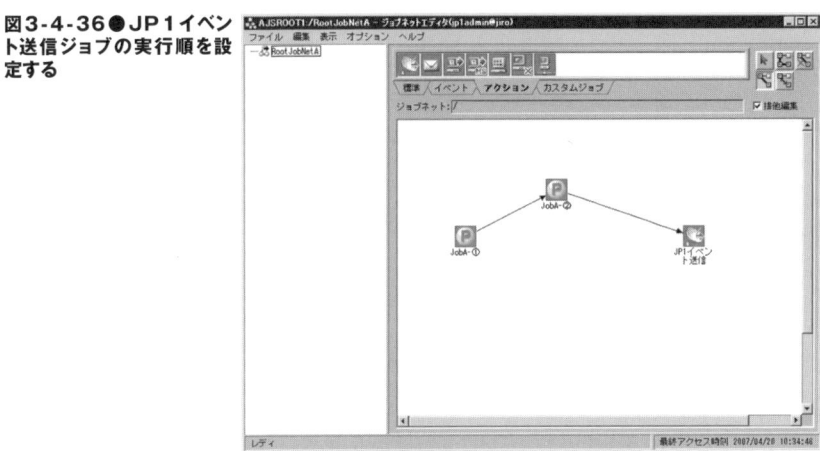

③ JP1イベント受信ジョブの作成

RootJobNetBに，②で定義したJP1イベント送信ジョブを受信するためのJP1イベント受信ジョブを作成する。

まず，RootJobNetB用のジョブネットエディタ画面を表示し，アイコンリストの[イベント]タブから，JP1イベント受信ジョブをドラッグ＆ドロップして[JP1イベント受信]画面を表示する。

任意で[ユニット名]，[実行ホスト]を指定し，[イベントID]に受信するイベントのイベントID（ここでは7FFF9009），[イベント発行元ホスト名]にイベント送信してくるサーバーのホスト名（ここではjiro）を指定する（図3-4-37）。[実行前のイベント検索]を「する」に設定し，適切な時間を記入して[OK]をクリックして，JP1受信イベントの作成を終了する。

続いて，関連線を使って，作成したJP1イベント受信ジョブとジョブを接続す

図3-4-37●ジョブネットエディタで
[JP1イベント受信]を選択し,ジョブの
詳細を設定する

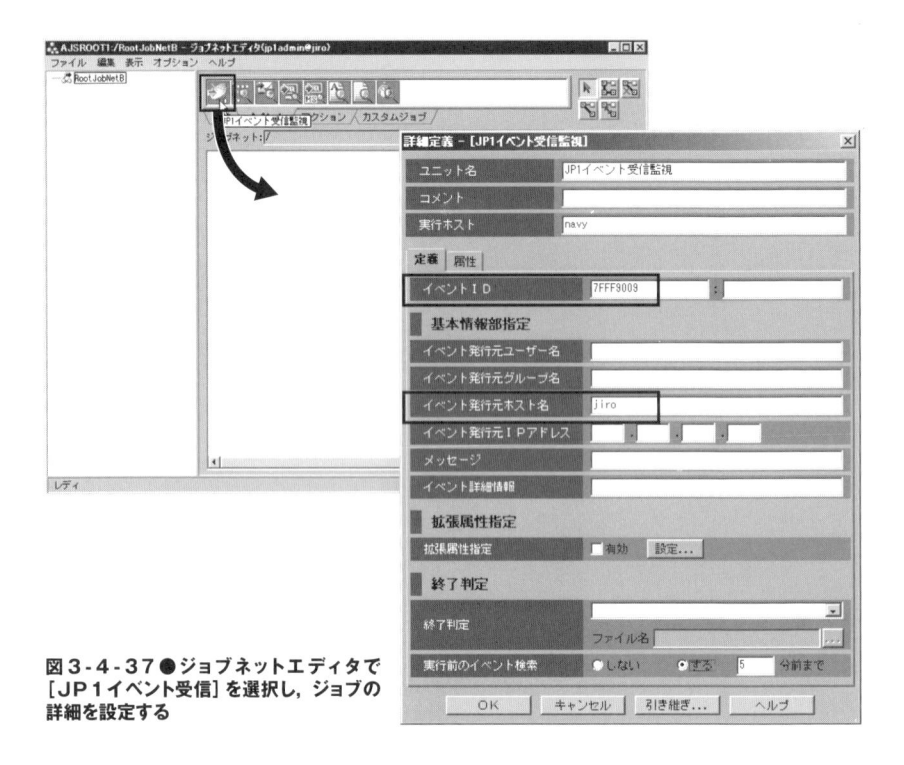

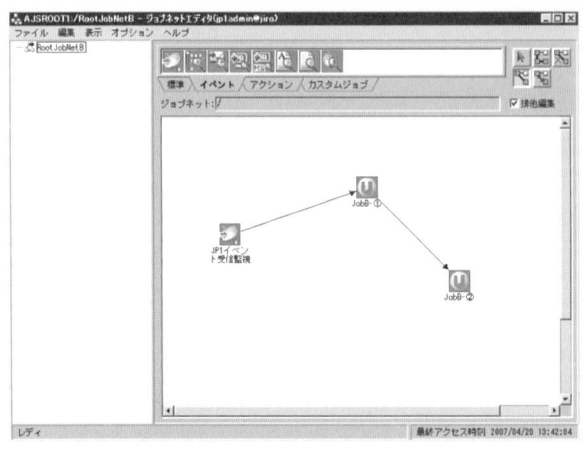

図3-4-38●JP1イベント受信ジョブの実行順を設定する

る。RootJobNetAからJP1イベントを受信してからジョブを実行させるために，JP1イベント受信ジョブは，RootJobNetBの最初に実行するように設定する（図3-4-38）。

JP1イベントの送信と受信のタイミングには，注意が必要である。JP1イベント送信ジョブが実行されても，JP1イベント受信監視ジョブが監視状態になっていなければ，送信されたJP1イベントは受信されないからだ。この状況を避けるためには，次の二つのいずれか，または両方の設定を行う必要がある。

- JP1イベントが送信される前に，JP1イベント受信監視ジョブが確実に起動されるようなスケジュールを設定する。
- JP1イベント受信監視ジョブの作成時に，[実行前のイベント検索]の設定を「する」に設定しておく。これにより，JP1イベント受信監視ジョブが実行登録されたとき（JP1イベントの監視を始める前），それ以前の指定した時間までに発生したJP1イベントが受信監視の対象となる。

Tips 3-12 別のルートジョブネットの実行終了をきっかけにして，ルートジョブネットを実行させたい（その2）

解説

ルートジョブネット間を順序付けして連携するには，JP1イベント送信／受信監視ジョブを使用する方法，ジョブネットコネクタを使用する方法のいずれかの方法を用いる。ジョブネットコネクタは，相互に接続先のジョブネットを指定して，ジョブネット間を連携できる（JP1イベント送信／受信ジョブを使用する方法は前述のTips3-11を参照）。

設定例

図3-4-39のように，ジョブネットコネクタを用いて，ルートジョブネット「RootJobNetC」とルートジョブネット「RootJobNetD」を連携させる方法を以下に示す。

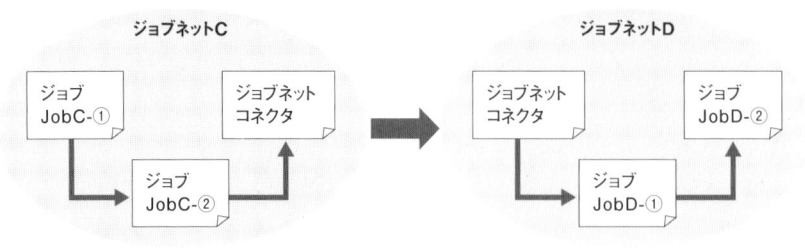

図3-4-39●ジョブネットコネクタを使って，複数のルートジョブネットを連携する

① ジョブネットの作成

まず，RootJobNetCとRootJobNetDを作成する（図3-4-40）。続いて，各ジョブを作成する。RootJobNetCは「JobC-①」と「JobC-②」で構成する（図3-4-41）。RootJobNetDは，「JobD-①」と「JobD-②」で構成する（図3-4-42）。

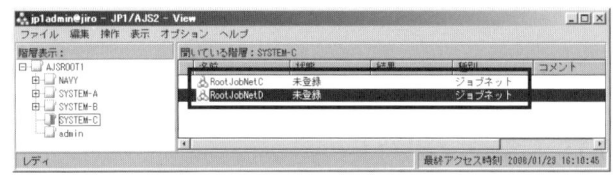

図3-4-40●「RootJobNetC」と「RootJobNetD」を作成する

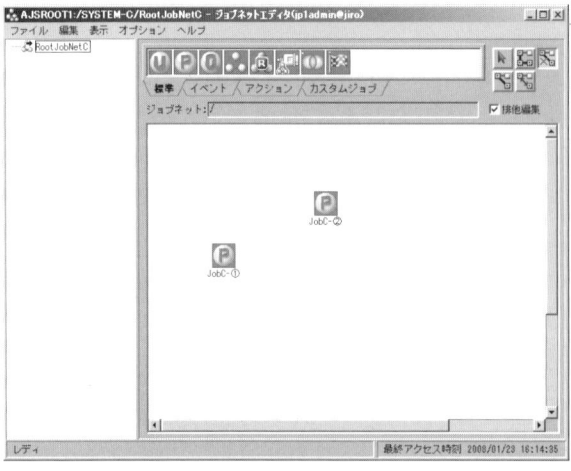

図3-4-41●RootJobNetCに「JobC-①」，「JobC-②」」を作成する

3.4 ■ ジョブ定義のテクニック

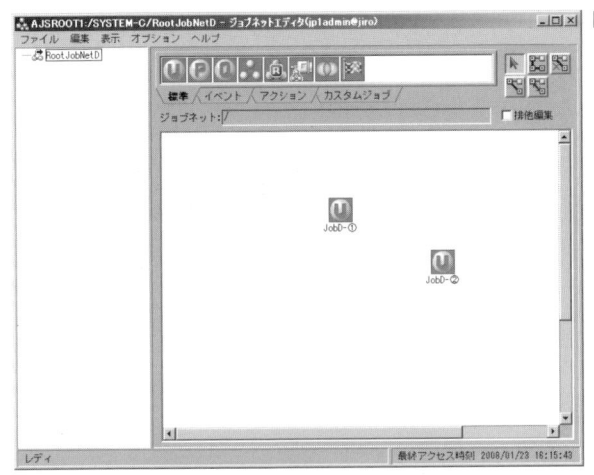

図3-4-42●RootJob NetDに「JobD-①」,「JobD-②」」を作成する

② 先行ジョブネット用のジョブネットコネクタの作成

RootJobNetCの実行が終了したことをRootJobNetDへ伝えてRootJobNetDの実行を開始させるため、RootJobNetCにジョブネットコネクタを作成する。

まず、[JP1/AJS2 - View]画面で、対象のルートジョブネット(RootJobNetD)を選択して、[オプション][ジョブネットコネクタとして記憶]を実行する(図3-4-43)。

図3-4-43●RootJobNetDを選択して、ジョブネットコネクタとして記憶させる

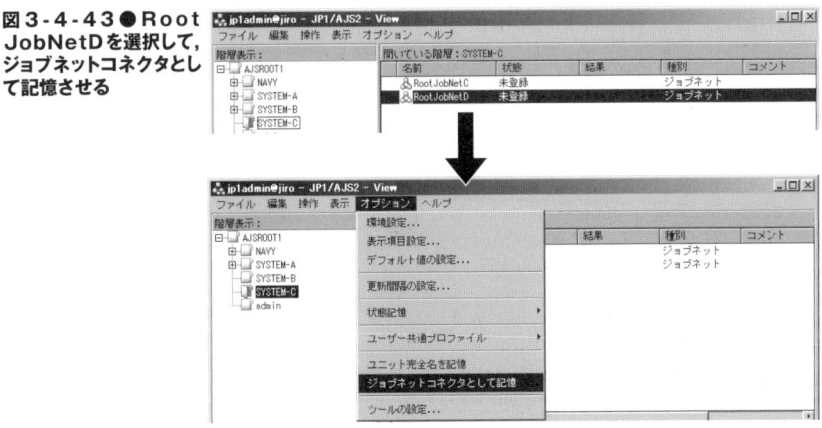

次に、RootJobNetC用のジョブネットエディタを表示し、[排他編集]をチェックして[編集]メニューの[ジョブネットコネクタの自動生成]でRootJobNetDとのジョブネットコネクタを作成する(**図3-4-44**)。

図3-4-44●RootJobNetCのジョブネットエディタで、ジョブネットコネクタを生成する

続いて、作成したジョブネットコネクタとジョブを関連線によって接続する。全てのジョブの実行を終えた後にRootJobNetDへ連携するために、ジョブネットコネクタはRootJobNetCの最後に接続する(**図3-4-45**)。

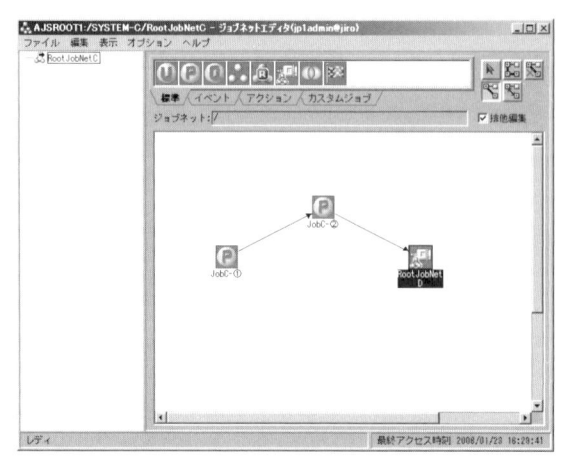

図3-4-45●ジョブネットコネクタの実行順を最後に設定する

3.4 ■ ジョブ定義のテクニック

③ 後続ジョブネット用のジョブネットコネクタの作成

RootJobNetCの実行終了を検知させるため，RootJobNetDにもジョブネットコネクタを作成する。

まず，[JP1/AJS2 - View]画面で，対象のルートジョブネット（RootJobNetC）を選択し，[オプション][ジョブネットコネクタとして記憶]を選択する（**図 3-4-46**）。

図3-4-46●Root JobNetCを選択して，ジョブネットコネクタとして記憶させる

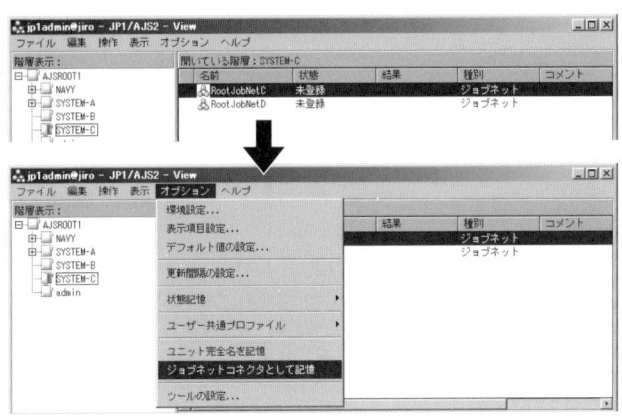

次に，RootJobNetD用のジョブネットエディタを表示し，[排他編集]をチェックして[編集]メニューの[ジョブネットコネクタの自動生成]でRootJobNetCとのジョブネットコネクタを作成する（**図3-4-47**）。

図3-4-47●Root JobNetDのジョブネットエディタで，ジョブネットコネクタを生成する

続いて，作成したジョブネットコネクタとジョブを関連線によって接続する。RootJobNetCの終了を検知した後にジョブの実行を開始させるため，ジョブネットコネクタはRootJobNetDの最初に接続する（図3-4-48）。

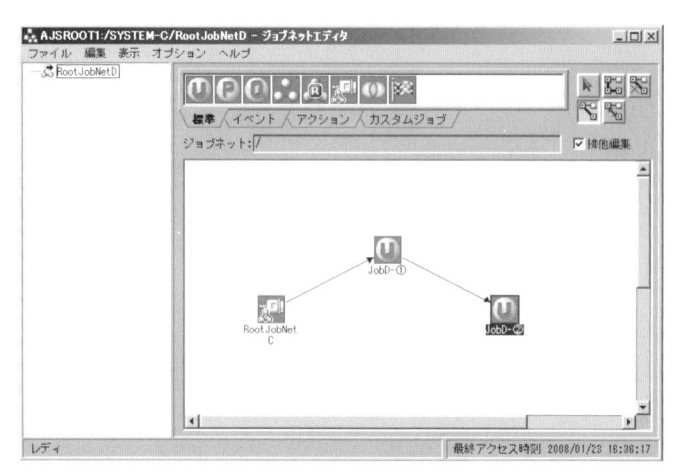

図3-4-48●ジョブネットコネクタの実行順をジョブネットの最初に設定する

Tips 3-13 JP1を導入していないシステムや，遠隔地にあるシステムと連携して，ジョブネットを実行させたい

システムにジョブスケジューラが導入されていない，または，システムが遠隔地で独立して稼働している，などの理由で，ジョブネットを用いた業務連携ができない。これらのシステムの処理状況をきっかけにして，ジョブを実行したい。何か方法はあるか？

解説

システム間あるいは拠点間で，FTPやリモート・コピー，ファイル転送ソフトなどを用いてファイルの送受信を行うことができれば，ファイル監視ジョブを用いて，ジョブを連携することができる。

3.4 ■ ジョブ定義のテクニック

方法例

　図3-4-49に示すように，指定した時刻以降で，関連する他システムの処理終了後に，ルートジョブネット「RootJobNetB」の実行が始まるようにするために，ファイル監視ジョブを使用する方法を以下に示す。

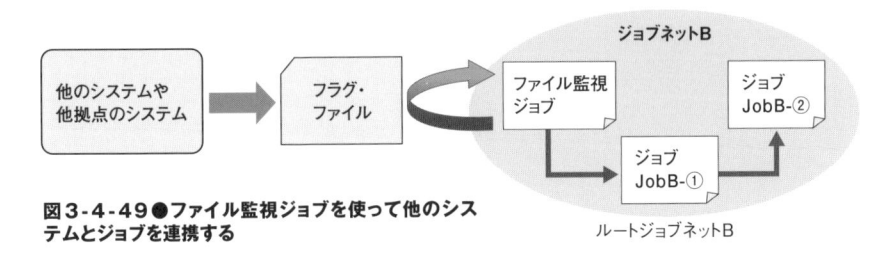

図3-4-49●ファイル監視ジョブを使って他のシステムとジョブを連携する

　あらかじめRootJobNetBのスケジュールルールに，実行開始時間を指定しておく。また，RootJobNetBを実行するトリガーとなるファイル（フラグ・ファイル）を削除するジョブを定義し，ファイル受信ジョブの後続ジョブとして接続することで，毎回対象のファイルの新規作成をきっかけに，ジョブを実行開始する条件を設定する。設定手順は以下の通り。

① ジョブネットの作成

　まず，RootJobNetBを作成する（図3-4-50）。次に，各ジョブを作成する。RootJobNetBはJobB-②で構成する（図3-4-51）。

図3-4-50●RootJobNetBを作成する

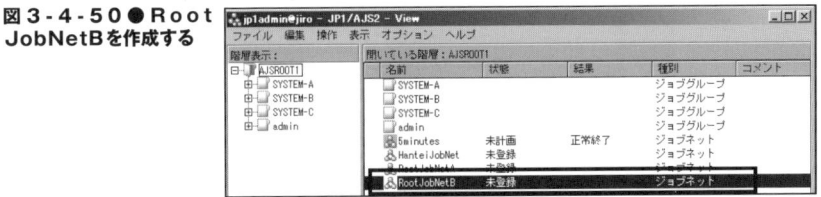

② ファイル監視ジョブと関連ジョブの作成

　RootJobNetBでは，ファイル監視ジョブで常にフラグ・ファイルの存在を監視する。そしてフラグ・ファイルが作成された時点で，RootJobNetBのジョブネットを実行開始する。

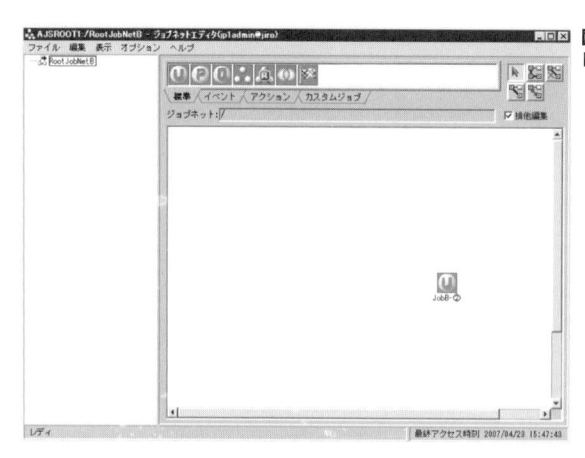

第3章 ジョブ管理テクニック【設計編】

図3-4-51●RootJob NetBにJobB-②を作成する

　まず，RootJobNetB用のジョブネットエディタを表示し，アイコンリストの[イベント]タブからファイル監視ジョブをドラッグ＆ドロップして[ファイル監視]画面を表示する(図3-4-52)。そして，[監視対象ファイル名]にフラグ・ファイ

図3-4-52●ジョブ監視ファイルの詳細を設定する

ル名を, [監視条件]に「作成(既存ファイルも条件成立)」を指定し, 任意の[監視間隔]を入力する。[OK]をクリックしてファイル監視ジョブの作成を終了する。

[監視条件]に「作成(既存ファイルも条件成立)」を定義しておけば, ジョブネットが実行開始されファイルの監視が始まった時点で, 既に他のシステムなどからのファイルを受信しているような場合も, 即座に条件成立とみなして, ジョブネットがスタートする。

ルートジョブネットRootJobNetB用のジョブネットエディタに戻り, アイコンリストの[標準]タブからPCジョブ(環境によってはUnixジョブ)をドラッグ&ドロップして関連ジョブJobB-①を作成する。そして, それぞれのジョブを関連線で接続する(図3-4-53)。

図3-4-53●「RootJobNetB」のジョブに関連線を引く

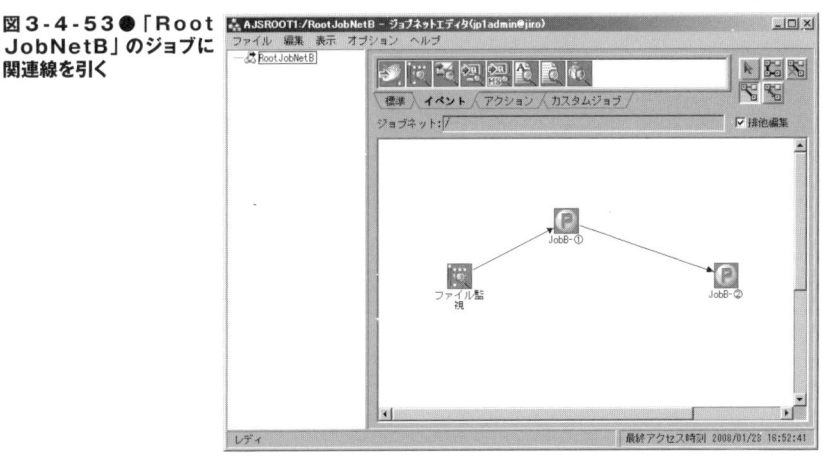

フラグ・ファイルを削除する実行ファイルも作成しておく。JobB-①のように, フラグ・ファイル[c:¥ke¥flag¥flag.out]を削除する実行ファイルには, 以下のテキストを記述したファイルを作成する(Windowsの場合)。

```
@echo off
del c:¥ke¥flag¥flag.out
```

③ スケジュールルールの設定

最後に, RootJobNetBのスケジュールルールで, RootJobNetBの実行開始時

刻を指定する(図3-4-54)。

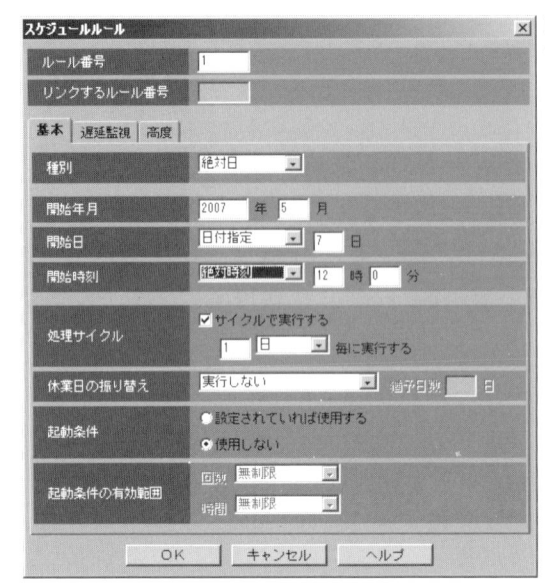

図3-4-54●RootJobNetB の実行開始時刻を指定する

ジョブネットの最初にファイル監視ジョブを定義すると,ジョブネットはスケジュールルールのサイクルでしかファイルを監視しないので注意が必要だ。例えば,他のシステムから不定期に何度もファイルが送信されるような場合で,その都度ジョブネット実行をさせたいときはどうすればよいだろうか。このような場合は,起動条件としてファイル監視ジョブを定義し,スケジュールルールを設定ればよい(設定方法は,Tips3-8「5分間隔でジョブを定期的に実行したい」を参照)。

第4章
ジョブ管理テクニック
【運用編】

ジョブネットやジョブの定義や実行，監視など，ジョブスケジューラを用いた基本操作を解説する。ジョブの実行操作に関するテクニックも併せて紹介する。

4.1 ジョブネットの定義

4.2 カレンダー・スケジュールの定義

4.3 ジョブネットの実行

4.4 ジョブネットの監視

4.5 ジョブ実行操作のテクニック

4.1
ジョブネットの定義

ジョブスケジューラ(JP1/AJS2)を使って，ジョブネットを定義する方法について説明する。

① [**ログイン**]**画面**

Windowsの[スタート]メニューから，[プログラム][JP1_Automatic Job Management System 2 - View][ジョブシステム運用]を選択する。

JP1/AJS2 - Viewを起動すると表示される[ログイン]画面から，JP1/AJS2 - Managerにログインする(図4-1-1)。

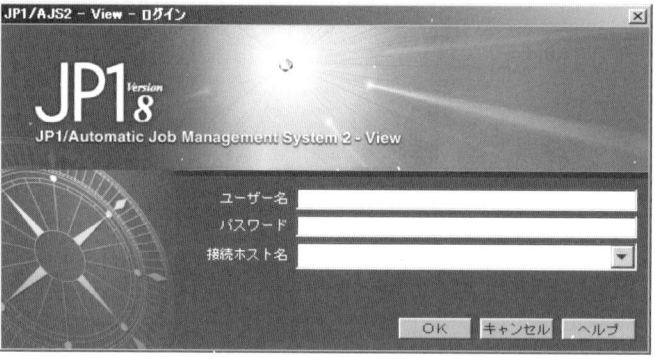

図4-1-1●JP1/AJS2 - Viewのログイン画面

② [**JP1/AJS2-View**]**画面**

[JP1/AJS2 - View]画面では，ジョブグループやプランニンググループ，ジョブネットを新規に作成したり，ジョブネットを実行登録したりする(図4-1-2)。

ジョブグループを作成する際は，[編集]メニューまたはリストエリアでのマウスの右クリックから[新規作成][ジョブグループ]を選択する。[詳細定義-[ジョブグループ]]画面が表示されるので，[ユニット名]の入力項目に作成するジョブ

グループの名称を入力する。

　ジョブネットを作成する際は，[編集]メニューまたはリストエリアでのマウスの右クリックから[新規作成][ジョブネット]を選択する。[詳細定義－[ジョブネット]]画面が表示されるので[ユニット名]の入力項目に作成するジョブグループの名称を入力する。

図4-1-2●[JP1/AJS2-View]画面

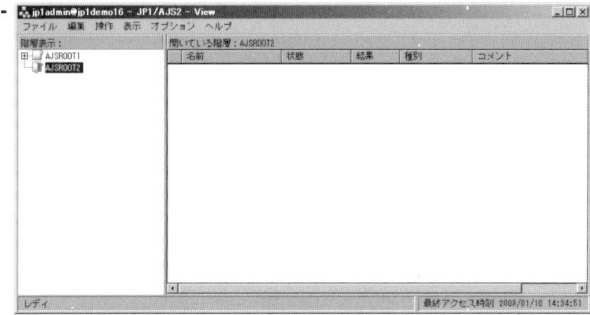

③ [ジョブネットエディタ]画面

　ジョブネットは，[ジョブネットエディタ]画面を使って定義する(図4-1-3)。画面を表示するには，[JP1/AJS2 - View]画面のリストエリアでジョブネット

図4-1-3●[ジョブネットエディタ]画面

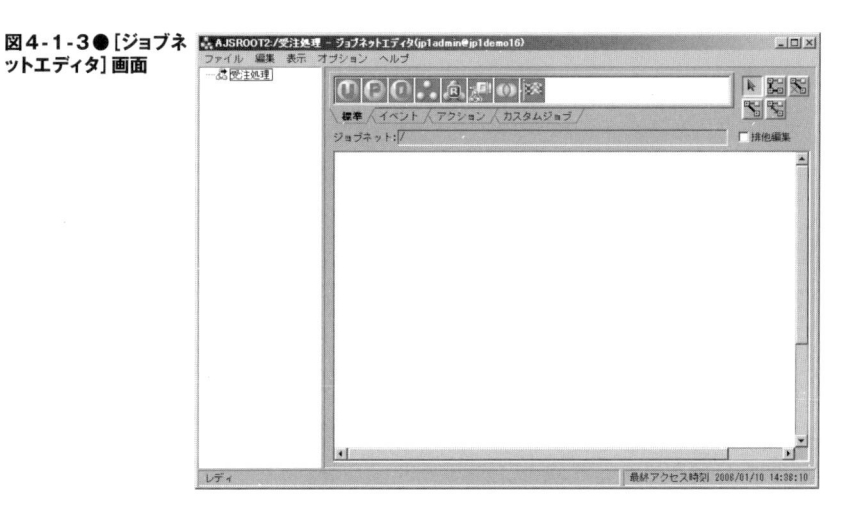

を選択し，[編集]メニューの[編集]項目を選択する。または，[環境設定]画面の[ジョブネットをダブルクリック]欄で，[ジョブネットエディタを表示]を選択した状態で[JP1/AJS2 - View]画面のリストエリアで，ジョブネットのアイコンをダブルクリックする。

 ジョブネットエディタでジョブを定義する手順は以下のようになる。
1. [排他編集]をチェックする。
2. アイコン・リストから定義したいジョブのアイコンをドラッグし，マップエリアにドロップすると[詳細定義-[ユニット名]]画面が表示される。[ユニット名]には，選択したジョブネットワーク要素のユニット名が表示される。ここでは，UNIXジョブを定義するときの画面例を図4-1-4に示す。

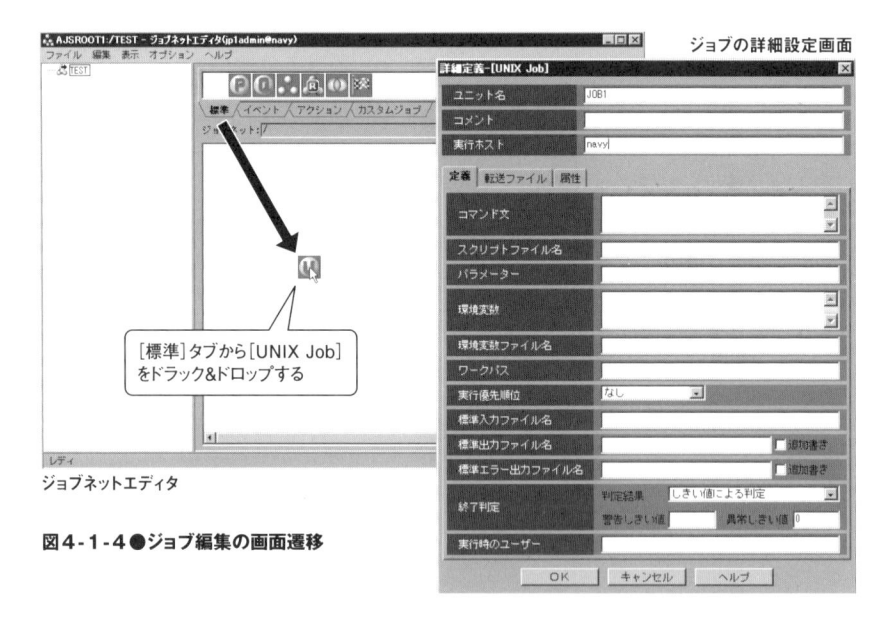

図4-1-4●ジョブ編集の画面遷移

3. ジョブに，ジョブ名や実行ホスト，実行プログラムなどの定義情報や属性情報を設定する。定義するジョブの用途ごとに，様々な設定項目が用意されている。
4. [OK]ボタンをクリックすると，[詳細定義-[ユニット名]]画面が閉じてジョブネットにジョブが定義される。

Tips 4-1 ジョブの定義内容を事前に確認したい

本番運用時の障害発生を防ぐため，ジョブの定義内容に不正がないかどうかを本番運用の開始前にチェックするとよい。事前チェック機能を有効にするためには，以下のコマンドを実行する。

ajschksetup -m -a（JP1/AJS2-Managerでセットアップする場合）
ajschksetup -a（JP1/AJS2-Agentでセットアップする場合）

事前チェック機能を設定すると，JP1/AJS2 Check Managerサービス，JP1/AJS2 Check Agentサービスが，[スタートアップ種類]に手動の状態で追加される。定義内容の事前チェックの実行開始，実行状態表示は「ajschkdef」コマンドで実行できる。

JP1/AJS2 - Managerにログインしてジョブやカレンダー，スケジュールなどを編集する際の画面遷移を図4-1-5に示す。

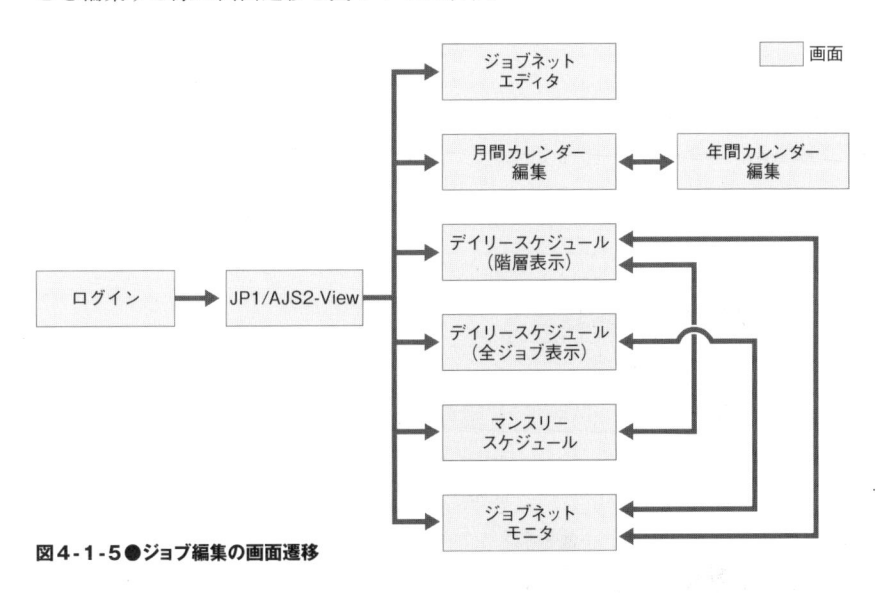

図4-1-5●ジョブ編集の画面遷移

ジョブネットモニタからデイリースケジュールを呼び出して編集したり，デイリースケジュールからジョブネットモニタを呼び出して編集したりできる。

4.2 カレンダー・スケジュールの定義

　ジョブスケジューラを使ってジョブネットにスケジュールを定義するために必要な作業について説明する。「ジョブグループにカレンダー情報を定義する」「ジョブネットにスケジュールを定義する」の二つの作業が必要になる。
　カレンダー情報（運用日と休業日）は，月単位または年単位でジョブグループに定義する。定義には［月間カレンダー編集］画面，または［年間カレンダー編集］画面を使用する。
　スケジュール情報は，スケジュールの有効期限や，ジョブネットの実行開始日時，実行処理サイクル，使用するカレンダー情報などをジョブネットに定義する。定義には，JP1/AJS2 - Viewの［スケジュールの設定］画面，および［スケジュールルール］画面を使用する。

［月間カレンダー編集］画面

　［月間カレンダー編集］画面では，ジョブグループのカレンダー情報を月単位で

図4-2-1●月間カレンダーの編集ウインドウ

編集する(図4-2-1)。[月間カレンダー編集]画面から[年間カレンダー編集]画面を表示できる。[年間カレンダー編集]画面では,ジョブグループのカレンダー情報を年単位で編集する(図4-2-2)。

図4-2-2●[年間カレンダー編集]画面

[月間カレンダー編集]画面は[JP1/AJS2 - View]画面のツリーエリアでジョブグループを選択し[編集][カレンダー]を選択して表示できる。また[年間カレンダー編集]画面で,[表示][月間カレンダー編集]からも表示できる。[年間カレンダー編集]画面は,[月間カレンダー編集]画面で,[表示][年間カレンダー編集]を選択して表示できる。

4.3
ジョブネットの実行

　ここからは，ジョブネットエディタを使って，ジョブネットを実行登録する方法，およびジョブネットの実行登録を解除する方法について説明する。
　ジョブネットの定義，およびそのジョブネットへのスケジュール定義が完了したら，次はジョブネットを実行する。ジョブネットを実行するためには，ルートジョブネットの実行登録が必要である。実行登録の方法は，ジョブネットをどのように実行させたいかによって「(1)計画実行登録」「(2)確定実行登録」「(3)即時実行登録」の3種類がある(表4-3-1)。

表4-3-1 ●ルートジョブネットの3種類の実行登録方法

実行登録方法	実行方法
計画実行登録	定義したスケジュールに基づいてジョブネットを起動し，処理を開始する場合の実行登録方法
確定実行登録	定義したスケジュールに基づいてあらかじめ実行日時を算出しておき，その日時通りにジョブネットを起動して処理を開始する実行登録方法。ジョブネットを登録した時点のスケジュールに従って一定期間確実に実行させたいときに用いる(登録後のスケジュールやカレンダーの変更は無視したい場合)
即時実行登録	実行登録と同時にジョブネットを起動し，処理を開始する場合の実行登録方法。ジョブネットに定義したスケジュールを無効にし，すぐに実行させたい場合に用いる

　計画実行登録の場合は，スケジュールルールやカレンダー定義が変更されると，即時にスケジュールが再計算される。確定実行登録の場合は，指定した期間(確定期間)または世代分(未来世代数)の実行予定をスケジュール確定してしまうため，その範囲内の実行予定は再計算されない。

(1) ジョブネットを計画実行登録する手順

① 計画実行登録したいジョブネットを表示している[ジョブネットエディタ]画面を閉じる。または，[排他編集]のチェックを外す。
② [JP1/AJS2 - View]画面のツリーエリアで，ジョブグループ(計画実行登録したいジョブネットを管理するジョブグループ)をクリックして選択すると，

ルートジョブネットがリストエリアに表示される。
③ 操作対象のルートジョブネットを選択して[操作][実行登録]を選択すると，[実行登録]画面が表示される。
④ [登録方法][計画実行]を選択し，オプションを定義する(図4-3-1)。

図4-3-1●ジョブネットの計画実行登録画面

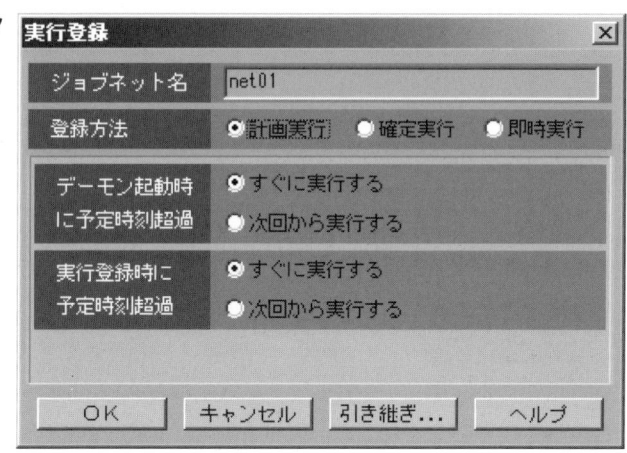

```
実行登録                                    [X]
  ジョブネット名    net01
  登録方法         ●計画実行  ○確定実行  ○即時実行
  デーモン起動時   ●すぐに実行する
  に予定時刻超過   ○次回から実行する
  実行登録時に     ●すぐに実行する
  予定時刻超過     ○次回から実行する

     OK        キャンセル     引き継ぎ...    ヘルプ
```

⑤ [OK]ボタンをクリックすると，[実行登録]画面が閉じて，ジョブネットが実行登録される。手順③で操作対象のルートジョブネットを複数選択した場合は，選択したすべてのルートジョブネットに対して同じ設定で実行登録される。

　以上の設定で，定義したジョブネットは，スケジュールに従って実行される。また，ジョブネットは「ajsentry」コマンド([-s]または[-f]オプションを必ず指定する。指定しない場合は，[-s]オプションが適用される)を使って計画実行登録することもできる。

(2) ジョブネットを確定実行登録する手順

① 確定実行登録したいジョブネットを表示している[ジョブネットエディタ]画面を閉じる。または，[排他編集]のチェックを外す。
② [JP1/AJS2 - View]画面のツリーエリアで，ジョブグループ(確定実行登

したいジョブネットを管理するジョブグループ)をクリックして選択すると,ルートジョブネットがリストエリアに表示される。

③ 操作対象のルートジョブネットをクリックして[操作][実行登録]を選択すると,[実行登録]画面が表示される。

④ [登録方法][確定実行]を選択し,オプションを定義する(図4-3-2)。プランニンググループ中のルートジョブネットの場合は,[確定期間]を必ず指定する。[未来世代数]は指定しない。

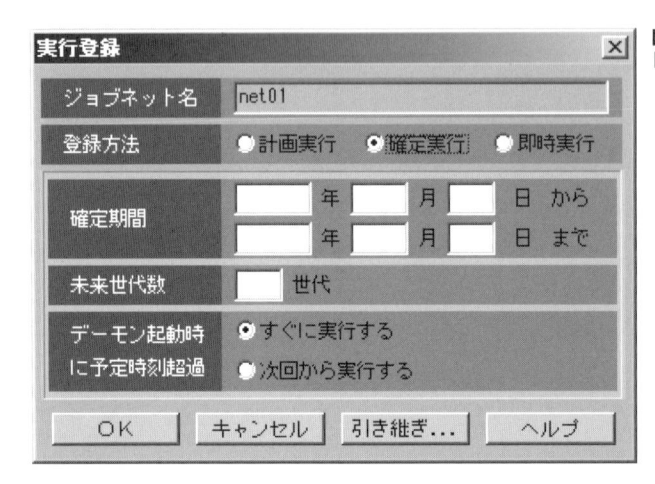

図4-3-2●ジョブネットの確定実行登録画面

⑤ [OK]ボタンをクリックすると,[実行登録]画面が閉じてジョブネットが実行登録される。手順③で操作対象のルートジョブネットを複数選択した場合は,選択したすべてのルートジョブネットに対して同じ設定で実行登録される。

以上の設定で,定義されたスケジュールに従ってジョブネットが実行される。ジョブネットは,「ajsentry」コマンド([-d],[-t],または[-p]オプションを必ず指定する。[-p]オプションに指定する予定情報ファイルは,「ajsschedule」コマンドで作成できる)を使って確定実行登録することもできる。

(3) ジョブネットを即時実行登録する手順

① 即時実行登録したいジョブネットを表示している[ジョブネットエディタ]画

4.3■ジョブネットの実行

面を閉じる。または，[排他編集]のチェックを外す。

② [JP1/AJS2 - View]画面のツリーエリアで，ジョブグループ(即時実行登録したいジョブネットを管理するジョブグループ)をクリックして選択すると，ルートジョブネットがリストエリアに表示される。

③ 操作対象のルートジョブネットをクリックし，[操作][実行登録]を選択すると，[実行登録]画面が表示される。

④ [登録方法][即時実行]を選択し，オプションを定義する(図4-3-3)。

図4-3-3●ジョブネットの即時実行登録画面

実行登録			✕
ジョブネット名	net01		
登録方法	○計画実行 ○確定実行 ◉即時実行		
起動条件	○設定されていれば使用する ◉使用しない		
起動条件の有効範囲	回数 無制限 時間 無制限		
OK	キャンセル	引き継ぎ...	ヘルプ

⑤ [OK]ボタンをクリックして[実行登録]画面を閉じると，ジョブネットが実行登録される。手順③で操作対象のルートジョブネットを複数選択した場合は，選択したすべてのルートジョブネットに対して同じ設定で実行登録される。起動条件を利用するときは，すぐに起動条件待ち状態になる。起動条件を利用しないときは，ジョブネットがすぐに実行開始する。

ジョブネットは，「ajsentry」コマンド([-n]オプションを必ず指定する)を使って即時実行登録することもできる。

4.4 ジョブネットの監視

ジョブネットやジョブの監視方法について説明する。

ジョブネットを実行登録すると，ジョブネットの実行予定や実行状態を，日単位，または月単位で確認できる。実行を開始したジョブネットについては，実行状態に加えて，実行開始日時や実行終了日時も確認可能だ。同様に，実行登録されたジョブネット中のジョブについても，実行予定や実行状態を確認できる。このとき，実行予定や実行状態は，状態ごとに決められた色で表示される。ジョブネットやジョブの実行状態は，ジョブネットを定義したときと同じ形式のマップ上で確認することもできる。

また，ジョブの実行状態を選択して確認したり，ジョブネットやジョブなどのユニットを検索して状態を確認したりすることもできる。ジョブネットやジョブの実行予定・実行状態は，「ajsshow」コマンドで確認することもできる。

(1) [デイリースケジュール] 画面

ジョブネットやジョブの実行予定・実行状態を日単位で確認するときの手順を次に示す。

① [JP1/AJS2 - View] 画面のツリーエリアで，ジョブグループ（実行予定・実行状態を確認したいジョブネットを管理するジョブグループ）をクリックして選択すると，ルートジョブネットがリストエリアに表示される。
② 操作対象のジョブネットのルートジョブネットをクリックし，[表示] [デイリースケジュール] から，[階層表示] または [全ジョブ表示] を選択する。
ジョブネットやジョブについて確認したい場合は [階層表示] を選択する。選択すると [デイリースケジュール（階層表示）] 画面が表示される。
ジョブネット中のすべてのジョブについて確認したい場合は [全ジョブ表示]

を選択する。選択すると［デイリースケジュール（全ジョブ表示）］画面が表示される。図4-4-1は，ジョブネット「net01」の実行予定の確認例である。

図4-4-1●ジョブネットの実行予定の確認画面

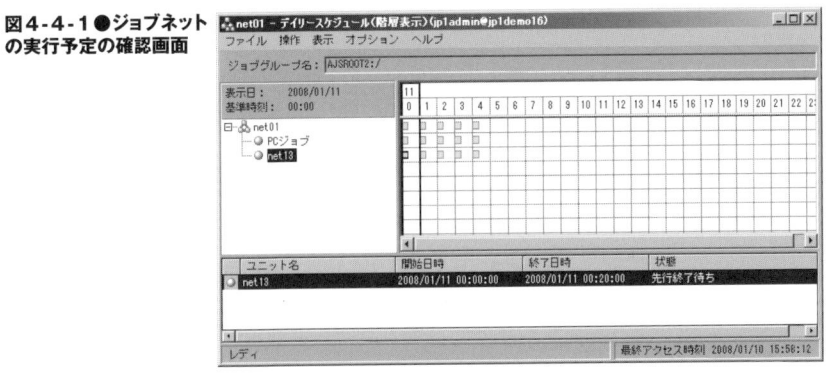

③ スケジュールエリアおよび実行結果リストで，ジョブネットやジョブの実行予定・実行状態を確認する。スケジュールエリアおよび実行結果リストの見方を次に示す。

- スケジュールエリアには，ジョブネットやジョブの1世代分の実行を表す四角が表示される。四角の両端は実行開始時刻と実行終了時刻を，四角の幅は実行時間を，四角の色は実行予定・実行状態を表す。
- 実行結果リストには，ツリーエリアで選択状態のジョブネットまたはジョブの情報（名称，実行開始日時，実行終了日時，実行予定・実行状態）が一覧で表示され，スケジュールエリアの選択枠内の情報が表示される。四角をクリックすると，実行結果リストの対応する情報の行が選択状態で表示される。日付や時刻の部分をクリックすると，選択枠内にあるすべての四角の情報が表示される。
- スケジュールエリアの選択枠を移動させて，過去や未来の情報を表示することもできる。選択枠を移動するには，選択枠を移動したい位置でクリックする。
- 各実行世代について，スケジュールを確認できる。スケジュールエリアの四角，または実行結果リストの行をクリックし，［表示］［詳細情報］を選択すると，［詳細スケジュール］画面が表示される。
- 一つのジョブネットが同時期に多重起動された場合は，スケジュールエリアでは，四角が重複して表示される。この場合，四角の色は最新の世代の予定・状態・

結果に従って表示される。
- 実行開始遅延または実行終了遅延が発生した場合は、スケジュールエリアの四角の上辺と下辺が太線で表示される。

(2) [マンスリースケジュール] 画面

ジョブネットやジョブの実行予定・実行状態を月単位で確認するときの手順を次に示す。

① [JP1/AJS2 - View] 画面のツリーエリアで、ジョブグループ(実行予定・実行状態を確認したいジョブネットを管理するジョブグループ)をクリックして選択すると、ルートジョブネットがリストエリアに表示される。
② 操作対象のジョブネットのルートジョブネットをクリックし、[表示] [マンスリースケジュール] を選択する。選択すると [マンスリースケジュール] 画面が表示される。ジョブネット「bgg」の実行予定・実行状態の確認例を図4-4-2に示す。

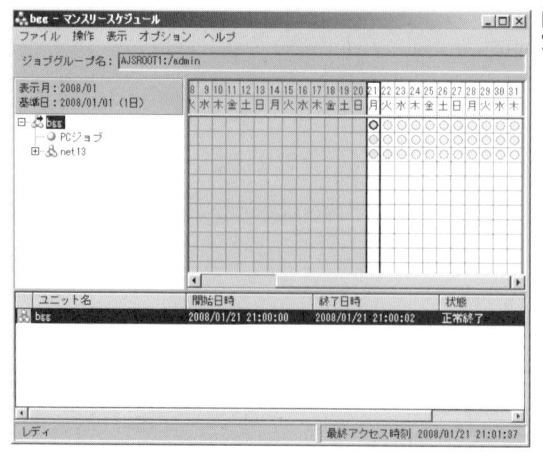

図4-4-2●ジョブネットの実行予定の確認画面

- スケジュールエリアには、ジョブネットの1世代分の実行を表すマークが表示される。ジョブネットが計画実行登録または即時実行登録された場合は四角い

マークが表示される。確定実行登録された場合は丸いマークが表示される。これらのマークの色は、ジョブネットの実行予定や実行状態を表す。
- 一つのジョブネットが1日の間に複数回実行された場合、スケジュールエリアの四角または丸の表示は、その日の最後の実行世代の状態を表す。
- 実行結果リストには、ツリーエリアで選択状態のジョブネットまたはジョブの情報（名称、実行開始日時、実行終了日時、実行予定・実行状態）が一覧表示される。四角または丸の表示をクリックすると、実行結果リストの対応する情報の行が選択状態で表示される。日付や曜日の部分をクリックすると、選択枠内にあるすべての四角または丸の表示の情報が表示される。
- スケジュールエリアの選択枠を移動させて、過去や未来の情報を表示することもできる。選択枠を移動するには、選択枠を移動したい位置でクリックする。
- 各実行世代について、スケジュールを確認できる。スケジュールエリアの四角か丸の表示、または実行結果リストの行をクリックし、[表示][詳細情報]を選択すると、[詳細スケジュール]画面が表示される。
- 実行開始の遅延や実行終了の遅延が発生した場合は、スケジュールエリアの四角または丸の表示の枠が太線で表示される。

(3) [ジョブネットモニタ]画面

ジョブネットモニタでは、ジョブネットやジョブの実行予定・実行状態を、ジョブやジョブネットを定義したときと同じ形式で確認できる（図4-4-3）。[ジョブネットモニタ]画面は、[JP1/AJS2 - View]画面から表示する方法と、コマンドで表示する方法がある。それぞれの手順を次に示す。

① [JP1/AJS2 - View]画面で、[表示][ジョブネットモニタ][状態]，[結果]，または[次回予定]を選択する。
② [デイリースケジュール（階層表示）]画面で、[表示][ジョブネットモニタ]を選択する。
③ [デイリースケジュール（全ジョブ表示）]画面で、[表示][ジョブネットモニタ]を選択する。

図4-4-3●ジョブネットモニタによるジョブネット実行状態の確認画面

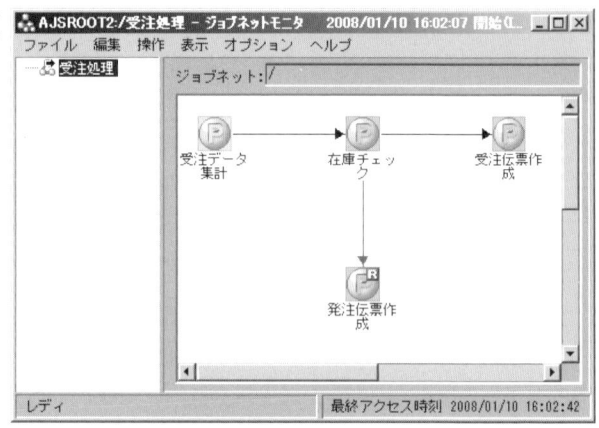

④ [マンスリースケジュール]画面で，[表示][ジョブネットモニタ]を選択する。
⑤ ログイン情報ファイル名や実行ID，ジョブネットの完全名などをオプションで指定して，「ajs」コマンドを実行する。

4.5
ジョブ実行操作のテクニック

　現実の業務では，事前に指定したスケジュール通りにジョブを実行できなくなることが少なくない。例えば，障害時の障害回復用ジョブを急遽実行することになり，予定していたジョブの開始時間の変更が必要になったり，そのために実行途中で中止したジョブを再開させたりするなどの作業が必要になることがある。

　以下では，ジョブの実行日時の変更や一時的中止，実行再開など，様々なジョブの実行操作方法について，ポイントを説明する。

Tips 4-2　実行開始日時を一時的に変更したい

　ジョブネットの実行開始日時を一時的に変更する手順を示す。

① [JP1/AJS2 - View]画面のツリーエリアで，ジョブグループ（実行開始日時を変更したいジョブネットを管理するジョブグループ）をクリックして選択すると，ルートジョブネットがリストエリアに表示される。
② 操作対象のジョブネットのルートジョブネットをクリックして[表示][デイリースケジュール][階層表示]を選択すると，[デイリースケジュール（階層表示）]画面が表示される。
③ ツリーエリアで，操作対象のジョブネットをクリックして選択する。
④ 手順③で選択したジョブネットについて，スケジュールエリアで，変更したい実行開始日時を示す四角い表示をクリックする。または，実行結果リストで，実行開始日時を変更したい行をクリックする。
⑤ [操作]メニューまたはポップアップ・メニューから[計画一時変更][日時変更]を選択すると，[日時変更]画面が表示される（図4-5-1）。
⑥ ジョブネットの実行開始日時を変更する。
⑦ [OK]ボタンをクリックしして[日時変更]画面を閉じると，ジョブネットの

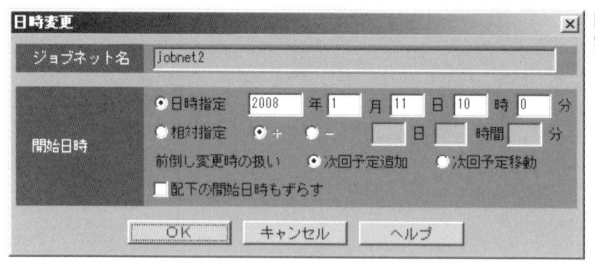

図4-5-1●ジョブネットの実行開始日時の変更画面

実行開始日時が一時的に変更される。

スケジュールエリアの四角い表示は，手順⑥で指定した日時に移動し，実行開始待ち状態を表す空色（デフォルト色）で表示される。同時に，実行結果リストにも変更が反映される。

ジョブネットの実行開始日時は，「ajsplan」コマンドで一時的に変更することもできる。

Tips 4-3　ジョブネットの実行を一時的に中止したい

ジョブネットの実行予定を，一時的に中止する手順を示す。

① [JP1/AJS2 - View]画面のツリーエリアで，ジョブグループ（実行を中止したいジョブネットを管理するジョブグループ）をクリックして選択すると，ルートジョブネットがリストエリアに表示される。
② 操作対象のジョブネットのルートジョブネットをクリックし，[表示][デイリースケジュール][階層表示]を選択すると，[デイリースケジュール（階層表示）]画面が表示される。
③ ツリーエリアで，操作対象のジョブネットをクリックして選択する。
④ 手順③で選択したジョブネットについて，スケジュールエリアで，実行を中止したい実行開始日時を示す四角い表示をクリックする。または，実行結果リストで，実行を中止したい行をクリックする。
⑤ [操作]メニューまたはポップアップ・メニューから[計画一時変更][実行中止]を選択すると，ジョブネットの実行中止を確認する画面が表示される。

⑥ [はい]ボタンをクリックすると，ジョブネットの実行が一時的に中止される。

　ルートジョブネットが計画実行登録されている場合，その回の実行世代が削除される（該当する実行世代を表す四角い表示が削除される）。削除した実行IDは，次回実行世代に設定される。ルートジョブネットが確定実行登録されている場合は，次回の確定スケジュールが削除される（確定スケジュールの実行世代を表す四角い表示が削除される）。
　ネストジョブネットの場合は，スケジュールエリアの四角い表示が削除される。また，実行結果リストにも，変更が反映される。
　ジョブネットの実行は，「ajsplan」コマンドでも一時的に中断できる。

Tips4-4　中断したジョブネットを再実行したい

　中断したり，強制終了したりしたジョブネットを再実行する手順を次に示す。

① [JP1/AJS2 - View]画面のツリーエリアで，ジョブグループ（再実行したいジョブネットを管理するジョブグループ）をクリックして選択すると，ルートジョブネットがリストエリアに表示される。
② 操作対象のジョブネットのルートジョブネットをクリックして[表示][デイリースケジュール][階層表示]を選択すると，[デイリースケジュール（階層表示）]画面が表示される。
③ ツリーエリアで，操作対象のジョブネットをクリックして選択する。
④ 手順③で選択したジョブネットについて，スケジュールエリアで再実行したいジョブネットを示す四角い表示をクリックする。または，実行結果リストで再実行したい行をクリックする。
⑤ [操作]メニューまたはポップアップ・メニューから[再実行]を選択すると，[再実行]画面が表示される（**図4-5-2**）。
⑥ どのジョブネットから再実行するかなどを指定する。
⑦ [OK]ボタンをクリックしして[再実行]画面を閉じると，ジョブネットが，手順⑥で指定した位置から再実行される（保留中などでない限り，ジョブネット

図4-5-2●ジョブネット再実行の設定画面

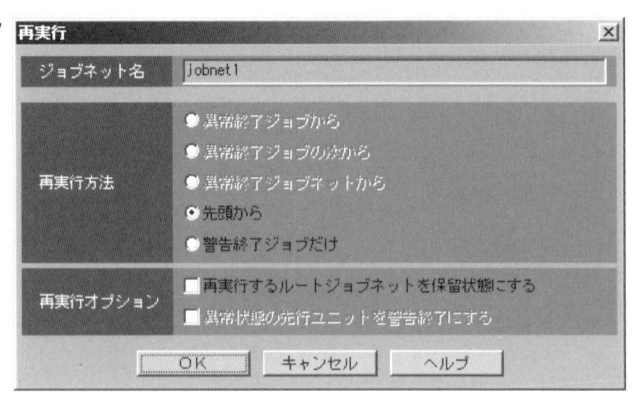

はすぐに実行される)。同時に,実行結果リストにも変更が反映される。

中断したジョブネットは,「ajsrerun」コマンドでも再実行できる。

Tips4-5　実行中のジョブネットを強制終了したい

ジョブネットの実行を強制終了する手順を次に示す。

① [JP1/AJS2 - View]画面のツリーエリアで,ジョブグループ(実行を強制終了したいジョブネットを管理するジョブグループ)をクリックして選択すると,ルートジョブネットがリストエリアに表示される。
② 操作対象のジョブネットのルートジョブネットをクリックして[表示][デイリースケジュール][階層表示]を選択すると,[デイリースケジュール(階層表示)]画面が表示される。
③ ツリーエリアで,操作対象のルートジョブネットをクリックして選択する。
④ 手順③で選択したルートジョブネットについて,スケジュールエリアで,実行を強制終了したいジョブネットを示す四角い表示をクリックする。または,実行結果リストで,実行を強制終了したい行をクリックする。
⑤ [操作]メニューまたはポップアップ・メニューから[強制終了]を選択すると,ジョブネットの強制終了を確認するメッセージ画面が表示される。

⑥[はい]ボタンをクリックすると，ジョブネットの実行が強制終了され，スケジュールエリアの四角い表示が，強制終了状態を表す薄い赤色（デフォルト色）に変わる。同時に，実行結果リストにも変更が反映される。

実行中のジョブネットは，「ajskill」コマンドでも強制終了できる。

Tips 4-6 ジョブネットの実行を保留したい

ジョブネットの実行を保留する手順を次に示す。

① [JP1/AJS2 - View]画面のツリーエリアで，ジョブグループ（実行を保留設定したいジョブネットを管理するジョブグループ）をクリックして選択すると，ルートジョブネットがリストエリアに表示される。
② 操作対象のジョブネットのルートジョブネットをクリックし，[表示][デイリースケジュール][階層表示]を選択すると，[デイリースケジュール（階層表示）]画面が表示される。
③ ツリーエリアで，操作対象のジョブネットをクリックして選択する。
④ 手順③で選択したジョブネットについて，スケジュールエリアで，実行を保留設定したいジョブネットを示す四角い表示をクリックする。または，実行結果リストで，実行を保留設定したい行をクリックする。
⑤ [操作]メニューまたはポップアップ・メニューから[保留属性変更][保留属性設定]を選択すると，ジョブネットの保留設定を確認するメッセージ画面が表示される。
⑥ [はい]ボタンをクリックすると，ジョブネットの実行に保留属性が設定される。ジョブネットが実行されたときに，スケジュールエリアの四角い表示が保留状態を表す黄色（デフォルト色）で表示される。同時に，実行結果リストにも，変更が反映される。

ジョブネットは，「ajsplan」コマンドでも保留設定できる。

Tips 4-7 ジョブネットの実行を保留解除したい

ジョブネットを保留解除する手順を次に示す。

① [JP1/AJS2 - View]画面のツリーエリアで,ジョブグループ(保留を解除したいジョブネットを管理するジョブグループ)をクリックして選択すると,ルートジョブネットがリストエリアに表示される。
② 操作対象のジョブネットのルートジョブネットをクリックし,[表示][デイリースケジュール][階層表示]を選択すると,[デイリースケジュール(階層表示)]画面が表示される。
③ ツリーエリアで,操作対象のジョブネットをクリックして選択する。
④ 手順③で選択したジョブネットについて,スケジュールエリアで,保留解除したいジョブネットを示す四角い表示をクリックする。または,実行結果リストで,保留解除したい行をクリックする。
⑤ [操作]メニューまたはポップアップ・メニューから[保留属性変更][保留属性解除]を選択すると,ジョブネットの保留解除を確認するメッセージ画面が表示されます。
⑥ [はい]ボタンをクリックすると,ジョブネットの保留が解除される。スケジュールエリアの四角い表示は,実行開始の条件を満たしている場合は実行中状態(タイムラグが発生する場合もある)で,実行開始の条件を満たしていない場合は待ちの状態で表示される。同時に実行結果リストにも,変更解除が反映される。

ジョブネットは,「ajsplan」コマンドでも保留解除できる。

第5章

ジョブ管理テクニック
【構築編】

ジョブ管理システムの構築時は，実行環境に合わせた様々な設定作業が必要になる。ジョブスケジューラの導入手順や，設定作業で役立つテクニックを解説する。

5.1 インストールと疎通確認

5.2 環境設定のテクニック

第5章 ジョブ管理テクニック【構築編】

5.1
インストールと疎通確認

　ここでは，図5-1-1に示すようなシステム構成を例に，ジョブスケジューラ「JP1/Automatic Job Management System 2（JP1/AJS2）」の導入手順を解説していく。ジョブスケジューラの基盤プログラムである「JP1/Base」と，ジョブやジョブネットの定義および実行を制御する「JP1/AJS2 - Manager」で，ジョブ管理マネージャを構成する。

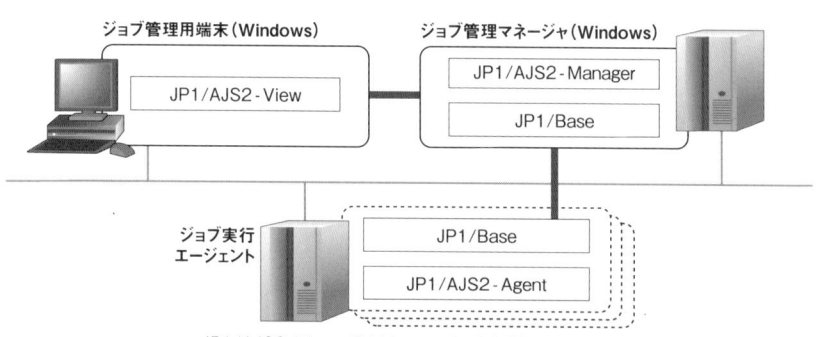

```
ジョブ管理用端末(Windows)          ジョブ管理マネージャ(Windows)
       JP1/AJS2-View                    JP1/AJS2-Manager
                                        JP1/Base

ジョブ実行
エージェント         JP1/Base
                    JP1/AJS2-Agent
```

JP1/AJS2-View：JP1/Automatic Job Management System 2-View
JP1/AJS2-Manager：JP1/Automatic Job Management System 2-Manager
JP1/AJS2-Agent：JP1/Automatic Job Management System 2-Agent

図5-1-1●JP1/AJS2を使ったジョブ管理システムのシステム構成

　ジョブを実行するサーバーには，JP1/Baseと，「JP1/AJS2 - Agent（ジョブ実行エージェント）」をインストールする。また，ジョブ管理用端末として，「JP1/AJS2 - View」をインストールする。以下の導入手順はすべて，Windows上にインストールする場合について解説する。

（1）ジョブスケジューラのインストール

① インストール前の環境確認
　ジョブスケジューラをインストールする前に，以下の項目を確認しておく。

〈適用OS〉

　JP1/Base，JP1/AJS2をインストールするサーバーの対応OSを確認しておく。対応するOSのバージョンなどは，製品に添付される「ソフトウェア添付資料」を参照する。

〈ホスト名〉

　JP1/AJS2 - Managerをインストールするサーバーと，JP1/AJS2 - Agentのサーバーは，互いに名前解決できている環境であることを確認しておく。

〈ネットワーク要件〉

　ネットワーク通信の要件を確認しておく必要がある。詳細は，付録Bの「ジョブスケジューラのインストール手順」を参照。

② 製品のインストール

　インストールの前に，以下の点を注意する。

- インストール対象のサーバー上で，JP1シリーズの他のプログラムが動作している場合，すべてのJP1プログラムを停止しておく。
- インストールは，管理者権限（Administrators権限）のあるOSユーザーでログオンして実行する。
- JP1/AJS2は，JP1/Baseと組み合わせて使うことが前提の製品である。インストールの際は，先にJP1/Baseをインストールしておく必要がある。

　上記の注意点を確認したら，JP1/Base，JP1/AJS2 - Manager，JP1/AJS2 - Agent，JP1/AJS2 - Viewの各JP1製品をインストールする。

(2) インストール後の環境確認

　ジョブスケジューラをインストールしたら，[スタートメニュー]からJP1製品のメニューが正しく追加されているかを確認する（図5-1-2）。

　また，必要に応じて，JP1製品のインストール後に追加，変更されたファイルやフォルダ，システム環境変数，使用ポート番号などを確認する。確認方法の詳細は，付録B「ジョブスケジューラのインストール手順」を参照。

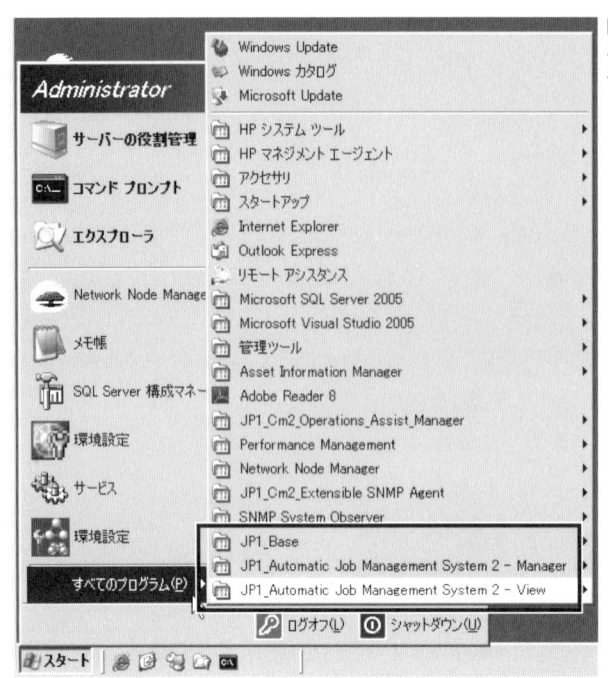

第5章 ジョブ管理テクニック【構築編】

図5-1-2● [スタートメニュー] からJP1製品のメニューを確認する

　ジョブスケジューラが正しくインストールできていることが確認できたら，続いて，JP1サービスの起動と停止を確認する。

(3) JP1サービスの起動と停止の確認

　JP1/AJS2など，JP1/Baseを前提とする製品のサービスは，JP1/Baseのサービスが起動した後に起動する必要がある。Windows環境では，JP1/Baseが提供する起動管理機能によって，JP1製品やJP1以外の製品のサービス起動順序，終了順序を詳細に管理できる。

① サービスの起動の仕組み

　システム起動時には，まずJP1/Baseの起動管理サービス「JP1/Base Control Service」が起動し，起動管理機能で定義された順番にサービスを起動

させる。デフォルトでは，JP1/Baseが起動した後にJP1/AJS2が起動するようになっている。起動管理サービス「JP1/Base Control Service」は，Windowsシステムの起動時に自動的に起動する。

JP1/Base，JP1/AJS2の各サービスを手動で起動したい場合は，コントロールパネルの[管理ツール][サービス]画面から起動する。

② サービスの終了の仕組み

JP1/AJS2のサービスは，システムのシャットダウン時に，他のアプリケーションの停止と共に終了する。JP1/Base，JP1/AJS2の各サービスを手動で終了したい場合は，コントロールパネルの[管理ツール][サービス]画面から停止する。

③ サービスの起動確認方法

Windows版のJP1/Base，JP1/AJS2が起動しているかどうかは，コントロールパネルの[サービス]画面で確認する（図5-1-3）。状態が「開始」になっていれば，サービスは起動している。

図5-1-3 ● JP1関連製品のサービス起動状態を確認する

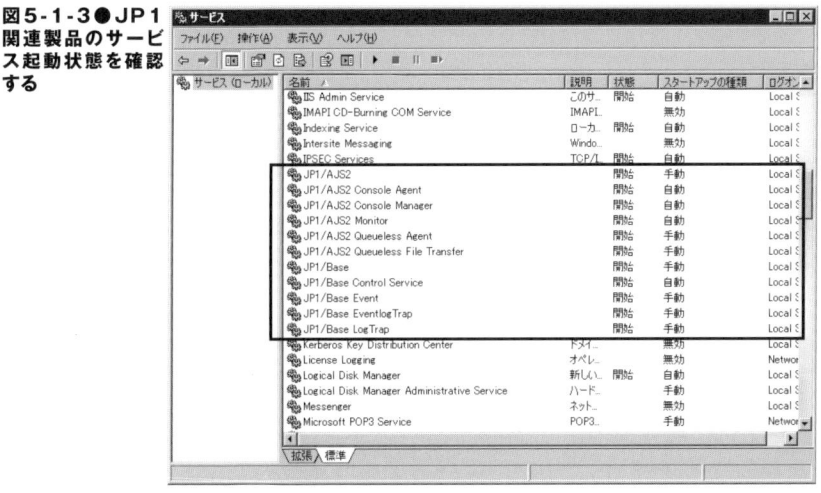

JP1/Base，JP1/AJS2で起動するサービスの一覧は付録B「ジョブスケジューラのインストール手順」を参照。

(4) ジョブスケジューラの疎通確認

　サービスが正しく起動していれば，続いてJP1/AJS2 - ManagerとJP1/AJS2 - Agent間で正しく通信できているかを確認する。JP1/AJS2 - Viewの管理画面からテストジョブを作成し，ジョブを実行できるかどうかを，以下のような手順で確認する。

① ジョブの管理画面であるJP1/AJS2 - Viewを起動してログインする。
② テスト用のジョブネットを作成する。
③ テスト用のジョブネットに，テスト用ジョブを作成する。
　テスト用ジョブには，PCジョブ（ジョブ実行対象のサーバーがWindowsの場合），UNIXジョブ（ジョブ実行対象のサーバーがUNIXの場合），JP1イベント送信ジョブ，JP1イベント受信監視ジョブを使用する。
④ 作成したジョブを実行して，JP1/AJS2 - ManagerとJP1/AJS2 - Agentの間の疎通確認作業を行う。

　疎通確認の詳細は，付録B「ジョブスケジューラのインストール手順」を参照。

5.2
環境設定のテクニック

　JP1/Base（JP1管理基盤）やJP1/AJS2（ジョブスケジューラ）を用いたジョブ運用環境を構築するに当たっては，システムの環境や要件に合わせて，様々な設定項目がある。製品をインストールした状態のデフォルト設定から，変更が必要な項目も少なくない。以下ではWindowsを例に，ジョブ運用環境の構築でよくある要件を取り上げ，環境設定で役立つテクニックを紹介する。設定作業は，製品のインストール後に，必要に応じて実行する。

Tips 5-1　JP1/BaseとJP1/AJS2だけを自動起動したい

　JP1製品を使って行う運用業務がジョブ管理だけの場合，JP1/BaseとJP1/AJS2だけを自動起動させるようにするにはどうすればよいか？

解説

　JP1関連のサービスは，デフォルトでは，JP1/Base（JP1管理基盤）→JP1/Integrated Management（統合コンソール，JP1/IM）→JP1/Automatic Job Management System 2（ジョブスケジューラ，JP1/AJS2）の順番で起動するように設定されている。JP1を使った運用業務がジョブスケジューラだけの場合など，統合コンソールのサービスは起動する必要がないこともある。そのような場合は，必要なサービスだけを自動起動させるように設定しておけばよい。

　Windows版のJP1/Baseは，サービスの起動順序や終了順序を制御する起動管理機能を備える。サービスの起動順序や終了順序を「起動順序定義ファイル」に指定して制御する。JP1製品かJP1以外の製品かにかかわらず，サービスの起動順序，終了順序は，起動順序定義ファイル[|%install%|¥JP1Base¥conf¥boot¥Jp1svprm.dat]に定義する（|%install%|はインストール・フォルダ。デフォル

トでは[C:¥Program Files¥HITACHI])。

JP1製品の各サービスの関連を図5-2-1に示す。デフォルト設定では、「Hitachi Network Objectplaza Trace Monitor 2」サービス、「JP1/Base Control Service」サービスが、システムの起動時に自動起動するように設定されており、JP1/Base Control Serviceサービスが起動すると、「JP1/Base Event」サービス、「JP1/BaseLogTrap」サービス、「JP1/Base」サービス、「JP1/Console」サービス、「JP1/AJS2」サービス、「JP1/AJS2 Monitor」サービスが順に起動する。

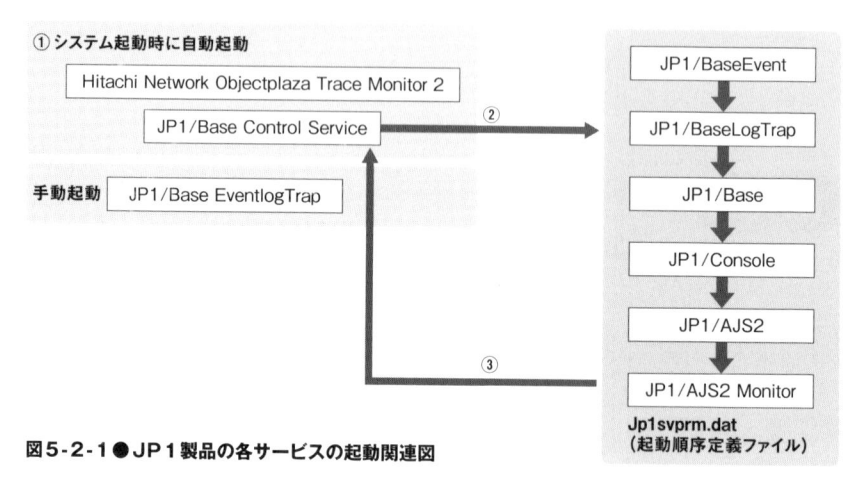

① システム起動時に自動起動
- Hitachi Network Objectplaza Trace Monitor 2
- JP1/Base Control Service ②

手動起動
- JP1/Base EventlogTrap ③

- JP1/BaseEvent
- JP1/BaseLogTrap
- JP1/Base
- JP1/Console
- JP1/AJS2
- JP1/AJS2 Monitor

Jp1svprm.dat
(起動順序定義ファイル)

図5-2-1●JP1製品の各サービスの起動関連図

ここで、JP1/BaseとJP1/AJS2のみインストールして自動起動させると、デフォルトで起動対象となっているJP1/Console Service (JP1/IMのサービス) が起動できないというエラーがイベント・ログに出力されてしまう。このエラーが出力されないように、JP1/Console Serviceを起動しない設定が必要となる。

設定例

JP1/IMを使用しない場合、起動順序定義ファイルを以下の手順で変更する。

① 起動順序定義ファイルを書き換える

起動順序定義ファイル |%install%|¥JP1Base¥conf¥boot¥Jp1svprm.datを

5.2 ■ 環境設定のテクニック

テキスト・エディタなどで開き，JP1/IMのサービス（JP1/Console）についての記述をコメントアウトする（図5-2-2）。念のため，コメントアウトする前にバックアップを取っておくとよい。

```
#ServiceName=JP1_Base_EventlogTrap

[Jp1BaseLogTrap]
Name=JP1/BaseLogTrap
ServiceName=JP1_Base_LogTrap

[Jp1Base]
Name=JP1/Base
ServiceName=JP1_Base
StopCommand=jbs_spmd_stop.exe

#[Jp1Console]
#Name=JP1/Console
#ServiceName=JP1_Console
#StopCommand=jco_spmd_stop.exe

#[Jp1Script]
#Name=JP1/Script
#ServiceName=JP1_Script
#Parallel=YES

#[Jp1Nps]
#Name=JP1/Network Printing System
#ServiceName=JP1_NPS
#Parallel=YES

[Jp1AJS2]
Name=JP1/AJS2
    ⋮
#StopCommand=jcm_spmd_stop.exe

#[Jp1RuleManager]
#Name=JP1/RuleManager
#ServiceName=JP1_RuleManager
#StopCommand=jrm_spmd_stop.exe
```

> JP1/Integrated Managementを使用しない場合は，コメント・アウトする

図5-2-2 ● 起動順序定義ファイルでJP1/Consoleサービスの起動を無効にする

② システムを再起動する

　起動順序定義ファイルを編集した場合は，変更を有効にするためにWindowsシステムの再起動を行う。

137

Tips 5-2　JP1製品と他のアプリケーションの起動順序に依存関係を持たせたい

JP1/AJS2で実行するジョブの対象となるアプリケーションを，JP1/AJS2よりも必ず先に起動させたい。JP1製品以外のアプリケーションのサービスの起動順序について，JP1製品と依存関係を持たせるにはどうしたらよいか？

解説

Windows版のJP1/Baseが備えるサービスの起動管理機能を使用して，JP1製品以外のアプリケーションの起動順序を指定することができる（JP1/Baseの起動管理機能についてはTips5-1を参照）。

設定例

JP1製品以外のアプリケーションの起動／終了順序は，以下の手順で設定する。

① **起動順序定義ファイルを書き換える**

起動順序定義ファイル［¦%install%¦¥JP1Base¥conf¥boot¥Jp1svprm.dat］をテキスト・エディタなどで開き，最終行に［Command］セクションの記述を追記する。すべてのサービス開始処理が完了した後に実行するコマンド名やバッチ・ファイル名は「ReadyCommand」に指定する。すべてのサービス終了処理が完了したあとに実行するコマンド名やバッチ・ファイル名は「StopReadyCommand」に指定する。

起動順序定義ファイルJp1svprm.datの［Command］記述例

```
[Command]
ReadyCommand="C:¥Program Files¥application_start.bat"
StopReadyCommand="C:¥Program Files¥application_stop.bat"
```

② **システムを再起動する**

起動順序定義ファイルを編集した場合は，変更を有効にするためにWindowsシステムの再起動を行う。

Tips 5-3　他のサーバー上に認証サーバーを設定したい

システム内にJP1/AJS2 - Manager（ジョブスケジューラ-マネージャ）が複数存在している。管理を効率化するために，JP1/AJS2 - View（ジョブスケジューラ-ビュー）からJP1/AJS2 - Managerにログインするときの認証管理などを1カ所のサーバー上にまとめたい。どうしたらよいか？

解説

JP1/AJS2を使用して，ジョブネットを定義したり実行状況を監視したりするためには，JP1/AJS2 - Viewを用いてJP1/AJS2 - Managerへログインする必要がある。ログインのためのアカウントは，様々なOSが混在する分散システムで安全に運用するために，JP1専用アカウントである「JP1ユーザー」を使用する。

このJP1ユーザーのアクセス権限を管理するのが「認証サーバー」である。認証サーバーは，JP1/AJS2 - Viewがインストールされたサーバーからのログイン認証，またジョブやジョブネットなどのJP1で扱う資源に対するアクセスを制御する。この認証サーバーを利用して，JP1ユーザーを一括で管理できる。ただし，認証サーバーをログイン認証などのために使用するのは，JP1/AJS2 - Viewからのアクセス権があるJP1/AJS2 - Managerだけである。

デフォルトでは，それぞれのホストには，そのマシン自身が認証サーバーとして設定されている。そのため，以下のような場合は，JP1/AJS2 - Managerがインストールされたサーバー上，もしくは認証サーバーとして指定するサーバー上で設定を変更する必要がある。

- 認証サーバーを，JP1/AJS2 - Managerがインストールされたサーバー以外のサーバーに指定したい。
- 認証サーバーの可用性を高めるために，セカンダリ認証サーバーを設置したい。

設定例

認証サーバーの設定を変更する方法を以下に示す。

① 認証サーバー上での設定

Windowsのメニューで[スタート][プログラム][JP1/Base][環境設定]を選択して，[JP1/Base環境設定]画面を表示する（図5-2-3）。[JP1/Base環境設定]画面の[認証サーバ][認証サーバの検索順序]欄で，認証サーバーを追加する。

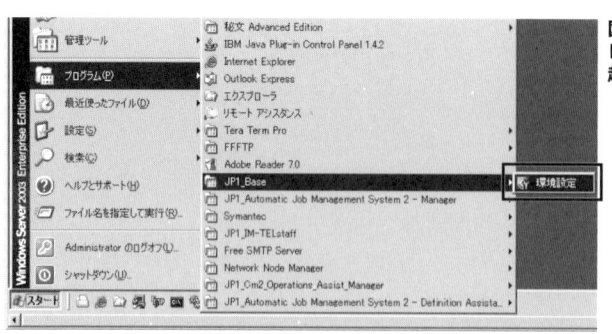

図5-2-3 ●[JP1/Base環境設定]画面を起動する

デフォルトでは，自ホストが認証サーバーとして登録されているため，自ホスト以外のホストを認証サーバーに設定したい場合は，自ホスト（削除したい認証サーバー）を選択し[削除]ボタンで削除する（図5-2-4）。新たに認証サーバーとなるホスト名を[追加]ボタンで登録する（図5-2-5）。認証サーバー名を変更したい場合は，[変更]ボタンで変更することも可能だ。

セカンダリ認証サーバーを設置する場合は，認証サーバーを二つ設定する。2台目の認証サーバーを追加したときや，認証サーバーを2台指定した状態で認証サーバーの変更を行ったときは，[認証サーバー]画面の[認証サーバーを閉塞状態に設定する]がアクティブになる。ただし，これをチェックすると認証サーバーとして利用できなくなるので，通常はチェックしない。

② セカンダリ認証サーバー上での設定

認証サーバーは，2台設置して1台を予備の認証サーバーとすることで，冗長化することも可能だ。通常時に利用する認証サーバーをプライマリ認証サーバー，予備の認証サーバーをセカンダリ認証サーバーと呼ぶ。セカンダリ認証サーバーを設置しておけば，なんらかの理由でプライマリ認証サーバーに接続できなかったときに，自動的に接続先をセカンダリ認証サーバーに切り替えて，業務の停止

5.2 ■ 環境設定のテクニック

図5-2-4●変更したい認証サーバーを削除する

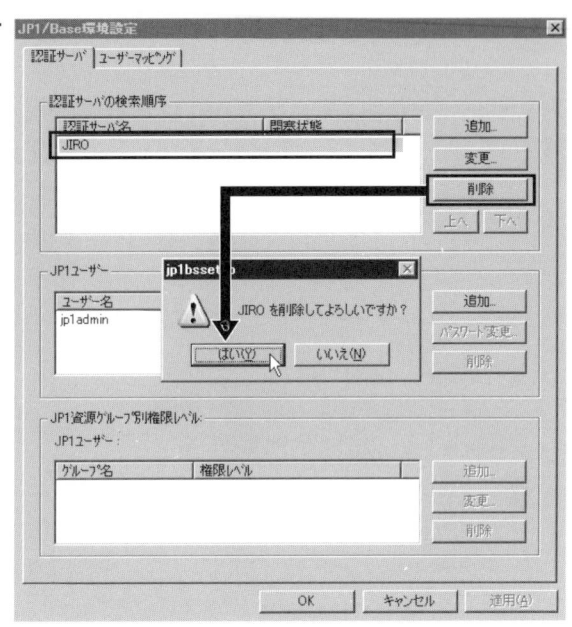

図5-2-5●追加したい認証サーバーを設定する

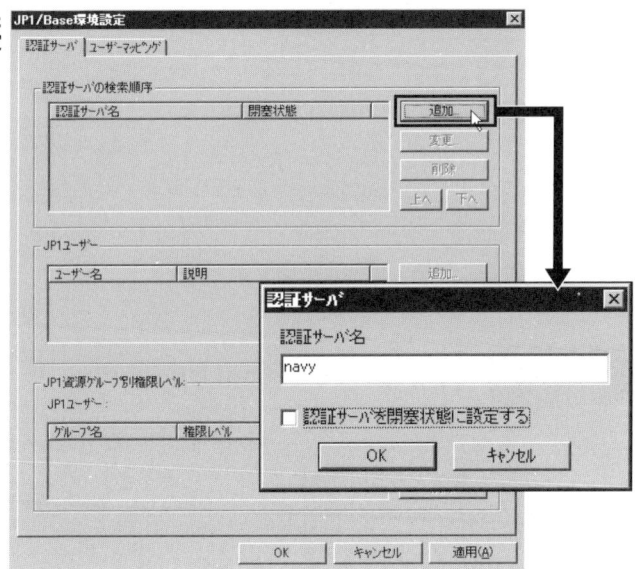

を防ぐことができる。

　セカンダリ認証サーバーを設置する場合は，プライマリ認証サーバーと同じ設定で運用する必要がある。そのため，プライマリ認証サーバー上でJP1ユーザーの設定やJP1ユーザーの操作権限の設定などを完了した後に，セカンダリ認証サーバーに設定をコピーする。セカンダリ認証サーバーの起動を確認し，プライマリ認証サーバーの［¦%install%¦¥jp1base¥conf¥user_acl¥］フォルダの以下の設定ファイルを，FTPなどを使ってセカンダリ認証サーバーの同じフォルダにコピーすればよい。念のため，コピー前にバックアップを取っておくとよい。

```
設定ファイル    JP1_AccessLevel
               JP1_Group
               JP1_Passwd
               JP1_UserLevel
```

　セカンダリ認証サーバー上にコピーした設定情報のファイル内容を反映させるには，セカンダリ認証サーバー上で以下のコマンドを実行して，イベントサービスの機能を除くJP1/Baseのプロセスの定義，環境設定を再読み込みする。

```
                jbs_spmd_reload
```

③ 認証サーバー以外のホスト上での設定

　認証サーバーに指定したホストは，JP1ユーザーおよびJP1ユーザーのJP1資源グループ（ジョブやジョブネットなど）に対する操作権限を管理する機能を持つ。JP1/IMやJP1/AJS2の混在するシステムで，JP1ユーザーの管理を一括で行いたい場合は，各サーバーで，同じ認証サーバーを指定する。

Tips 5-4　JP1ユーザーを追加したい

　初期セットアップを完了すると，管理者権限をもつJP1ユーザーがデフォルトで作成される。権限を制限した別のJP1ユーザーを作りたい。どのように作成すればよいか？

5.2 環境設定のテクニック

解説

　JP1/Baseのインストール時に，自動セットアップを実行すると，管理者権限を持つ「jp1admin」というJP1ユーザーがデフォルトで作成される。jp1adminとは別に，アプリケーションごとにユーザーを分けるなど，用途別（権限別）のJP1ユーザーを新たに作成したい場合は，各サーバー上で以下の設定が必要となる。

① 認証サーバー上の設定
- JP1ユーザーの作成
- 作成したJP1ユーザーの権限レベルを設定

② ジョブ実行エージェント上の設定
- JP1ユーザーとOSユーザーのマッピング設定

設定例

　図5-2-6に示すようなサーバー構成で，新規にJP1ユーザー「jp1operator」を追加するときの設定例を説明する。ジョブは，ServerB，ServerD上で動作する。ServerBで動作するときはOSユーザー「operator」が，ServerDで動作

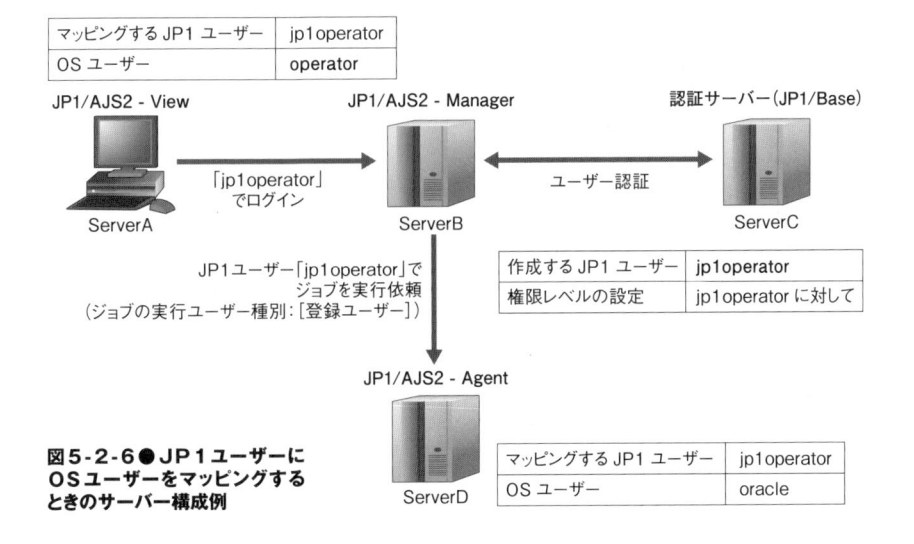

マッピングするJP1 ユーザー	jp1operator
OS ユーザー	operator

JP1/AJS2 - View　　　　JP1/AJS2 - Manager　　　　認証サーバー（JP1/Base）

ServerA →「jp1operator」でログイン→ ServerB ←ユーザー認証→ ServerC

JP1ユーザー「jp1operator」でジョブを実行依頼
（ジョブの実行ユーザー種別：[登録ユーザー]）

作成するJP1 ユーザー	jp1operator
権限レベルの設定	jp1operator に対して

JP1/AJS2 - Agent

ServerD

マッピングするJP1 ユーザー	jp1operator
OS ユーザー	oracle

図5-2-6 ● JP1ユーザーにOSユーザーをマッピングするときのサーバー構成例

する場合はOSユーザー「oracle」が,それぞれジョブを実行する。そのため,作成したJP1ユーザーjp1operatorに,それぞれのサーバー上で,OSユーザーをマッピングする必要がある。

① ServerC(認証サーバー)の設定

　認証サーバーで,JP1ユーザーjp1operatorの作成と,権限レベルの設定を行う。このとき,JP1ユーザーを登録する設定や,登録したJP1ユーザーにJP1資源グループに対する操作権限を与える設定は,認証サーバー上でのみ必要となる。認証サーバーに登録されたユーザーだけが,JP1資源グループに対して操作権限をもつJP1ユーザーになる。

1. JP1ユーザーの登録

　ServerC上で,Windowsメニュー[コントロールパネル][管理ツール][サービス]から[サービス]画面を表示。JP1/Baseサービスの[状態]が開始になっていることを確認してからWindowsのメニュー[スタート][プログラム][JP1/Base][環境設定]を選択して,[JP1/Base環境設定]画面を表示する。[JP1/Base環境設定]画面の[認証サーバ]タブの[JP1ユーザー]欄で[追加]ボタンをクリックし,[JP1ユーザー]画面で,JP1ユーザーとそのパスワードを入力する。[OK]ボタンをクリックしてJP1ユーザーの追加を完了する(**図5-2-7**)。ここでは,ユーザー名「jp1operator」を設定した。JP1ユーザーは1～31バイトの小文字で指定する。

2. JP1ユーザーへの操作権限の設定

　追加したJP1ユーザーに操作権限を設定するために,[JP1/Base環境設定]画面の[JP1ユーザー]欄で操作権限を与えたいユーザー名を選択し,[JP1資源グループ別権限レベル]欄の[追加]ボタンをクリックして[JP1資源グループ詳細]画面を表示する。[JP1資源グループ詳細]画面で[JP1資源グループ]欄にユーザーがアクセスできるJP1資源グループ名を入力する。[所有しない権限]が選択可能になるので,入力したグループに対するJP1権限レベルを選択し,[追加]ボタンで[所有する権限]欄へ移動させ[OK]ボタンをクリックする(**図5-2-8**)。JP1資源グループ名が「＊(アスタリスク)」の場合は,全ての資源グループに対して同じアクセス権限が設定される。JP1/AJS2で,JP1ユーザーに設定できる権限

5.2■環境設定のテクニック

図5-2-7●JP1ユーザーを追加する

図5-2-8●JP1ユーザーに操作権限を設定する

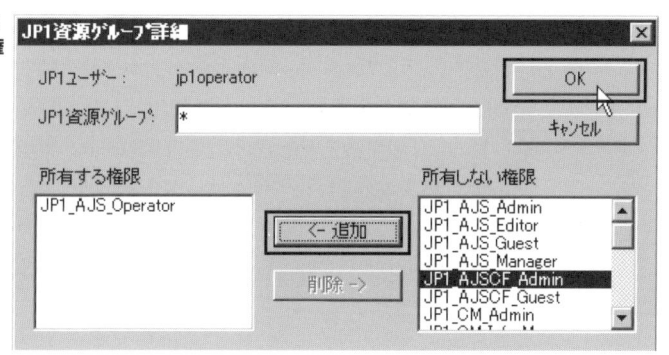

レベルを表5-2-1に示す。

表5-2-1 ● JP1ユーザーに設定できる権限レベル

JP1_AJS_Admin	管理者権限。ユニットの所有者，資源グループの操作権限，ジョブネットの定義・実行・編集権限を持つ
JP1_AJS_Manager	ジョブネットの定義・実行・編集権限を持つ
JP1_AJS_Editor	ジョブネットの定義・編集権限を持つ
JP1_AJS_Operator	ジョブネットの参照・実行権限を持つ
JP1_AJS_Guest	ジョブネットの参照権限を持つ
JP1_JPQ_Admin	管理者権限。ジョブ実行環境の設定権限，キューやジョブ実行先エージェントの操作権限，他のユーザーがキューイングしたジョブの操作権限を持つ
JP1_JPQ_Operator	キューやジョブ実行先エージェントの操作権限，他のユーザーがキューイングしたジョブの操作権限を持つ
JP1_JPQ_User	サブミットジョブの登録権限や，自分がキューイングしたジョブの操作権限を持つ

② ServerB（JP1/AJS2 - Manager）の設定

　他のサーバーでジョブを実行するとき，JP1ユーザーは，実行先ホストのOSユーザーとして実行される。JP1ユーザーとOSユーザーを対応付けるための設定がマッピングである。ここでは，JP1ユーザー「jp1operator」とOSユーザー「operator」のマッピングを行う。OSユーザーは，あらかじめ作成しておく必要がある。

　まずServerC上で，Windowsメニューから［コントロールパネル］［管理ツール］［サービス］を実行して［サービス］画面を表示する。JP1/Baseサービスの［状態］が開始になっていることを確認してからWindowsのメニュー［スタート］［プログラム］［JP1/Base］［環境設定］を実行して［JP1/Base環境設定］画面を表示する。［ユーザーマッピング］タブの［パスワード管理］欄で［設定］ボタンをクリックし，［パスワード管理］画面を表示する（図5-2-9）。［パスワード管理］画面の［新規登録］ボタンから，JP1ユーザーにマッピングするOSユーザーとパスワードの情報を登録し［OK］をクリックする（図5-2-10）。

　同じく［JP1/Base環境設定］画面の［ユーザーマッピング］タブの［JP1ユーザー］欄で［追加］ボタンをクリックして［JP1ユーザー名］画面を表示し，JP1ユーザー名と操作を許可するサーバーホスト名を255バイト以内で入力する（図5-2-11）。［OK］ボタンをクリックしてサーバー・ホストの設定を完了する。サーバーホスト名に「＊（アスタリスク）」を指定すると，全てのサーバー・ホストか

図5-2-9●JP1ユーザーに
OSユーザーをマッピングする

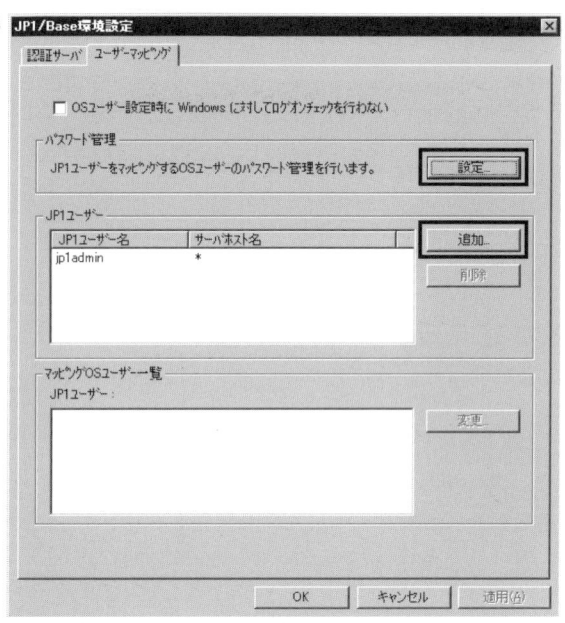

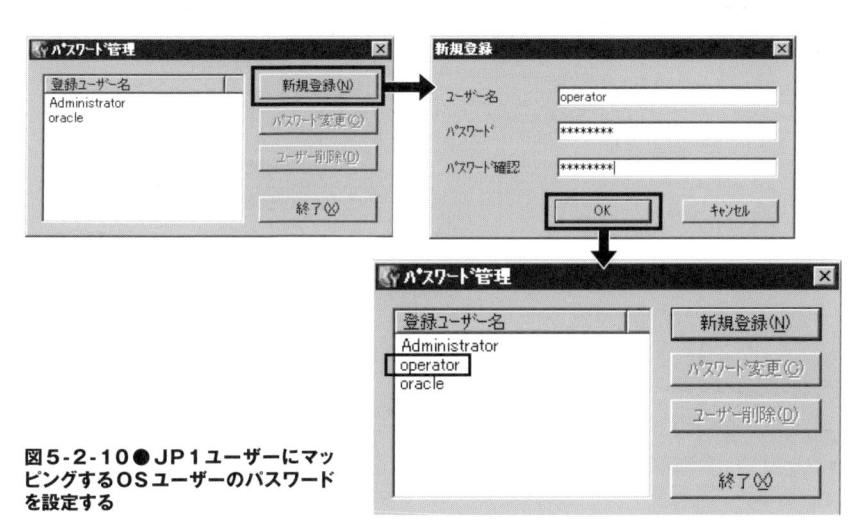

図5-2-10●JP1ユーザーにマッ
ピングするOSユーザーのパスワード
を設定する

らの操作が可能になる。

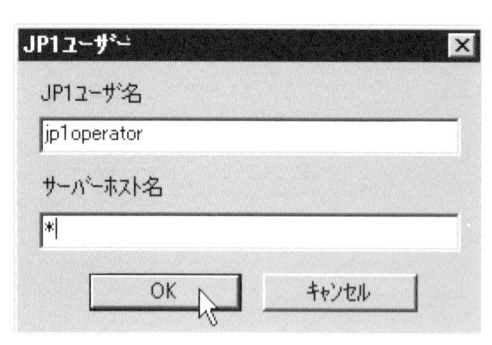

図5-2-11●追加するJP1ユーザー名とサーバーホスト名を設定する

[JP1ユーザー名]画面を閉じると[マッピングOSユーザー詳細]画面が開くので,[マッピングしないOSユーザー]の一覧からマッピングするOSユーザーを選択して[追加]する。[OK]ボタンをクリックして,OSユーザーのマッピングを完了する(**図5-2-12**)。

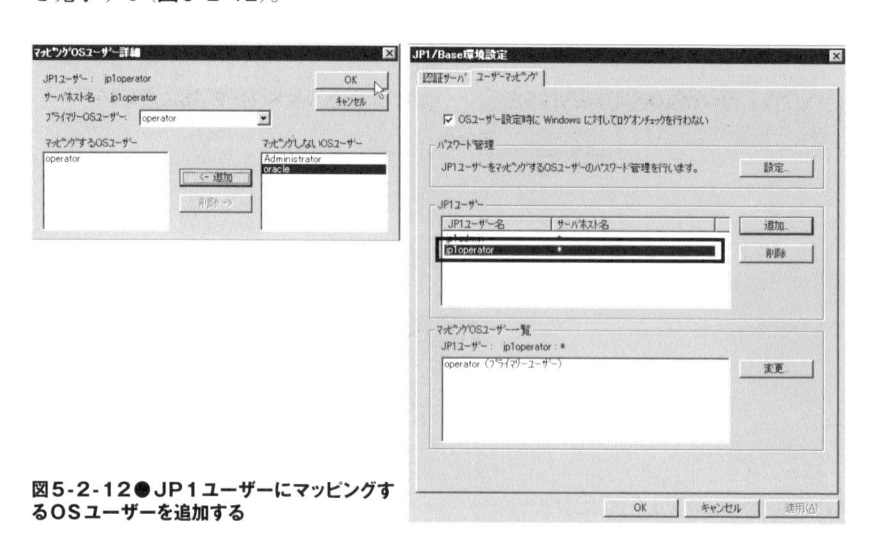

図5-2-12●JP1ユーザーにマッピングするOSユーザーを追加する

③ ServerD (JP1/AJS2 - Agent)の設定

②と同様の手順で,JP1ユーザーjp1operatorとOSユーザーoracleのマッピ

ングを行う(図5-2-13)。

図5-2-13●JP1ユーザーにマッピングするOSユーザー「oracle」を追加する

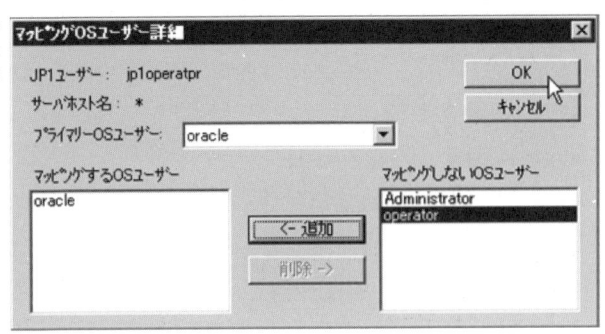

Tips5-5 スケジューラサービスの動作環境を変更したい

ディスク容量の空きが足りないので,JP1/AJS2のユニット情報を格納するディレクトリをデフォルトの場所から変更したい。環境設定を変更するには,どうすればよいか?

解説

スケジューラサービスは,ジョブネット(実行順序を関連付けたジョブの集まり)を実行するスケジューラを管理し,スケジュールに従って処理を実行するJP1/AJS2 - Managerのサービスである。

通常,スケジューラサービスの環境設定を変更する必要はないが,システムの要件などによって,デフォルトの値から変える必要が生じた場合は,設定変更を行う。スケジューラ環境の主な設定項目を**表5-2-2**に示す。スケジューラサービスは,JP1/AJS2 - Manager上だけに存在するサービスなので,動作環境の変更は,JP1/AJS2 - Manager上だけで行う。

スケジューラサービスは,スケジューラサービス名と同じ名称のルートジョブグループ配下のユニットを管理する。また,一つのジョブ管理マネージャ(JP1/AJS2 - Manager)に,複数のスケジューラサービスを起動することが可能だ。

表5-2-2 ● スケジューラサービスの環境設定項目

	表示項目	定義内容	指定できる値（下線はデフォルト値）
[論理ホスト共通]タブ			
1	デフォルトスケジューラサービス名	デフォルトとなるスケジューラサービスの名称	<u>AJSROOT1</u>
2	リモートジョブネットスケジューラサービス名	リモートジョブネットを実行するスケジューラサービスの名称	―
3	文字コード種別	文字コード	{<u>C</u>｜Shift-JIS｜EUC}
4	スケジューラサービスの再起動回数	スケジューラサービスが異常終了した際の再起動回数	{0｜1｜2｜<u>3</u>}
5	再起動回数をクリアするまでの時間	正常動作できたと見なし、再起動回数をクリアするまでの時間	<u>180</u>～
6	ラージファイル対応	ラージファイル（2GB以上）対応の動作	{<u>no</u>｜yes}
7	スケジューラサービス異常時の処理	リモートジョブネットを実行するスケジューラサービスの名称	スケジューラサービスを終了{する｜<u>しない</u>}
8	JP1/AJS2-Monitorサービスログのイベントログ出力	JP1/AJS2-Monitorサービス、モニタサーバの開始・終了メッセージをWindowsイベントログへ出力するかどうか	{<u>しない</u>｜すべて}
9	最大同時セッション数	JP1/AJS2-Viewの最大接続数が50を超える場合、その数に応じた値を設定するかどうか	0～128（<u>50</u>）
10	ログオンセッションのプロセス起動方法	デスクトップヒープ領域が不足してプロセスが起動できない場合のログオンセッションのプロセスの起動方法	ログオンの再利用を{行う｜<u>行わない</u>}
11	ログオン共有セッション数	ログオンの再利用を行う場合のログオン情報を共有するセッション数	<u>50</u>
[スケジューラサービスの制御]タブ			
12	スケジューラサービスの自動起動	通常運用中に自動起動するかどうか	{<u>はい</u>｜いいえ}
13	スケジューラサービスの識別番号	スケジューラサービスの識別番号（サーバー内で重複は不可）	1～20（<u>1</u>）
14	ジョブ状態通知ポートのサービス名	スケジューラサービスを多重起動する場合のサービス名	<u>jp1ajs2report</u>
15	キューレスジョブリクエスト多重度	キューレスエージェントと通信するプロセスの多重度	1～8（<u>1</u>）
[スケジューラログの設定]タブ			
16	スケジューラログファイルのサイズ	ジョブやジョブネットの実行状況を確認するためのログファイルのサイズ	1～2,000,000<KB>（<u>10,240</u>）
17	スケジューラログファイル{1｜2}の名称	ログファイル（フルパス）の名称	C:\Program Files\HITACHI\JP1AJS2\log\ajs-log{1｜2}.log
18	スケジューラログとイベントログの出力情報	ログファイルに出力するメッセージの出力形式	{<u>通常</u>｜完全}
21	スケジューラログの情報用ログ出力	情報用履歴を出力するかどうか	{<u>しない</u>｜開始｜処理要求｜すべて}
22	スケジューラログのプロセスID出力	履歴情報にプロセスIDを付加して出力するかどうか	{しない｜<u>する</u>}
23	スケジューラサービスログのイベントログ出力	スケジューラサービスの起動・終了メッセージをイベントログファイルに出力するかどうか	{<u>しない</u>｜すべて}

5.2 ■ 環境設定のテクニック

表5-2-2●スケジューラサービスの環境設定項目 (つづき)

	表示項目	定義内容	指定できる値(下線はデフォルト値)
24	ジョブネットログのイベントログ出力	ジョブネットの起動・終了メッセージをイベントログファイルに出力するかどうか	{しない｜すべて｜選択{異常終了｜警告終了｜保守通知｜開始遅延｜終了遅延｜起動条件監視開始・終了｜繰り越し未実行}}
25	ジョブログのイベントログ出力	ジョブネット中のジョブの開始・終了メッセージをイベントログファイルに出力するかどうか	{しない｜すべて｜選択{異常終了｜警告終了｜保留通知}}
[スケジューラオプション]タブ			
26	サービス起動モード	JP1/AJS2サービス起動時に起動されるスケジューラサービスの起動モード	{コールド｜ウォーム｜自動継続}
27	ジョブネットのスキップ	スケジューラ起動時に，既に実行開始予定時刻を過ぎていたジョブネットの実行方法	{しない｜予定時刻超過｜当日予定}
28	抑止機能の設定	ジョブネットの中のジョブ，ジョブネットの実行を抑止するかどうか	{抑止しない｜実行抑止}
29	繰り越し方法	実行登録したルートジョブネットが開始予定日時を過ぎても実行されない場合，どのくらい待ってから繰り越し未実行状態にするか	{1日｜2日｜繰り越さない}
30	ルートジョブネットのスケジュール	ルートジョブネットのスケジュールの有効範囲	{24時間｜48時間}
31	Viewの状態取得範囲	JP1/AJS2-Viewに状態を表示する際に，状態取得の基にする世代情報の範囲	{当日分の情報だけ｜すべての情報から}
32	ユニット定義変更の即時適用	実行登録後に定義内容を変更した場合，変更した定義内容を実行直前に再読み込みし，変更内容を即時に有効にするかどうか	{しない｜する}
33	起動条件付きジョブネット保留属性を引き継がない	起動条件付きジョブネットの保留属性の引き継ぎ動作	{ON｜OFF}
34	Viewのスケジューラサービス表示	論理ホスト対応のJP1/AJS2サービスを構築している環境で，JP1/AJS2-Viewからログインしたときに表示されるスケジューラサービスの範囲	{この論理ホストのスケジューラサービスのみ｜すべてのスケジューラサービス}
[スケジューラファイルの構成]タブ (データ種別：ISAMの場合)			
35	データベースディレクトリ名	JP1/AJS2のユニット情報を格納するディレクトリの名称	C:¥Program Files¥HITACHI¥JP1AJS2¥database¥schedule¥AJSROOT1
36	データベース種別	使用するデータベース種別	{EmbedDB｜ISAM}
37	テーブル名プリフィックス	スケジューラサービスのスキーマ内に保持されるテーブルの名称の先頭に付けられる4文字の文字列	AJS
38	データファイル更新モード	ISAMファイルの更新時に，同期書き込みを許可するかどうか	{同期｜フラッシュ｜非同期}
[スケジューラファイルの構成2]タブ			
39	一時ファイル用ディレクトリ名	JP1/AJS2のテンポラリファイルを作成するディレクトリの名称	C:¥Program Files¥HITACHI¥JP1AJS2¥tmp¥schedule
40	ジョブエラー情報ディレクトリ名	ジョブ定義時に標準エラー出力を指定していない場合に，標準エラー出力ファイルを格納するディレクトリ名	C:¥Program Files¥HITACHI¥JP1AJS2¥jobinf
41	退避情報ディレクトリ名	ジョブネットワーク要素を退避させるときのディレクトリの名称	C:¥Program Files¥HITACHI¥JP1AJS2¥backup¥schedule

複数起動すると,スケジューラサービスごとにルートジョブグループを管理できる。その場合,スケジューラサービスが互いに影響を受けることなく,業務(ジョブネットやジョブ)を並行して実行することができる。

設定例

スケジューラサービスの環境設定を変更する手順を以下に示す。

Windowsのメニュー[スタート][プログラム][JP1_Automatic Job Management System2 - Manager][環境設定]を実行して,[マネージャ環境設定]画面で[デフォルト]を選択し[設定]をクリックする(図5-2-14)。[マネージャ環境設定]画面の各タブで,対象項目を変更する(図5-2-15)。

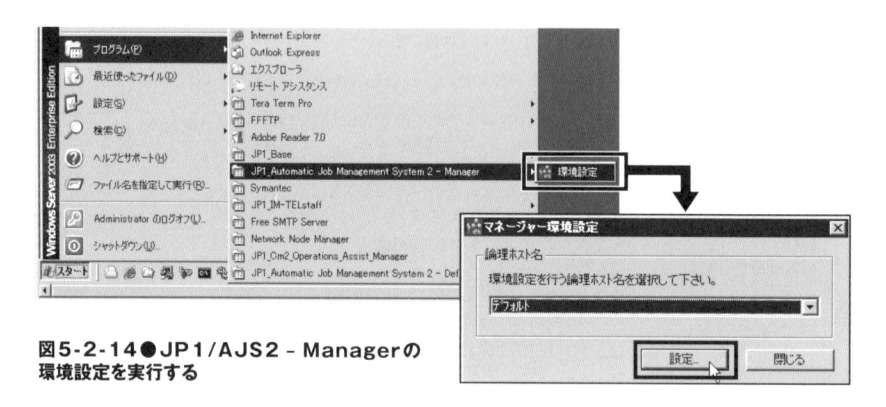

図5-2-14●JP1/AJS2 - Managerの環境設定を実行する

ただし,[マネージャ環境設定]画面で[デフォルト]を選択するのは,JP1/AJS2 - Managerが単体の場合である。

図5-2-15●スケジューラ
サービスの詳細を設定する

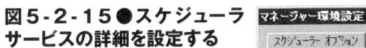

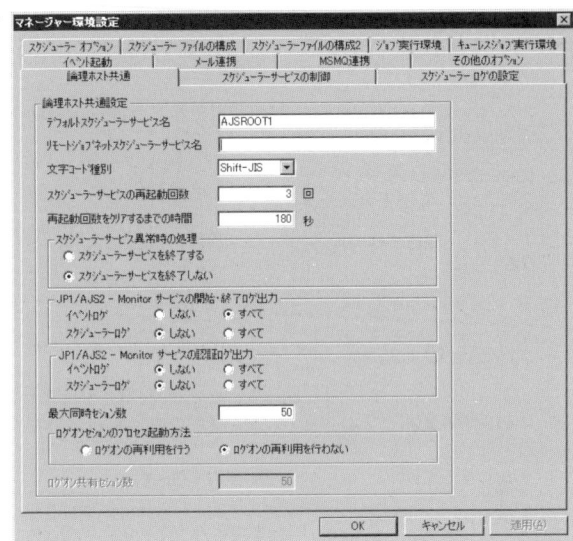

Tips 5-6 ジョブ実行環境を変更したい

　大量のジョブを集中して登録，実行する運用を行うため，システム内の作業領域上に保持できる最大ジョブ数を変更する必要がある。ジョブの実行環境を変更したいがどうすればよいか？

解説

　ジョブの実行環境は，ジョブ管理マネージャ（JP1/AJS2 - Manager）とジョブ実行エージェント（JP1/AJS2 - Agent）で構成される。ジョブの実行時，ジョブは，ジョブ管理マネージャから指定されたジョブ実行エージェントへ転送され，ジョブ実行エージェント上で実行される。

　通常，ジョブ実行環境の設定を変更する必要はないが，システムの要件などによって，デフォルトの値から変える必要が生じた場合は，設定変更を行う。ジョブの実行環境の主な設定項目を表5-2-3に示す。

表5-2-3 ● ジョブ実行環境の主な設定項目

	表示項目	定義内容	指定できる値（下線はデフォルト値）
[ジョブ実行環境]タブ			
1	マネージャ・プロセス実行時のワーク・ディレクトリ名	ジョブ実行管理用のワーク・ディレクトリの名称（フルパス，180バイト以内）	C:¥Program Files¥HITACHI¥JP1AJS2¥tmp
2	エージェント・プロセス実行時のワーク・ディレクトリ名	このサーバーでジョブを実行する場合のワーク・ディレクトリの名称（フルパス，180バイト以内）	C:¥Program Files¥HITACHI¥JP1AJS2¥tmp
3	データベース格納ディレクトリ名	データベース格納ディレクトリ名（フルパス，180バイト以内）	C:¥Program Files¥HITACHI¥JP1AJS2¥tmp
4	データ・ファイル更新モード	ISAMファイルの更新時に，同期書き込みを許可するかどうか	{同期｜非同期}
5	システム内の最大ジョブ数	システム内の作業領域上に保持できる最大ジョブ数	1～81920（2000）
6	システム内の警告ジョブ数	システム内に保持されている作業領域上のジョブ情報領域の使用状況によって，警告メッセージを出力するためのしきい値	1～81920（1600）
7	キューの最大定義数	キューを定義できる最大数	1～81920（100）
8	エージェントの最大定義数	1台のJP1/AJS2 - Managerに対して，ジョブ実行するJP1/AJS2 - Agentの最大数	1～1024（50）
9	エージェント監視のインターバル	ジョブ実行先のエージェントを監視する間隔	60～86400＜秒＞（300）
10	排他実行リソースの最大定義数	ジョブの同時実行を抑止するために使用する排他実行リソースの最大数	1～8192（50）
11	ジョブ情報保存日数	ジョブの実行結果情報を何日前のものまで保存しておくか	0～999＜日＞
			～1
12	ジョブ情報削除の基準時刻	ジョブの実行結果情報を削除する時刻	0:00～23:59（0:00）
13	エージェントを自動定義する	ジョブをサブミットした時にエージェントを自動定義するかどうか	{OFF｜ON}
14	コールド・スタート時のデータベースの初期化	JP1/AJS2サービスのコールド・スタート時に，ジョブ実行環境データベースのジョブ情報を初期化するかどうか	{しない｜する}

設定例

　ジョブ実行環境を変更するには，［マネージャ環境設定］画面を表示し，［ジョブ実行環境］タブで対象項目を変更する（**図5-2-16**）。

図5-2-16 ● ジョブ実行環境の詳細を設定する

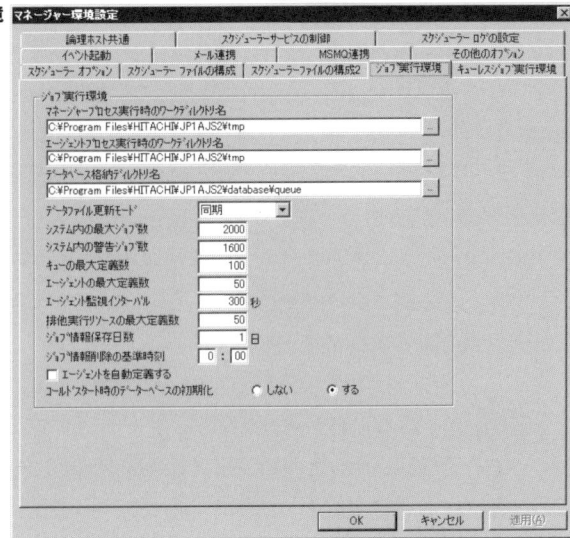

Tips 5-7 キューを使用せず，処理性能を上げてジョブを実行したい

負荷の小さなジョブが多数ある。ジョブ実行の処理性能を向上させたいが，どうすればよいか？

解説

ジョブ実行環境で，ジョブ管理マネージャ（JP1/AJS2 - Manager）からジョブ実行エージェント（JP1/AJS2 - Agent）へジョブを転送するには，キューを使う方法と，キューを使わない方法（キューレスジョブを使う方法）の2種類ある。キューは，ジョブの待ち行列である。

キューでジョブを制御する場合，ジョブはいったんジョブ管理マネージャ上で，ジョブ実行エージェントごとのキューに登録される。そして，同時に実行されるジョブの数をジョブ管理マネージャが管理しながら，ジョブをジョブ実行エージェントに順次転送する。キューレスジョブを使う場合は，キューを介さずに，ジ

ジョブを直接ジョブ実行エージェントに転送する。キューレスジョブでは，同時に実行されるジョブの数は，ジョブ実行エージェント側で管理される。

ジョブ管理マネージャからジョブ実行エージェントへ直接送られて実行されるキューレスジョブは，キューでのジョブの管理を省略して処理を簡略化しているので，キューを使ったジョブに比べて処理性能が向上する。また，同時に実行するジョブ数の制御をエージェント（キューレスエージェント）側で行うため，ジョブ実行エージェントのリソース制御は容易だが，マネージャ側では制御できない。マネージャ側では，ジョブネットの実行順序やスケジュールの調整によるジョブ実行数の流量調整ができる。

キューレスジョブとして実行できるジョブは，ジョブネットに定義したPCジョブ，UNIXジョブ，およびアクションジョブである。ジョブの実行にキューを使うかどうかは，一つひとつのジョブの負荷や同時に実行させるジョブ数などによって検討する必要がある。

キューレスジョブを実行する環境は，必要に応じて，設定を変更できる。キューレスジョブ実行環境の主な設定項目を**表5-2-4**に示す。

表5-2-4●キューレスジョブ実行環境の主な設定項目

	表示項目	定義内容	指定できる値（下線はデフォルト値）
[キューレスジョブ実行環境]タブ			
1	ログフォルダ名	実行したジョブの開始・終了メッセージを出力するログフォルダの名称（180バイト以内）	C:¥Program Files¥HITACHI¥JP1AJS2¥log
2	ログファイルのサイズ	実行したジョブの開始・終了メッセージを出力するログファイルのサイズ	0,4～2000000<KB>(8192)
3	ステータスファイル名	実行中のジョブ情報を記憶するステータスファイルの名称（255バイト以内）	C:¥Program Files¥HITACHI¥JP1AJS2¥log¥ajsqlstat.dat
4	ステータスファイルサイズ	実行中のジョブ情報を記憶するステータスファイルのサイズ	0～2000000<KB>(2048)
5	キューレスサービス内での最大同時ジョブ実行数	キューレスエージェントサービス内での最大同時ジョブ実行数	0～1024(5)
6	キューレスサービス内での最大待ちジョブ数	キューレスエージェントサービス内での最大待ちジョブ数	0～102400(2048)

KB：キロバイト

設定例

キューレスジョブを使う場合の設定手順を以下に示す。

① **キューレスジョブのセットアップ**

5.2 ■ 環境設定のテクニック

まず、ジョブ管理機能のセットアップをジョブ管理マネージャ上で行う。JP1/AJS2 - Manager上で、以下のコマンドを実行する。

```
ajsqlsetup -m
```

次に、ジョブ実行機能のセットアップを、ジョブ管理マネージャ、ジョブ実行エージェント上で行う。JP1/AJS2-Manager、Jp1/AJS2-Agent上で、以下のコマンドを実行する。

```
ajsqlsetup -a
```

この設定を行うと、Windowsの[サービス]画面にキューレスジョブのサービス(スタートアップの種類:手動)が追加される。キューレスジョブを使用する場合は、これらのコマンドを実行した後に、Windowsメニューの[コントロールパネル][管理ツール][サービス]画面で、追加したサービスのスタートアップの種別を[自動]に変更する。これにより、Windowsシステムの起動時にキューレスジョブ用のサービスも起動するようになる。

図5-2-17 ● キューレスジョブ実行環境の詳細を設定する

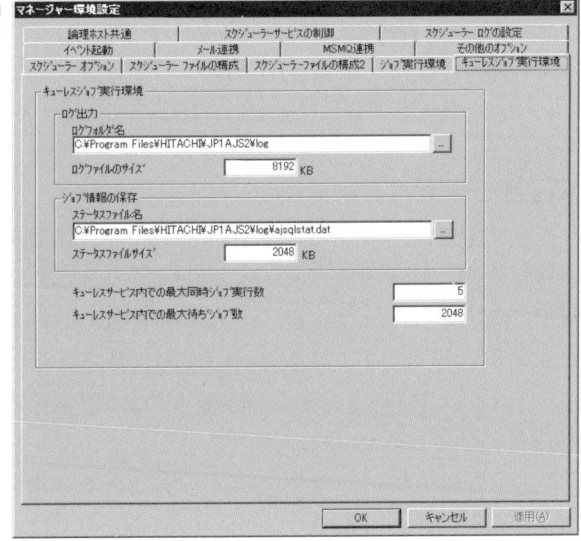

② キューレスジョブ実行環境の設定

通常は，キューレスジョブ実行環境を変更する必要はないが，システムの要件などによって，デフォルトの値から変える必要が生じた場合は，設定変更を行う。[マネージャ環境設定]画面を表示し，[キューレスジョブ実行環境]タブで，対象項目を変更する(**図5-2-17**)。

Tips 5-8 ジョブ実行エージェントを追加したい

複数の物理サーバーでジョブを実行するので，それぞれのサーバーにジョブ実行エージェントを追加したい。どのように設定すればよいか？

解説

ジョブを実行する物理サーバーが複数あるときには，それぞれのサーバーにジョブ実行エージェントを追加してジョブを割り当てる。また，同時に実行するジョブ数が多いときには，ジョブ実行エージェント上でのジョブ実行多重度(同時に実行できるジョブ数)を変更する。ジョブ実行エージェントの管理情報は，キュー・データベースと呼ぶ領域に格納されており，設定を変更したときは，キュー・データベースを再構築する必要がある。

キュー・データベースは，JP1/AJS2 - Manager上だけに存在するので，キュー・データベースの再構築は，JP1/AJS2 - Manager上で実行する。

設定例

ジョブ管理マネージャ(JP1/AJS2 - Manager)が管理するキューのジョブは，実行先を複数の物理サーバーに振り分けることもできる。これにより，ジョブ実行を負荷分散することが可能だ。ここでは，**図5-2-18**のようなシステム構成で，ジョブ実行エージェントの環境を変更する方法を説明する。ジョブ管理マネージャServerAが管理するキューQueueAのジョブ実行先を，2台の物理サーバー(ServerB，ServerC)に割り当てる。

ジョブ管理マネージャから，ServerB，ServerC用のジョブ実行エージェントを構成し，キューを作成する二通りの手順を以下に示す。それぞれの手順は，

5.2 ■ 環境設定のテクニック

JP1/AJS2 - Manager	
ジョブ多重度	5
ジョブ数の最大値	100
ジョブ数の警告値	80

QueueA		
ジョブ数の最大値	100	
ジョブ数の警告値	80	
エージェント優先順位	ServerB	1
	ServerC	2

JP1/AJS2 - Agent	
ジョブ実行多重度	100
ジョブ数の最大値	1000
ジョブ数の警告値	800

JP1/AJS2 - Agent	
ジョブ実行多重度	8:00〜22:00 = 50
	22:00〜8:00 = 100
ジョブ数の最大値	1200
ジョブ数の警告値	1000

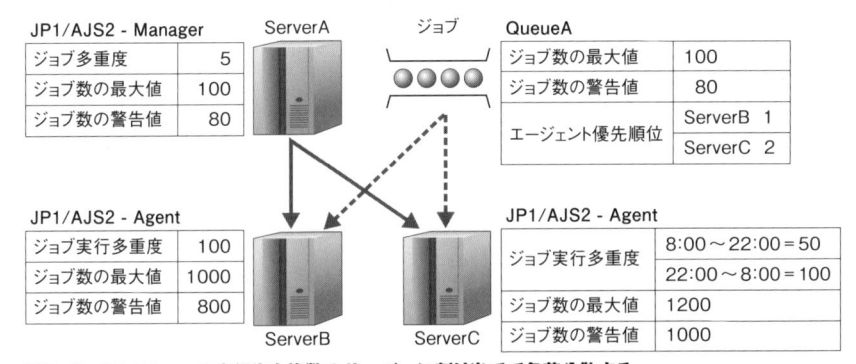

図5-2-18●キューの実行先を複数のサーバーに割り当てて負荷分散する

```
$agent $a1 $system
   exec_jobs    0000 0000 5
   def_queue    $q1
   max_jobs     100
   warn_jobs    80
   queue_ent    open
   queue_exit   open
   connect      $a1 1
$end

$agent $a2 ServerB
   exec_jobs    0000 0000 100
   def_queue    $q2
   max_jobs     1000
   warn_jobs    800
   queue_ent    open
   queue_exit   open
   connect      $a2 1
$end

$agent $a3 ServerC
   exec_jobs    0800 2200 50
   exec_jobs    2200 0800 100
   def_queue    $q3
   max_jobs     1200
   warn_jobs    1000
   queue_ent    open
   queue_exit   open
   connect      $a3 1
$end

$queue $q101 QueueA
   max_jobs     100
   warn_jobs    80
   queue_ent    open
   queue_exit   open
   connect      $a2 1
   connect      $a3 2
$end
```

マネージャ自身のキューはデフォルトで設定されている

エージェント ServerB の定義
- ジョブ実行多重度(exec_jobs)：100
- ジョブ最大値(max_jobs)：1000
- ジョブ警告値(warn_jobs)：800

エージェント ServerC の定義
- ジョブ実行多重度(exec_jobs)：8:00〜22:00 = 50
  22:00〜8:00 = 100
- ジョブ最大値(max_jobs)：1200
- ジョブ警告値(warn_jobs)：1000

キュー QueueA の定義
- ジョブ最大値(max_jobs)：100
- ジョブ警告値(warn_jobs)：80
- エージェント優先度(connect)：ServerB 1, ServerC 2

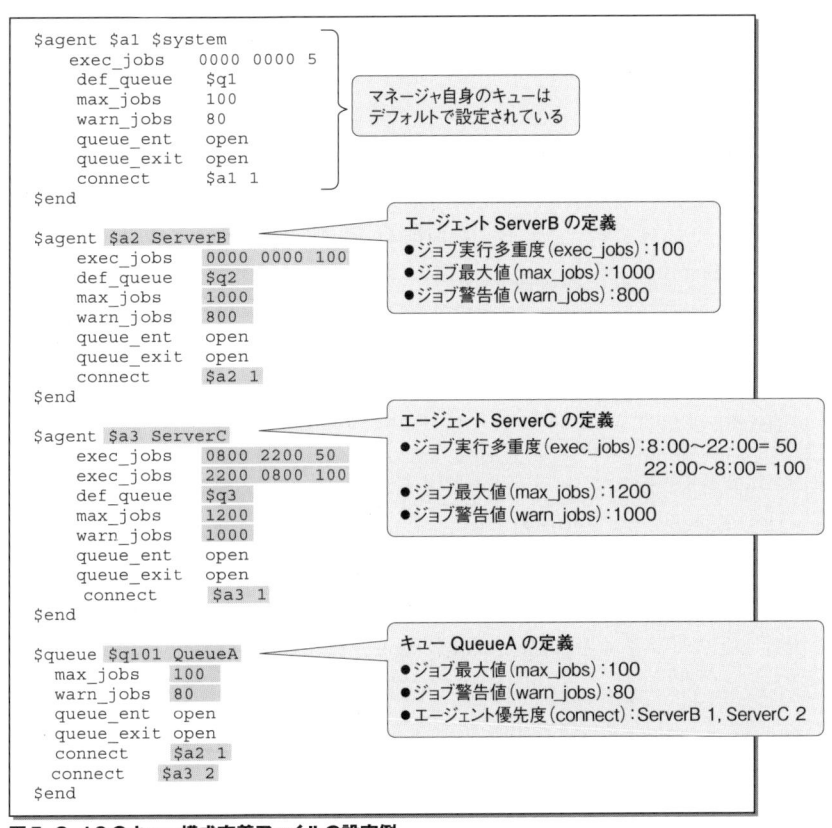

図5-2-19●キュー構成定義ファイルの設定例

システムの要件に応じて使い分ける。

① **手順1：システムを停止して一括設定する**

　JP1/AJS2システムを停止できる環境で，かつ追加するジョブ実行エージェントの数が多いなどの理由で一度に追加作業を行いたい場合は，キュー構成定義ファイルを使って，設定変更を行う。定義ファイルの変更を行って，キュー・データベースの再構築を実行すればよい。**図5-2-19**に，キュー構成定義ファイル[|%install%|¥JP1AJS2¥conf¥jpqsetup.conf]の設定例を示す（|%install%|：インストール・フォルダ。デフォルトではC:¥Program Files¥HITACHI）。

1. キュー構成定義ファイル「jpqsetup.conf」を編集後，Windowsメニューの［コントロールパネル］［管理ツール］［サービス］画面でJP1/AJS2サービスを停止する。
2. [|%install%|¥JP1AJS2¥database¥queue]以下の，既存のキュー・データベース構成ファイルをすべて削除する。[|%install%|¥JP1AJS2¥database¥queue以下]にロックファイル「.jpqdb.lck」が残っている場合は，このファイルも削除する。
3. 以下のコマンドを実行して，編集したjpqsetup.confファイルを基に，新しいキュー・データベースを作成する。

```
jpqimport -dt isam -ci "|%install%|¥JP1AJS2¥conf¥jpqsetup.conf"
```

4. Windowsメニューの［コントロールパネル］［管理ツール］［サービス］画面でJP1/AJS2サービスを開始する。

② **手順2：システムを稼働したまま設定変更する**

　JP1/AJS2システムを稼働した状態のまま，ジョブ実行エージェントの追加を行いたい場合は，jpqagtaddを実行して設定できる。コマンド実行には，OSユーザーにキュー操作の管理者権限を付与しておく必要がある。設定手順はTips5-11を参照。

1. ジョブ実行エージェント (ServerC) の追加

まず，ジョブ実行エージェントを追加する。ServerCに対して，8:00～22：00のジョブ実行多重度が50，22：00～8:00のジョブ実行多重度が100のジョブ実行エージェントを追加するには，以下のコマンドを実行する。

```
jpqagtadd -ah ServerC -cp 08:00-22:00=50 22:00-8:00=100
```

追加したジョブ実行エージェントの一覧は，以下のコマンドで確認できる。

```
jpqagtshow -a
```

次に，デフォルトキューの定義を変更する。ジョブの最大値を1200，ジョブの警告値を1000に変更するには，以下のコマンドを実行する。

```
jpqquealt -ah ServerC -mj 1200 -wj 1000
```

デフォルトキューをジョブ実行エージェントに接続し，接続済みのジョブ実行エージェントに対して優先順位を変更するには，以下のコマンドを実行する。

```
jpqagtlink -ah ServerC -lh ServerC -clp 1
```

最後に，次のコマンドを実行してデフォルトキューとジョブの受付口を開く（取出口はデフォルトで開いている）。

```
jpqqueopen -ah ServerC -en
```

変更したデフォルトキューの定義は，以下のコマンドで確認できる。

```
jpqqueshow -ah ServerC
```

2. ジョブ実行エージェント (ServerB) の追加

1.と同様の手順で，ジョブ実行エージェントServerBを作成する。

3. キュー (QueueA) の追加

キューと接続させるジョブ実行エージェントをあらかじめ作成しておき（ここ

ではServerB，ServerC），以下の手順でキューを作成する。

まず，以下のコマンドを実行して，キューを作成する。

```
jpqqueadd -q QueueA -mj 100 -wj 80
```

ジョブ実行エージェントの一覧は，以下のコマンドを実行して確認できる。

```
jpqqueshow -a
```

次に，デフォルトキューをジョブ実行エージェントに接続し，接続済みのジョブ実行エージェントに対して優先順位を変更する。以下のコマンドを実行する。

```
jpqagtlink -q QueueA -lh ServerB -lp 1  （ServerBと優先順位1で接続）
jpqagtlink -q QueueA -lh ServerC -lp 2  （ServerCと優先順位2で接続）
```

デフォルトキューの定義は，以下のコマンドで確認できる。

```
jpqqueshow -q QueueA
```

Tips 5-9 ジョブ実行制御のためのISAMデータベースを定期的にメンテナンスしたい

ジョブ管理システムを日々運用していると，ジョブ実行制御のためのデータベースのファイル・サイズが肥大化したり，ディスクのフラグメンテーションが発生したりする。これらが業務実行性能の低下などを引き起こさないように，定期的にデータベースをメンテナンスしたい。何か方法はないか？

解説

JP1/AJS2-Managerは，ジョブ実行を制御するためのデータを内蔵データベースで管理している。JP1/AJS2で利用できるデータベースは次の2種類がある。

● JP1/AJS2標準データベース

データに索引をつけて管理する，ISAM（Indexed Sequential Access

Method）方式のデータベース。JP1/Baseに標準でバンドルされており，JP1/AJS2のインストール時にデフォルト設定される。

● RDB（リレーショナル・データベース）

高い信頼性が要求されるシステムや，扱う情報量の多い大規模なシステムに適したデータベース。障害発生時にも，JP1/AJS2の管理情報を確実に保持できる。JP1/AJS2では，組み込みデータベース（JP1/AJS2 - Managerにバンドルされているデータベース・ソフト）をセットアップして利用できる。

ISAMデータベースは，レコードを削除すると無効領域になるだけで，ファイル・サイズが自動的に縮小することはない。無効領域を再利用できるようにするには，定期的にISAMデータベースを再編成する必要がある。JP1/AJS2では，自動的にISAMデータベースの再編成する機能を備える。ISAMデータベースを使用する場合は，この機能を有効にしておくとよい。

ISAMデータベースは，JP1/AJS2 - Manager上だけに存在するので，ISAMの自動再編成機能の設定は，JP1/AJS2 - Manager上だけで行う。

設定例

ISAMファイル自動再編成機能を有効にするには，環境設定ファイル［¦%install%¦¥JP1AJS2¥conf¥jp1ajs_spmd_pre.conf］を作成する。サンプル・ファイル［¦%install%¦¥JP1AJS2¥conf¥jp1ajs_spmd_pre.conf.model］からコピーすればよい。

Tips 5-10 実行登録を解除せずにジョブの定義を変更したい

一度実行登録したジョブネット下位の定義内容を，実行登録を解除せずに変更したい。何か方法はないか？

解説

いったん登録したジョブネットの実行登録を解除して登録し直すのは手間がかかる。また，定義の変更中に，上位のジョブネットが実行されて誤作動するなどの問題もある。ルートジョブネットのサスペンド機能を使えば，実行登録を解除しないで，定義内容を変更することができ，誤作動の危険も回避できる。サスペンド機能は，デフォルト設定では無効となっている。実行登録中に定義変更する可能性がある場合は，有効に設定し直しておくとよい。

サスペンド機能は，JP1/AJS2 - Managerだけの機能なので，サスペンド機能を有効化する設定は，JP1/AJS2 - Manager上だけで行う。

設定例

サスペンド機能を有効にする設定方法を，以下に示す。

① Windowsメニューの[コントロールパネル][管理ツール][サービス]画面から，JP1/AJS2とJP1/AJS2 Monitorサービスを停止する。

② 以下のコマンドを実行して，サスペンド機能を使用する環境を設定する。

```
ajssetup -m
```

サスペンド機能が有効か無効かは，以下のコマンドで確認できる。

```
ajsstatus
```

③ JP1/AJS2とJP1/AJS2 Monitorサービスを起動する。

Tips 5-11 コマンドでキューを操作したい

ジョブ実行エージェントやキューの追加などを，JP1/AJS2システムを止めずに，コマンドを使用して行いたい。事前に設定が必要か？

5.2 ■ 環境設定のテクニック

解説

ジョブ実行エージェントの追加コマンド(jpqagtadd)やキューの追加コマンド(jpqqueadd)などの実行権限確認は，OSにログインしているOSユーザー名と同じ名称のJP1ユーザー名で行う。そのため，コマンドを実行するには，ログインしているOSユーザーと同じ名称のJP1ユーザーが登録されていて，かつそのOSユーザーと同じ名称のJP1ユーザーが，キュー操作の管理者権限(JP1_JPQ_Admin権限)を持っていなければならない。

設定例

ログインしているOSユーザーが「Administrator」の場合に，キューを操作するコマンドを実行するため必要な設定を，以下に示す。

① OSユーザーと同じ名称のJP1ユーザーを登録する

認証サーバー上で，Windowsメニューの[スタート][プログラム][JP1_Base][環境設定]を実行して，[認証サーバ]タブの[JP1ユーザー]項目で[追加]ボタ

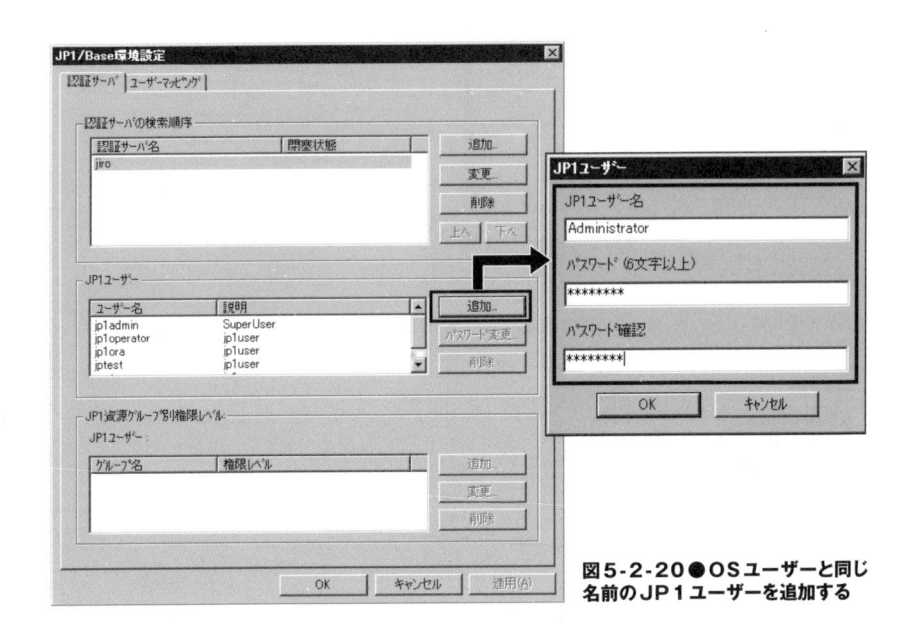

図5-2-20●OSユーザーと同じ名前のJP1ユーザーを追加する

ンをクリックする。JP1ユーザー名(Administrator)とパスワードを登録し，[OK]ボタンをクリックして[JP1ユーザー]画面を終了する(**図5-2-20**)。

② JP1権限レベル設定

[JP1ユーザー]項目に追加されたJP1ユーザー名(administrator)を選択し，[JP1資源グループ別権限レベル]項目の[追加]ボタンをクリックする。追加したJP1ユーザーのJP1資源グループ名(＊)を設定，権限(JP1_JPQ_Admin)を選択して[追加]ボタンをクリックする。

[所有する権限]欄にJP1_JPQ_Admin権限が移ったことを確認してから[OK]ボタンをクリックする。[JP1資源グループ詳細]画面を終了し，さらに[OK]ボタンをクリックして[JP1/Base環境設定]画面を終了する(**図5-2-21**)。

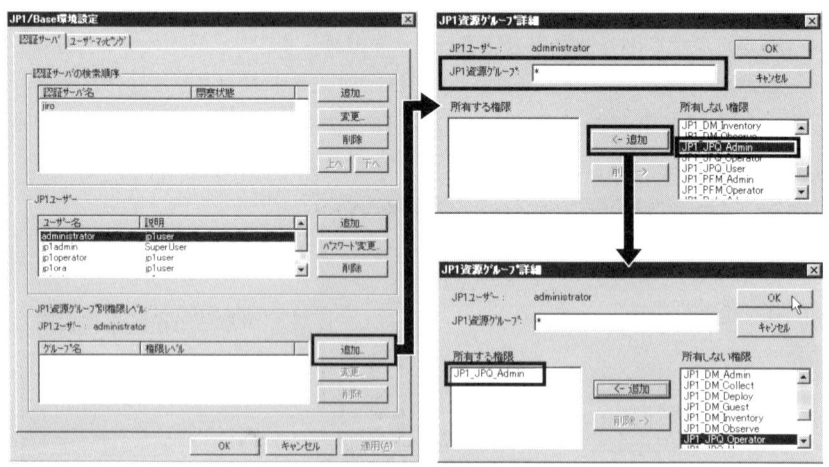

図5-2-21 ● JP1ユーザーにJP1資源グループ別権限を設定する

Tips 5-12　任意のジョブネットの状態を監視したい

異なるジョブ管理マネージャ(JP1/AJS2 - Manager)や，異なるジョブネットワーク階層(スケジューラサービス，ジョブグループ)に点在するジョブネットの状態を集中監視したい。よい方法はないか？

解説

JP1/AJS2には，JP1/AJS2に定義されている任意のジョブネットを監視できる「業務スコープ」という監視画面が提供されている。

業務スコープ画面では，JP1ユーザーごとに，監視したいジョブネットを選択して監視対象として設定できる。指定したジョブネットは，監視画面上ではアイコンとして表示され，アイコンの表示色の変化によって，ジョブネットの状態を監視可能だ(図5-2-22)。

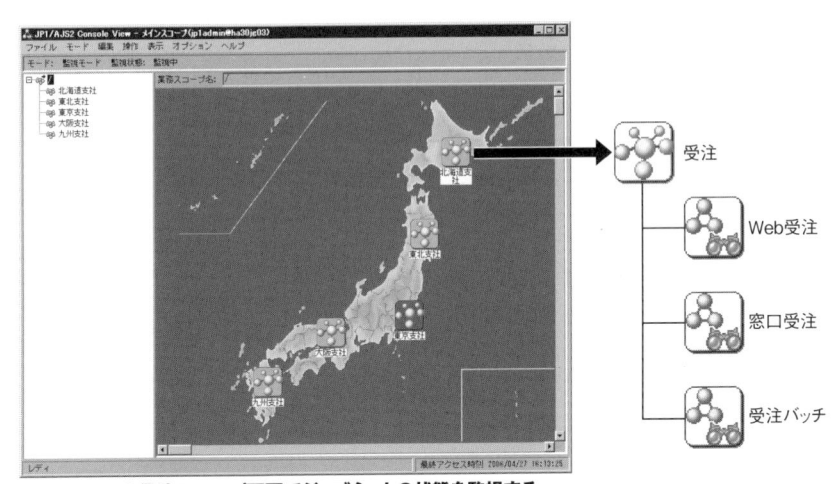

図5-2-22●業務スコープ画面でジョブネットの状態を監視する

業務スコープ機能は，JP1/AJS2のインストール時に自動的にインストールされるが，利用するにはセットアップが必要である。業務スコープ機能の監視画面は，JP1/AJS2 - Managerだけで提供されるので，セットアップは，JP1/AJS2 - Manager上だけで行う。

設定例

業務スコープ機能を使用する場合に必要な，JP1/AJS2に同梱されているプログラムである「JP1/AJS2 Console Manager」，「JP1/AJS2 Console Agent」，「JP1/AJS2 Console View」のセットアップ手順を以下に示す。

① JP1/AJS2 Console Managerのセットアップ

　JP1/AJS2 Console Managerの環境設定をデフォルトから変更したいときは，JP1/AJS2 Console Manager環境設定ファイル[¦%install%¦¥JP1AJS2CM¥conf¥ajscmsetup]を編集してから，設定作業を行う。環境設定パラメータと，その定義内容を表5-2-5に示す。

表5-2-5●JP1/AJS2 Console Managerの環境設定項目

	環境設定パラメータ	定義内容	指定できる値（下線はデフォルト値）[*1]
	[JP1_DEFAULT¥JP1AJS2CONSOLEMANAGER]		
1	MAXSESSION	JP1/AJS2 Console-Viewの最大同時セッション数	0～40（<u>10</u>）
2	IPC_TIMEOUT	他ホストのJP1/AJS2とのタイムアウト時間	0～600（<u>0</u>，OSのタイムアウト時間に依存）
3	IPCRETRYINTERVAL	通信エラー時のリトライ間隔	0～10（<u>1</u>）
4	IPCRETRYCOUNT	通信エラー時のリトライ回数	0～100（<u>3</u>）
5	SESSIONTIMEOUT	接続打ち切り時間	0～120（<u>120</u>）
6	CHARCODE	ユーザー定義データに格納される文字コード	{SJIS｜EUCS｜C}（Solaris：<u>EUC</u>，その他：<u>SJIS</u>）
7	HNTRLOGLEVEL	統合トレースの出力メッセージレベル	none｜<u>error</u>｜warn｜info
8	DATADIRECTORY	ルートスコープ用データディレクトリ	191バイト以内（<u>¦%install%¦¥JP1AJS2CM¥database</u>[*2]）
9	RECONNECTINTERVAL	JP1/AJS2 - Console Agentへの再接続間隔	30～3600秒（<u>300</u>）
10	TRACELOGFILE	トレースログファイル名	255バイト以内（<u>¦%install%¦¥JP1AJS2CM¥log¥trace.cm</u>[*2]）
11	IPC_CONNECTTIMEOUT	リモート通信接続タイムアウト値	0～600（<u>200</u>）

[*1] 表では10進数で表記しているが，実際の設定ファイルに指定できる値は16進数
[*2] ¦%install%¦はインストール・フォルダ。デフォルトはC:¥Program Files¥HITACHI

　以下のコマンドを実行し，JP1/AJS2 Console Managerをセットアップする。
　JP1/AJS2 Console Managerをセットアップすると，Windowsのサービス一覧には，JP1/AJS2 Console Managerサービスが[スタートアップ種類]が自動の状態で追加される。

```
¦%install%¦¥JP1AJS2CM¥bin¥ajscmsetup
```

② JP1/AJS2 Console Agentのセットアップ

　JP1/AJS2 Console Agentの環境設定をデフォルトから変更したいときは，JP1/AJS2 Console Agent環境設定ファイル[¦%install%¦¥JP1AJS2¥conf¥ajs2c a.confを編集してから，設定作業を行う。環境設定パラメータと，その定義内容を表5-2-6に示す。

表5-2-6●JP1/AJS2 Console Agentの環境設定項目

	環境設定パラメータ	定義内容	指定できる値(下線はデフォルト値)[*1]
	[JP1_DEFAULT¥JP1AJS2CONSOLEAGENT]		
1	MAXSESSION	Console-Managerの最大同時セッション数	0～64 (<u>16</u>)
2	HNTRLOGLEVEL	統合トレースに出力するメッセージレベル	{none | <u>error</u> | warn | info}
3	TRACELOGFILE	トレースログファイル名称	255バイト以内 (<u>/var/opt/jp1ajs2/log/tracelogca</u>)
4	ENABLEOPERATION	操作機能の許可	{<u>yes</u> | no}

[*1] 表では10進数で表記しているが，実際の設定ファイルに指定できる値は16進数

以下のコマンドを実行し，AJS2 Console Agentをセットアップする。

{%install%}¥JP1AJS2¥bin¥ajscasetup

　JP1/AJS2 Console Agentをセットアップすると，Windowsのサービス一覧には，[スタートアップ種類]が自動の状態でJP1/AJS2 Console Agentサービスが追加される。

③ JP1/AJS2 Console Viewのセットアップ

　JP1/AJS2 Console Viewを使用するには，JP1/AJS2-Viewをインストールしたホストで JP1/AJS2 Console Viewをセットアップする必要がある。
　JP1/AJS2 - ViewはWindows版のみの提供となるため，JP1/AJS2 - Viewをインストールした Windowsホスト上で，以下のJP1/AJS2 Console Viewセットアップコマンドを実行する。

{%install%}¥AJS2V¥bin¥ajscvsetup.exe

({%install%}：インストール・フォルダ。デフォルトではC:¥Program Files¥HITACHI)

　セットアップを完了すると，[スタート][プログラム][JP1_Automatic Job Management System2 - View]の下に[業務監視]という名称でAJS2 Console Viewを起動するメニューが追加される。

第6章
JP1トラブルシューティング
問題の解析と対処

JP1を利用したシステムの障害発生時には,その現象に応じた適切な対処方法が求められる。現象の確認方法や原因分析に必要な資料の取得方法,トラブルの現象別対処方法を解説する。

6.1 トラブルの対処手順
6.2 現象別の主な対応策

6.1
トラブルの対処手順

　トラブルが発生したときはまず，エラー・メッセージの確認を行う。JP1/AJS2 - Viewにポップアップなどでエラー・メッセージが表示された場合は，メッセージが意味する内容をマニュアルなどで確認し，原因を特定する。また，ポップアップなどのメッセージ表示がなくても，JP1製品のログ・ファイルやOSの情報などから，環境設定の誤りではないか，実行したプログラムのエラーではないか，OSや周辺環境のエラーではないかなどのエラーの原因を探し，適切な対応をとる必要がある。エラー情報を確認しても解決しない場合は，契約先のサポート・センターへ採取したログ情報を送り，調査を依頼する。図6-1-1は，トラ

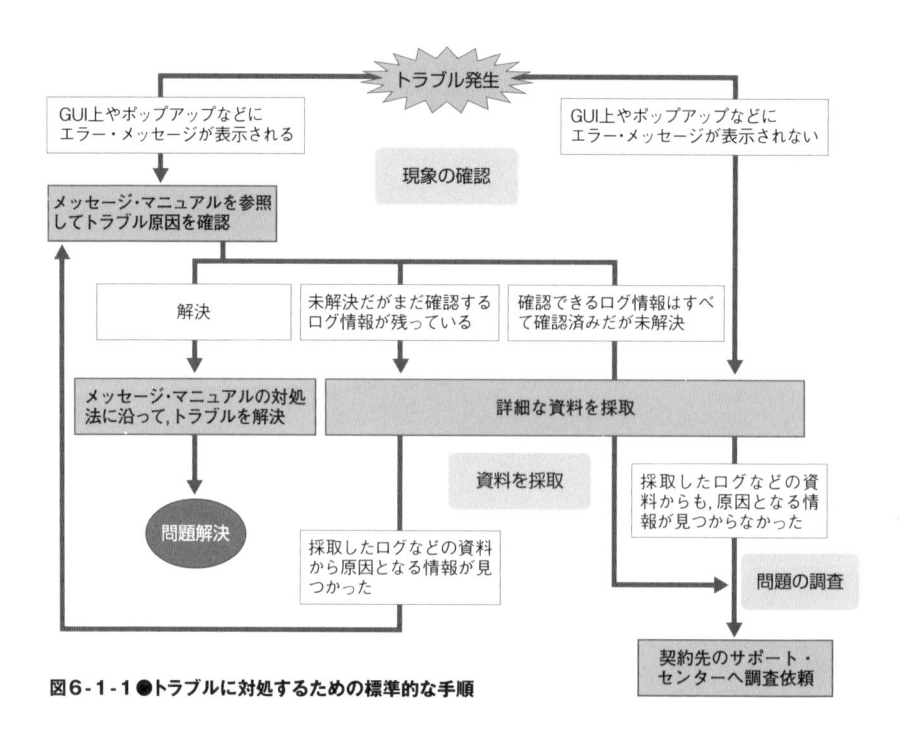

図6-1-1●トラブルに対処するための標準的な手順

ブル発生時の対処手順をまとめたフロー図である。

以下では，これらの対処方法について詳しく説明していく。

(1) 現象の確認

システムにトラブルが発生した際には，まず初めにエラー・メッセージを確認することが必要である。エラー・メッセージの確認方法を以下に説明する。

〈基本的なジョブ実行エラーの確認方法〉

実行したジョブが正常に終了しなかった場合，その原因をジョブネットモニタ画面で確認できる。ジョブの実行結果が正常終了しない場合には，まず以下の①～③の要領で，最初の問題の切り分けを行うとよい。

① 実行結果のステータスが「異常検出終了」など，正常終了していないジョブネットを右クリックし，[ジョブネットモニタ][結果]を選択する（図6-1-2）。

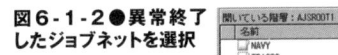

図6-1-2●異常終了したジョブネットを選択

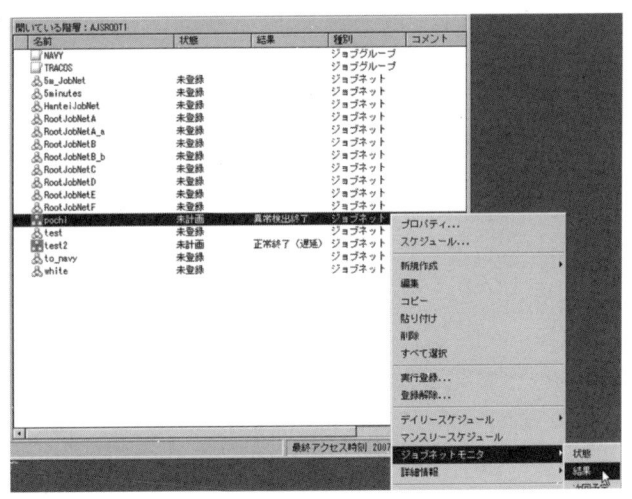

② [ジョブネットモニタ]画面上で異常終了となっているジョブをダブルクリックし[モニタ詳細]画面を表示する（図6-1-3）。

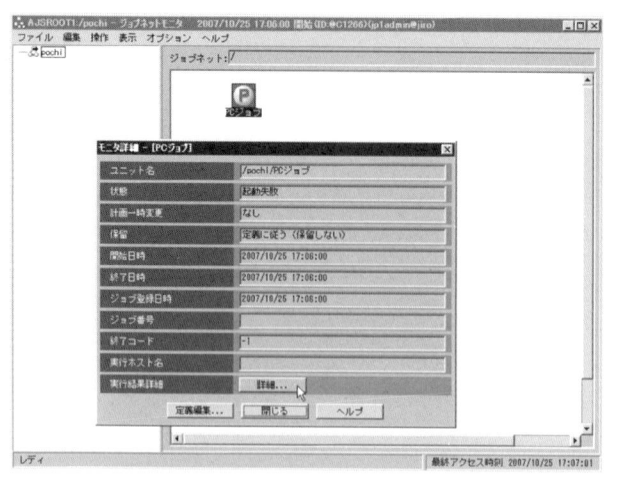

図6-1-3●異常終了したジョブネットの情報

③ [モニタ詳細] 画面の [詳細] ボタンをクリックして, [実行結果詳細] 画面で実行結果の詳細を確認する (**図6-1-4**)。

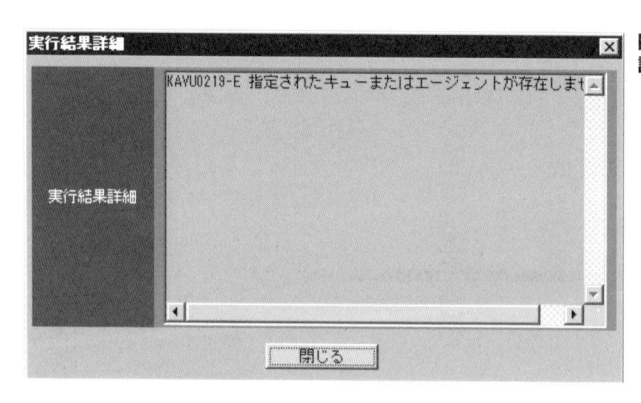

図6-1-4●実行結果の詳細情報

〈メッセージの出力形式〉

上記手順で確認したJP1製品に関連するメッセージは, メッセージIDとそれに続くメッセージ・テキストで構成されている。メッセージIDを構成する記号の概要を**表6-1-1**に示す。

> メッセージ出力形式：KSSS[n]nnn－Z　メッセージ・テキスト

表6-1-1●エラー・メッセージのメッセージIDの概要

値		説明
K		システム識別子
SSS (メッセージの分類)	AJP	JP1/Base (イベント・サービス) に関するメッセージ
	AVA	JP1/Base (ユーザ管理機能, セットアップ, イベント・サービス, 起動管理機能, 認証サーバーのユーザ管理機能, プラグイン・サービス, ヘルス・チェック) に関するメッセージ
	AVB	JP1/Base, AJS2 (コマンド実行, 構成管理, プロセス管理) に関するメッセージ
	AIU	JP1/Base (ISAMファイル) に関するメッセージ
	AVS	JP1/AJS2 (スケジューラ) に関するメッセージ
	AVT	JP1/AJS2 (イベント・アクション機能) に関するメッセージ
	AVU	JP1/AJS2 (ジョブ実行制御) に関するメッセージ
	AVV	JP1/AJS2 (JP1/AJS2-View) に関するメッセージ
[n]nnn		メッセージの通し番号
Z (メッセージの種類)	E	エラー。処理は中断される。(ただし, コマンドで複数の任意名を指定した場合, それぞれの任意名の処理に対して出力されるが, コマンドの処理は続行する)
	W	警告。メッセージ出力後, 処理は続けられる
	I	通知。ユーザーに情報を知らせる
	Q	応答要求。ユーザに応答を促す
	K	処理継続。処理を継続する

(2) 追加資料の採取

トラブル発生時に採取が必要な資料（Windowsの場合）

　ジョブ管理コンソール上などでエラー・メッセージの確認ができない場合は，関連する様々な情報を集めて，トラブルの要因を調べなければならない。一般に，トラブル発生時に採取すべき情報には以下の①～⑤がある。

第6章 JP1トラブルシューティング

① OSのシステム情報

表6-1-2 トラブル発生時に採取するOSのシステム情報

情報の種類	採取資料（コマンド，格納フォルダ，ファイル）
資料採取日時	date /tの実行結果 time /tの実行結果
Windowsイベント・ログ	アプリケーションログ {%sysfolder%}¥system32¥config¥AppEvent.Evt システムログ {%sysfolder%}¥system32¥config¥SysEvent.Evt
マシンに設定されている ホスト名の設定	{%sysfolder%}¥system32¥drivers¥etc¥hosts
マシンに設定されている サービス・ポートの設定	{%sysfolder%}¥system32¥drivers¥etc¥services
NICの実装状況	ipconfig /allの実行結果
起動サービス一覧	net startの実行結果
マシンの環境変数	setの実行結果
ワトソン博士のログファイル	{%user%}¥drwtsn32.log
クラッシュ・ダンプ	{%user%}¥user.dmp
マシンのシステム情報	msinfo32 /reportファイル名の実行結果

{%sysfolder%}：システムフォルダ（C:¥WINNTなど）　　{%user%}：ユーザー指定フォルダ

② JP1/BaseおよびJP1/AJS2の情報

表6-1-3●トラブル発生時に採取するJP1/BaseおよびJP1/AJS2の情報

情報の種類	採取する資料（コマンド，格納フォルダ，ファイル）
環境設定情報	{%install%}¥jp1base¥conf¥
	{%install%}¥jp1base¥conf¥default¥
	{%install%}¥jp1base¥plugin¥conf¥
	{%install%}¥jp1ajs2¥conf¥
	{%install%}¥jp1ajs2¥sys¥
	{%install%}¥jp1ajs2¥database¥
	{%install%}¥jp1ajs2¥jobinf¥
	{%install%}¥jp1ajs2¥tmp¥schedule
	{%install%}¥jp1ajs2v¥conf¥
共通定義情報	jbsgetcnfコマンドの実行結果
ログ情報	{%install%}¥jp1base¥log¥
	{%install%}¥jp1ajs2¥log¥
	{%install%}¥jp1ajs2v¥log¥
インストール・ログ	{%win_install%}¥Temp¥HITACHI_JP1_INST_LOG¥jp1base_inst{1|2|3|4|5}.log
イベント・サービスの設定情報	{%install%}¥jp1base¥sys¥tmp¥event¥
イベント・データベース	{%install%}¥jp1base¥sys¥event¥
コマンド実行履歴	{%install%}¥jp1base¥log¥COMMAND¥

6.1 ■トラブルの対処手順

表6-1-3 ● トラブル発生時に採取するJP1/BaseおよびJP1/AJS2の情報（つづき）

情報の種類	採取する資料（コマンド, 格納フォルダ, ファイル）
統合トレース・ログ	{%system%}¥Program Files¥Hitachi¥HNTRLib2¥spool¥hntr2{1|2|3|4|5}.log
ISAMの保守情報	Jischkコマンドの実行結果（Windows Vista以外）：{%install%}¥jp1base¥log¥Command¥
ファイル一覧	dir /s {%install%}¥jp1baseの実行結果
バージョン情報	{%system%}¥Program Files¥InstallShield Installation Information¥{F8C71F7C-E5DE-11D3-A21E-006097C00EBC}¥setup.ilg, setup.ini
パッチ適用履歴	{%install%}¥jp1base¥Patchlog.txt
JP1/Baseのバインド状況	netstat -naの実行結果
ネットワーク・アドレス解決のためのホスト名	jbsgethostbynameの実行結果
フォルダのアクセス権限	cacls {%install%}¥jp1base の実行結果
	cacls {%install%}¥jp1base¥log の実行結果
	cacls {%install%}¥jp1base¥log¥COMMAND の実行結果
	cacls {%install%}¥jp1base¥sys の実行結果
	cacls {%install%}¥jp1base¥sys¥event の実行結果
	cacls {%install%}¥jp1base¥sys¥event¥servers の実行結果
	cacls {%install%}¥jp1base¥sys¥event¥servers¥default の実行結果
日立統合インストーラのログ・ファイル	{%win_install%}¥Temp¥HCDINST¥

{%install%}：JP1インストール・フォルダ（デフォルトは, C:¥Program Files¥HITACHI）
{%win_install%}：Windowsのインストール・フォルダ
{%system%}：システム・ドライブ
{%ALLUSERSPROFILE%}：インストール時の環境変数 [%ALLUSERSPROFILE%] に設定されている値
＊Baseを物理サービスとして使用する場合は
　（1）イベント・サーバー・インデックス・ファイル（index）で別のパスを指定しているときは, 指定したパスから直接採取する
　（2）イベント・データベースやコマンド実行履歴を採取するときは, ファイル・サイズが大きくなる場合があるので事前にディスク容量を確認する

③ JP1/Base, JP1/AJS2のプロセス一覧

　WindowsのタスクマネージャでJP1/BaseとJP1/AJS2のプロセスの動作状況を確認する（プロセスの詳細については付録B「ジョブスケジューラのインストール手順」を参照）。

④ オペレーション内容

　トラブル発生時のオペレーション内容について, 表6-1-4の情報を記録する。

表6-1-4 ●トラブル発生時に採取するオペレーション内容

1	オペレーション内容の詳細
2	発生時刻
3	マシン構成(各OSのバージョン,ホスト名,JP1製品の構成など)
4	再現性の有無
5	Viewからログインしている場合,ログイン・ユーザー名

⑤ **画面上のエラー情報**

トラブル発生時に画面上でエラー情報がある場合は,**表6-1-5**に示す画面をハードコピーしておく。

表6-1-5 ●トラブル発生時に採取する画面情報

1	アプリケーション・エラーが発生した場合の操作画面
2	エラーを通知するダイアログ・ボックス画面(詳細ボタンがあればその内容も含む)
3	コマンド実行時にトラブルが発生した場合は[コマンドプロンプト]のウインドウ画面(コマンドに指定した引数も含む。画面を採取する際は,プロパティの[オプション]タブで[簡易編集モード]をチェックし,[レイアウト]タブの[画面バッファのサイズ][高さ]を「500」に設定しておく)

資料の採取方法

上記の資料は,個別に一つずつ採取することもできるが,JP1製品では必要な情報をまとめて採取するためのツールが用意されている。ツールを使った資料の採取手順は,以下の①～④の通りである。

① **資料採取ツールの実行**

〈JP1/Baseの場合〉

JP1/Baseで提供している採取コマンド(jbs_log.bat)を実行することで,実行したマシン上のJP1/Baseの障害調査に必要な資料を採取できる。ただし,採取する資料の総容量は使用するマシンの環境によって大きく異なる。実行前に,以下の方法で容量を見積もり,使用するマシンの空き容量を確認する必要がある。

1.採取する資料の容量見積もり(jbs_log.batで物理ホストを指定した場合)

フォルダのデータ・サイズは,エクスプローラ上で右クリックをして表示されるメニューの[フォルダのプロパティ]画面で確認できる。おおよそのデータ・サ

イズは以下の通り。

```
データサイズ＝5＋a＋b＋c＋d（Mバイト）
```

a：フォルダ {%install%}¥jp1base¥log¥のデータ・サイズ以下（最大45Mバイト）
b：フォルダ {%install%}¥jp1base¥sys¥のデータ・サイズ以下（最大55Mバイト）
c：ワトソン博士のログおよびクラッシュ・ダンプのデータ・サイズ
d：以下の二つのファイルのサイズの合計値
　　{%sysfolder%}¥system32¥config¥AppEvent.evt
　　{%sysfolder%}¥system32¥config¥SysEvent.evt

2. ツールの実行

　　実行例）C:¥usertools¥jbs_log.bat 資料格納フォルダ
　資料格納フォルダはフルパスで指定（パスに空白を含む場合は，["]で囲んで指定する）。ツールを実行すると，指定した資料格納フォルダの下にjp1defaultフォルダが作成される。このフォルダの下にbase_1stとbase_2ndのフォルダが作成され，その中に採取した資料がコピーされる。必要に応じて採取した資料を圧縮ツールなどで圧縮する。

〈JP1/AJS2の場合〉
　資料採取ツールの環境設定を行ってから，資料採取ツールを実行する。資料採取のためのバッチファイルのサンプルが提供されているので，システム環境に合わせて編集して使用する。

1. 資料採取ツールの環境設定

　［エクスプローラ］などを使って，**表6-1-6**に示す「資料採取サンプルバッチファイル」を任意のフォルダにコピーしてファイル名を変更し，編集する。
　トラブルが発生した場合にメモリー・ダンプまたはクラッシュ・ダンプが必要となることがある。トラブル発生時にこれらのダンプを採取する場合は，あらかじめ以下の設定が必要になる。

表6-1-6●資料採取のためのサンプル・バッチファイル

JP1/AJS2-Manager, JP1/AJS2-Agent	{%install%}¥jp1ajs2¥tools¥_04.bat (同一ホスト上のJP1/AJS2-Viewのログ情報も含む)
JP1/AJS2-View	{%install%}¥jp1ajs2v¥tools¥_04.bat (同一ホスト上のJP1/AJS2-Manager, JP1/AJS2-Agentのログ情報も含む)

● メモリー・ダンプの出力設定(Windows Server 2003の場合)

コントロールパネルの[システム]をダブルクリックし、[詳細設定]タブの[起動と回復][設定]ボタンをクリックする。[デバッグ情報の書き込み]で[完全メモリダンプ]を選択し、[ダンプファイル]に出力先のファイルを指定する。搭載している物理メモリーが大きいと、メモリー・ダンプのサイズも大きくなるので、メモリー・ダンプを保存できるだけのディスク領域を確保しておく必要がある。

● クラッシュ・ダンプの出力設定

[ファイル名を指定して実行]から「drwtsn32」を実行し、[ワトソン博士]ダイアログを表示する。[クラッシュダンプファイルの作成]をチェックして、[クラッシュダンプ]に出力先のファイルを指定し、[OK]ボタンをクリックする。クラッシュ・ダンプに出力される情報は、JP1だけでなく他のアプリケーションのトラブル情報も出力される。またクラッシュ・ダンプが出力されても十分なディスク領域を確保しておく必要がある。

2. ツールの実行

実行例) C:¥usertools¥_04.bat

資料採取ツールの実行結果は、デフォルトでは[%TEMP%¥JP1ajs2¥backlog]下のフォルダに出力される。これらのフォルダをバックアップする。

② JP1/Base, JP1/AJS2のプロセス状態の確認

Windowsの[タスクマネージャ]を起動し、[プロセス]タブでプロセスの動作状態を確認する(プロセスの詳細については付録B「ジョブスケジューラのインストール手順」参照)。

③ オペレーション内容の確認
　トラブル発生時の178ページの表6-1-4のオペレーション内容を確認しておく。

④ 画面上のエラー情報の採取
　トラブル発生時に画面上でエラー情報がある場合は，178ページの表6-1-5の画面のハードコピーを採取する。

〈問題の調査〉
　資料を採取し，ログ情報を確認してもトラブルを解決できない場合は，契約しているサポート・センターへ採取した資料を送り，問題要因の調査を依頼する。

〈トラブル対処に失敗しないためのポイント〉
- コマンドやツールを実行するときは，正しい実行権限を持つユーザーで実行しているか確認する
- 資料を採取する場合，出力先に十分なディスク領域があるか確認する
- 資料を採取する場合，必要であれば既存の資料を退避しておく

6.2
現象別の主な対応策

　JP1/AJS2で自動化した業務システムを運用中に発生する可能性のあるJP1製品に関するトラブル例とその対応策を解説する。

● サービス関連のトラブル

表6-2-1 ● 認証サーバーが起動しない

状況1		メッセージID
認証サーバーが起動しない		—
要因	[JP1/Base環境設定]画面の[認証サーバ]タブで,認証サーバーとして自ホストを指定していない場合,認証サーバーは起動しない。JP1/Baseの新規インストール時に「自動セットアップ」を選択していない場合は起動しないようになっている	
対処	[JP1/Base環境設定]画面の[認証サーバ]タブの[認証サーバ]に自ホストを指定する	

表6-2-2 ● JP1/AJS2のサービスが起動しない

状況1		メッセージID
JP1/AJS2のサービスが起動しない (統合トレース・ログにメッセージを出力)		KAVU3286-E
		KAVU3272-E
要因	JP1/AJS2のサービス起動に必要な論理ホスト名,または認証サーバー名が設定されていない。またはIPアドレスを解決できない名称である可能性がある	
対処	JP1/Baseの認証サーバーの設定が完了しているか確認する。hostsファイルなどを見直し,認証サーバーのIPアドレスが正しく設定されていることを確認してから,JP1/AJS2を再起動する	

状況2		メッセージID
JP1/AJS2のサービスが起動しない (統合トレース・ログにメッセージを出力)		KAVU5285-E
		KAVU5284-E
要因	JP1/AJS2の運用に必要なシステム資源(セマフォなど)が不足している可能性がある	
対処	システム資源の見積もりを確認し,適切な値に修正してからJP1/AJS2を再起動する	

状況3		メッセージID
JP1/AJS2のサービスが起動しない (統合トレース・ログにメッセージを出力)		KAVU1203-E (要因番号:12)
		KAVU1024-E (要因番号:12)
要因	JP1/AJS2サービスを起動するために必要なメモリーが不足している可能性がある	
対処	メモリー容量の見積もりを見直し,他の不要なアプリケーションが起動されている場合はアプリケーションを停止してから,JP1/AJS2のサービスを再起動する	

6.2 現象別の主な対応策

表6-2-3 ● JP1/AJS2のサービス起動に時間がかかる

状況1	メッセージID
JP1/AJS2のサービスの起動に時間がかかる	―
要因	JP1/AJS2は，起動時に認証サーバーに対して初期化処理を要求する。その際，認証サービスが起動していなくてもJP1/AJS2は起動するが，起動に時間がかかる
対処	認証サーバーを起動したあと，JP1/AJS2を起動する

状況2	メッセージID
JP1/AJS2のサービスの起動に時間がかかる	―
要因	ISAMデータベースを使用しているマネージャ環境で長期間無停止，かつデータベースのメンテナンスをしていない場合，ISAMファイル自動再編成機能を設定しているとサービス起動時にISAMデータベースの再編成が実行され起動時間が長くなる
対処	以後運用で定期的にサービス再起動を運用に取り入れるか，メンテナンスモードを利用して定期的にシステム稼動時にISAMデータベースの再編成を実行する

表6-2-4 ● JP1/AJS2のサービス停止に時間がかかる

状況1	メッセージID
JP1/AJS2-Managerのサービス停止に時間がかかる	―
要因	JP1/AJS2-Managerでは，ジョブの実行登録数がサービスの停止時間に影響する場合がある
対処	ジョブ定義の見直しなどを行い，1台のJP1/AJS2-Managerに登録するジョブの実行登録数を減らすことを検討する

● ジョブ実行関連のトラブル

表6-2-5 ● ジョブネットの登録に失敗する

状況1	メッセージID
ジョブネットの実行登録がエラーになって失敗する	―
要因	● スケジュール・ルールで開始日に過去の日付を指定し，かつ処理サイクルを設定していない ● スケジュールルールで，開始日に不正な日付（例えば2/30など）を指定している・スケジュールルールで，開始日に「休業日」を指定しているにもかかわらず，使用するカレンダー定義に休業日が設定されていない ● スケジュールルールで，開始日に「休業日」を指定しているにもかかわらず，休業日の振り替え方法で「実行しない」を指定している ● スケジュールルールで，休業日の振り替え方法に「実行しない」を指定しているにもかかわらず，使用するカレンダー定義にすべて休業日が設定されている ● 排他スケジュールに指定したジョブネットと同じスケジュールルールが設定されている（すべての実行予定が排他スケジュールの対象となる） ● 上位のジョブネットのスケジュール・ルール番号と対応するスケジュールルール番号から同一実行日が算出できない定義をしている ● カレンダーを参照するジョブグループや排他スケジュールで不正なユニット（指定したユニットがないなど）を指定して，ジョブネットが"閉塞"状態になっている ● 実行予定が近接しているスケジュールで計画実行登録し，スケジュール通り実行予定が生成されない（計画実行登録では，実行予定が近接していると，そのときの状態や時刻によって動的にスケジュールを変更する）
対処	要因となるようなスケジュールを，ルートジョブネットのスケジュールルールに設定しない

表6-2-6 ● ジョブの起動に失敗する

状況1		メッセージID
ジョブ[標準，アクション，カスタム]を実行すると起動に失敗する（統合トレース・ログにメッセージを出力）		KAVU4571-W
要因	ジョブを実行するホストにユーザー・マッピングが設定されていない。または指定したJP1ユーザーや実行するホストにユーザー・マッピングが設定されていないなどの可能性がある	
対処	ユーザー・マッピングの設定を確認し，ジョブを再実行（再登録）する	

状況2		メッセージID
ジョブ[標準，アクション，カスタム]を実行すると起動に失敗する（統合トレース・ログにメッセージを出力）		KAVU4512-W
		KAVU4511-W
要因	ジョブの実行ホスト名やキュー名が不適切な可能性がある	
対処	ジョブの実行環境が正しく作成されていることを確認する。エージェント名とキュー名の確認終了後，ジョブを再実行（再登録）する	

状況3		メッセージID
ジョブ[標準，アクション，カスタム]を実行すると起動に失敗する（統合トレース・ログにメッセージを出力）		KAVU4514-W
要因	キューがジョブを受け付ける状態になっていない可能性がある	
対処	jpqqueshowコマンドを実行し，キューのジョブ受付口の状態（ENTRYSTATUS）を確認する（エージェントのデフォルト・キューのジョブ受付口の状態を確認する場合は，[-ah]オプションとともにエージェント名を指定。その他のキューのジョブ受付口の状態を確認する場合は，[-q]オプションとともにキュー名を指定）。ジョブ受付口が閉じられている場合（ENTRYSTATUS：CLOSE），jpqqueopenコマンドを実行し，ジョブ受付口を開く	

状況4		メッセージID
ジョブ[標準，アクション，カスタム]を実行すると起動に失敗する（統合トレース・ログにメッセージを出力）		KAVU4515-W
要因	ジョブ数が，キューイング可能な最大値に達した可能性がある	
対処	jpqqueshowコマンドを実行し，サブミット・ジョブ数の最大値（MAXQUEUE）を確認する。運用時は，サブミット・ジョブ数が最大値以下になるようにする。サブミット・ジョブ数の最大値を変更するには，jpqimportコマンドを実行し，ジョブ実行環境データベースを再構成する	

状況5		メッセージID
ジョブ[標準，アクション，カスタム]を実行すると起動に失敗する（統合トレース・ログにメッセージを出力）		KAVU4531-W
要因	エージェントのホスト名が不適切であるか，IPアドレスを解決できない名称である可能性がある	
対処	エージェントのホスト名が適切であること，またhostsファイルなどでIPアドレスが解決できる設定になっていることを確認する（Active Directory環境の場合，FQDNを使用してジョブ管理マネージャとジョブ実行エージェント間でやり取りをしていることがあるので注意が必要）	

表6-2-7 ● ジョブが異常終了する

状況1		メッセージID
ジョブ[標準, アクション, カスタム]を実行すると異常終了する		—
要因	ジョブに指定したファイル名が不適切な可能性がある	
対処	ジョブ実行ファイル名(Windowsでは「実行ファイル名」), 環境変数ファイル名, 標準入力ファイル名が重複していないかを確認する	

状況2		メッセージID
ジョブ[標準, アクション, カスタム]を実行すると異常終了する(統合トレースログにメッセージを出力)		KAVU4254-E
		KAVU5287-E
要因	ジョブ実行時にジョブ実行環境のISAMファイルにアクセスできていない (1) JP1/AJS2の資料採取ツール「_04.bat」を実行している, (2) JP1/BaseまたはJP1/AJS2のISAMデータベースの検証やコンデンスなどISAMデータベースを操作するコマンドを実行している(jpgdbcond -L コマンドは含まない) (3) バックアップ・プログラムを実行している可能性がある	
対処	(1)〜(3)のような作業が, ジョブの実行時間と重ならないように運用する	

状況3		メッセージID
ジョブ[標準, アクション, カスタム]を実行すると異常終了する		—
要因	マネージャとエージェント相互の名前解決が出来ていない可能性がある	
対処	マネージャはエージェントのホスト名でジョブ実行ホストを指定する。また, 相互にhostsファイル, DNSなどで名前解決できるように設定する必要がある	

表6-2-8 ● ジョブを実行できない

状況1		メッセージID
ファイアウォール環境で, ジョブ[標準,アクション,カスタム]を実行できない		—
要因	JP1/Base, JP1/AJS2で使用するポートで通信できない設定になっている可能性がある	
対処	ファイアウォールの設定を確認し, JP1/AJS2-ManagerとJP1/AJS2-Agent, JP1/AJS2-ManagerとJP1/AJS2-Viewが, それぞれのホスト間で必要なポートで通信できるように設定しておく	

表6-2-9 ● ジョブネットの実行登録解除に時間がかかる

状況1		メッセージID
実行登録されているジョブネットを登録解除すると, 操作が戻ってくるまでに時間がかかる		—
要因	ジョブネットの実行履歴の保存数が多いため, 実行登録解除の際の削除に間がかかる	
対処	ジョブネットのプロパティの設定で「保存世代数」を減らす	

表6-2-10 ●スケジュールを登録できない

状況1	メッセージID
スケジュールを登録をした際に、「KAVV532-E 有効な開始日定義が無いため、ジョブネットは登録できません」というメッセージが出力された	KAVV532-E

要因	処理サイクルなしで開始日が過去の日付になっている，カレンダー定義が全て休日となっているなど，実行日を算出できないスケジュールを定義してしまった可能性がある
対処	スケジュール定義やカレンダー定義を見直す

● その他のトラブル

表6-2-11 ●JP1/AJS2にログインできない

状況1	メッセージID
AJS2-Viewでログインできない （AJS2-Viewへのログイン時にメッセージを出力）	KAVV412-E

要因	AJS2-Viewのホストから，接続先AJS2-Managerのホスト名が解決できていない可能性がある
対処	AJS2-Viewのホストと，接続先AJS2-Managerのホスト間でホスト名が解決できるように設定する

状況2	メッセージID
AJS2-Viewでログインできない （AJS2-Viewへのログイン時にメッセージを出力）	KAVV459-E

要因	(1) AJS2-Managerで設定している認証サーバーのホスト名の指定に誤りがある可能性がある， (2) 認証サーバーのホスト名の指定が正しい場合は，認証サーバーが起動していない可能性がある
対処	(1) 接続先AJS2-Managerの認証サーバーのホスト名の指定に誤りがないか確認する， (2) 接続先AJS2-Managerで認証サーバーが起動しているか確認する

表6-2-12 ●長時間のジョブ運用で処理性能が低下する

状況1	メッセージID
長時間のジョブ運用で処理性能が低下する	－

要因	ISAMデータベースの無効領域の増大，可変長テーブルのフラグメンテーションの発生などが起こっている可能性がある
対処	ISAMデータベースの再編成を行う

ISAMデータベースとは

　ISAM（Indexed Sequential Access Method）方式のデータベースで，データに索引をつけて管理する。JP1/Baseに標準でバンドルされているため，JP1/Automatic Job Management System 2用の標準データベースとしても使われる。製品インストール時にデフォルトで設定されるので，改めてセットア

6.2 現象別の主な対応策

表6-2-13 ● ManagerとAgentが通信できない

状況1	メッセージID
ManagerとAgentが通信できない （複数LAN環境の場合）	—
要因	ManagerもしくはAgentが複数のIPアドレスを持ち複数のLAN環境に接続している場合、hostnameコマンドで取得できるホスト名で名前解決されたIPとは異なるIPアドレスを使って、通信を試みている可能性がある
対処	該当するサーバーで以下の対処を行う ● JP1/Base独自の名前解決手段であるjp1hostsファイルを定義する ● JP1/Base共通定義の通信方式の設定を変更する ● イベント・サービスの通信設定を変更する ● 最後にJP1/Automatic Job Management System 2、JP1/Baseを再起動する

表6-2-14 ● 誤ってジョブを実行してしまった

状況1	メッセージID
誤ってジョブの実行を開始してしまった	—
要因	ジョブ実行登録時に、スケジュール登録するつもりが誤って即時実行してしまった場合など
対処	「ajskill」コマンドでジョブを強制終了する。JP1/AJS2 - Viewからは、[ジョブネットモニタ]画面、[デイリースケジュール]画面、[マンスリースケジュール]画面の[操作][強制終了]から強制終了する

ップする必要はない。ただし、以下のISAMの仕組みより、定期的なISAMデータベースの再編成が必要である。

ISAMデータベースの仕組み

ISAMデータベースは、データの実体を格納する「データ・ファイル」と、データへのアクセスを高速化するためのインデックスを管理する「キー・ファイル」で構成される。レコードを削除しても無効領域となるだけで、ファイル・サイズは変わらない。この仕組みのため、ISAMデータベースを使用した場合、日々の運用でファイル・サイズの肥大化やフラグメンテーションによる性能低下の問題が発生する。また、突然の電源ダウンで強制停止された場合などは、ISAMファイルのインデックスが不整合となる恐れもある。

こうした課題は、業務の規模や処理量に応じて、適切な時期にISAMデータベースを再編成することで解決できる。JP1/AJS2については、データベースを持たないため再編成を実行する必要はない。

ISAMデータベースの再編成の方法

　JP1/AJS2-Managerでは，メンテナンス・コマンド(jajs_maintain)を使って，マネージャ機能やスケジューラ・サービス機能を縮退してISAMデータベースをメンテナンスできる。そのため，メンテナンス時もジョブ運用を停止させる必要がない。また，メンテナンス・コマンドはJP1/AJS2からスケジュール実行できるので，メンテナンスを意識しないで長時間の運用が可能となる。

第7章
JP1を活用した運用ライフサイクル

ジョブスケジューラの導入で達成した業務改革は，継続的にPDCAを実践することで，効果の維持やさらなる改善を実現できる。システム運用のライフサイクルを支えるソリューションを解説する。

7.1 システム運用のPDCA
7.2 PDCAに役立つ運用改善ノウハウ

7.1 システム運用のPDCA

前章までに解説してきた通り,ジョブスケジューラの導入は,システム運用業務に多くの効果をもたらす。手作業だった業務を自動化して,運用担当者の作業負担を軽減できる。人手を介さない業務は,内部統制の強化にもつながる。

ただし,システムの運用は,絶え間なく変化している。情報システムそのものも,それを活用するユーザーの業務も,常に変化しているからだ。そのため,いったん運用を自動化したシステムでも,結果を評価しながら,運用ライフサイクルを通じた改善を続けなければならないのである。

そのためには,運用するシステムの状態を測定したり,その変化の傾向を分析したりすることが重要になる。その結果から将来の業務量の増加やトラブルの発生を予測し,予測結果を次のシステム運用の実施計画につなげていく。つまり,運用業務の「PDCA (Plan, Do, Check, Action)」の実践が不可欠である。

業務の自動化という観点で考えると,PDCAの各サイクルは,次のように当てはめることができる。

- **構築 (Plan)**　：業務の設計/定義/入力/変更
- **運用 (Do)**　　：スケジュールに沿った確実な業務の運行
- **監視 (Check)**：日々の業務の正しい運行の確認
- **評価 (Action)**：作業量/時間/将来の見込み把握

各サイクルを実行する上で重要となるポイントを**表7-1-1**に示す。JP1のジョブ管理では,システム運用の自動化におけるPDCAの実践に役立つツールが多数提供されている(**図7-1-1**)。例えば,構築(Plan)のフェーズで,定義済みの多数のジョブの定義変更が必要になった場合,ジョブ定義を一括変換するツール「JP1/Automatic Job Management System 2 - Definition Assistant (JP1/AJS2 - DA)」を使えば,効率よく変更作業を実施できる。

表7-1-1 ● システム運用のPDCAサイクルを実行するときのポイント

サイクル	役割	ポイント
構築（Plan）	業務の設計/定義/入力/変更	(1) 直感的に業務の流れを把握できること (2) 多量のデータを効率良く入力できること (3) 効率良く変更作業ができること
運用（Do）	スケジュールに沿った確実な業務の運用	(1) 人手を介さない業務運用であること (2) 異常時に備え直感的に業務の流れを把握できること (3) 安定したインフラ上で運用できること
監視（Check）	日々の業務が正しく運用されているか確認	(1) 異常な兆候をとらえ、障害を事前防止できること (2) 障害発生時に、障害になった業務を直感的に確認して短時間で回復できること
評価（Action）	作業量/時間/将来の見込みを把握する	(1) 潜在する問題を可視化して、分析しやすくすること (2) ボトルネックを容易に把握できる仕組みを作ること (3) 手作業による確認作業を排除すること

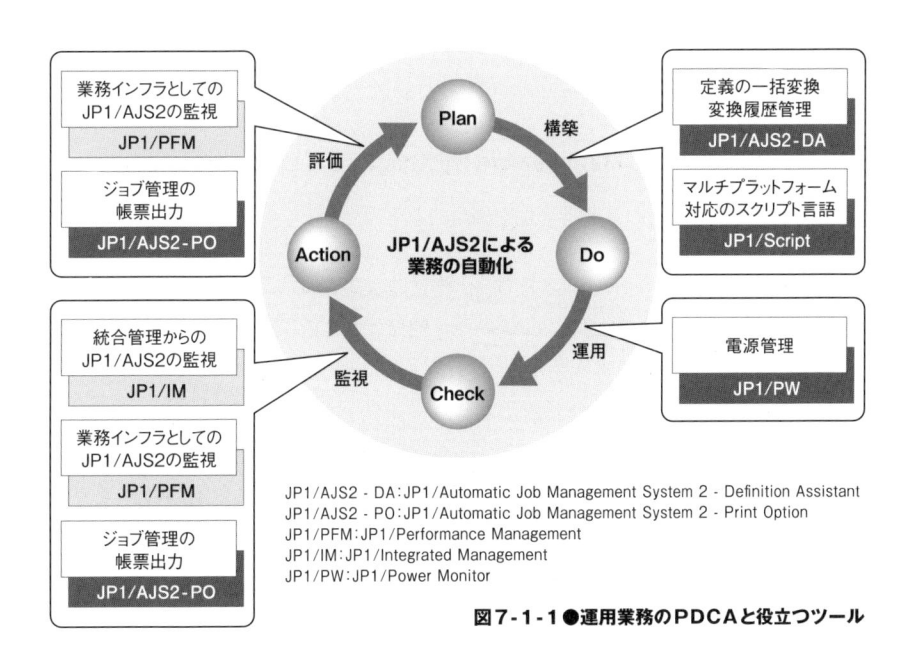

JP1/AJS2 - DA：JP1/Automatic Job Management System 2 - Definition Assistant
JP1/AJS2 - PO：JP1/Automatic Job Management System 2 - Print Option
JP1/PFM：JP1/Performance Management
JP1/IM：JP1/Integrated Management
JP1/PW：JP1/Power Monitor

図7-1-1 ● 運用業務のPDCAと役立つツール

　以下では，システム運用のライフサイクルで直面しがちな課題と，それを解決するJP1を活用したソリューションを解説していく。

7.2
PDCAに役立つ運用改善ノウハウ

(1) 大量のジョブ定義を一括変更したい

定義していたジョブのネーミング・ルールが急に変更された。速やかに変更を行うとともに，修正漏れがないかを確認しなければならなくなった。ジョブ定義を一括で変更する方法はあるか？

ソリューション
ジョブ一括定義オプション
（JP1/Automatic Job Management System 2 - Definition Assistant）

S社の課題
システム・インテグレータのS社は，仕様に基づいたジョブ約1200個を定義し，顧客の銀行に納入することになっていた。開発はS社の開発センターで行い，テスト済みのジョブを納入する予定だった。

しかし納入直前に，顧客の都合により，ジョブ定義におけるネーミング・ルールの変更が発生し，すべての実行ファイル（.EXE）の名称に1文字追加しなければならなくなった。1200個のジョブを手作業で修正するのは現実的な作業ではなく，作業コストの増大や修正不備によるトラブルを招く。効率よくこの変更作業を実施するとともに，修正漏れがないかを確認しなければならなくなった（図7-2-1）。

解決策 Excelで編集して一括変更
ジョブ一括定義オプション（JP1/AJS2 - Definition Assistant）を使って，ジョブの定義をExcelのテンプレートで一括変更した。

ジョブ一括定義を使えば，Excelのテンプレートで編集した大量のジョブスケ

7.2 ■ PDCAに役立つ運用改善ノウハウ

図7-2-1●ユーザーの課題：大量のジョブ定義を一括変換したい

ネーミング・ルールの変更により実行ファイル名を「job001.exe」から「job0001.exe」に変更

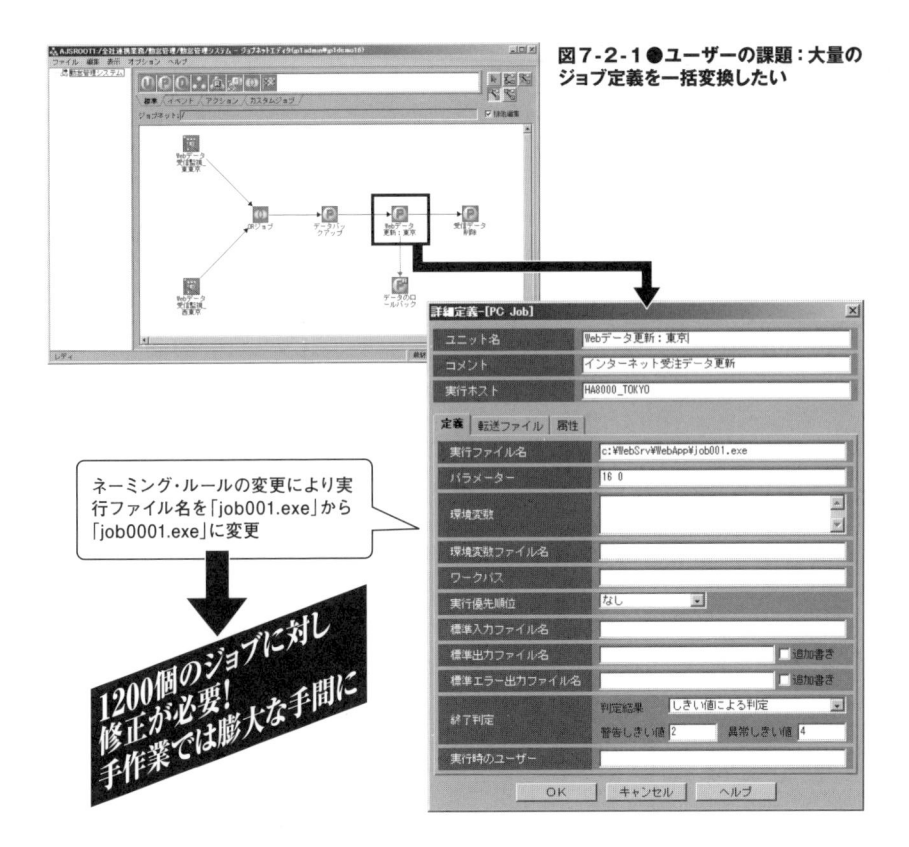

1200個のジョブに対し修正が必要！手作業では膨大な手間に

　ジューラの定義情報を，ジョブ管理マネージャに登録できる。また，ジョブ一括定義の定義情報を，Excelのテンプレートに取り込むことも可能だ。Excelのテンプレートでは，オートフィルやオートフィルターなどのExcelの機能を使って，効率よく定義情報の入力や編集ができるので，ネーミング・ルールの一括変更も容易だ。Excel上で修正漏れを確認し，定義一覧を印刷して納品時の事前確認を行うことができた（図7-2-2）。

　ジョブ一括定義オプションは，S社の開発センターで開発・テストしたジョブを納品して本番環境に移行するときにも活用した。本番環境と開発環境では，ホスト名やIPアドレスなど異なる部分がある。そのため，ジョブ定義を本番環境に移行するときに，修正作業が発生する。JP1のジョブ一括定義オプションを利

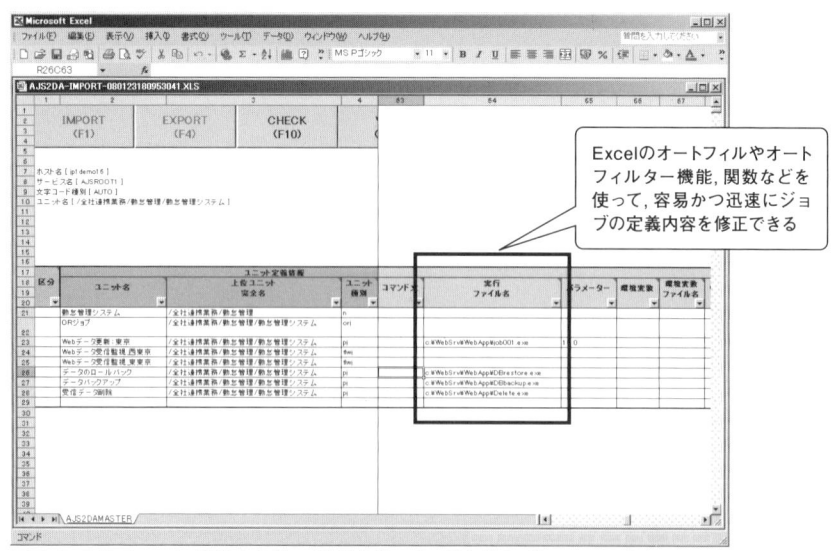

図7-2-2●Excelで編集したジョブ定義をジョブ一括定義オプションで反映する

用すれば,これらの修正を,一括して行うことができる。

〈ジョブ一括定義オプションのメリット〉
●Excelファイルによる納品と,開発環境から本番環境へのスムーズな移行
　開発環境の定義情報をリムーバル・メディアに書き出し,本番環境で読み込むことで,容易に本番環境にジョブ定義を登録できる。
●Excelの機能を活用した定義や修正の効率アップ
　オートフィルやオートフィルター機能を活用して編集作業を効率化できる。
●Excel表の印刷による簡易ドキュメント化
　Excelの表を印刷することで,簡易ドキュメントとすることができる。別に,ビジュアルなジョブネット図を印刷する「運用情報印刷オプション」もある。

(2) マルチプラットフォームでアプリケーションを共通化したい

　UNIX環境での使用を想定してプログラム開発を検討していたが，Windows版で開発しなければならなくなった。UNIXとWindowsで共通に開発/実行でき，必要に応じてカスタマイズも可能な仕組みはあるか？

ソリューション

ジョブ制御言語（JP1/Script）

T社の課題

　パッケージ・ベンダーT社は，金融商品の配信サービス向けパッケージ・ソフトを開発している。証券取引所や商品取引所の相場情報を受信し，アナリスト情報を加え，契約者の必要な情報に絞り込んで配信サーバーへ伝送する製品である。システムは，データの加工や分類などを行うプログラム群からなり，業務に応じてこれらのプログラムを組み合わせ，連携して実行させる必要がある。

　当初は，UNIX環境での使用のみを想定して開発を検討していたが，顧客の中堅証券会社の担当者から，Windows版のプログラムも提供してほしいと要望を受けたのである（図7-2-3）。

図7-2-3●ユーザーの課題：UNIXとWindowsでアプリケーションを共通化したい

しかしWindows環境では、言語機能が不足していてバッチ・ファイルでの実現は困難。その上、プログラムの作成も工数や開発環境の観点から難しい。さらに、UNIXとWindows向けに別々に開発すると、それぞれに開発やメンテナンスを行うのは非効率である。UNIXとWindows向けに、共通の開発が望ましい。

パッケージ・ソフトは、顧客のニーズに合わせてカスタマイズできることも条件である。プログラムにカスタマイズ機能を組み込むのは多大な費用がかかるため、カスタマイズ機能が豊富で、容易に開発できるツールが必要である。

解決策 WindowsとUNIXでスクリプトを共有

JP1のジョブ制御言語（JP1/Script）によって、WindowsとUNIX向けの開発を共通化できた（**図7-2-4**）。ジョブ制御言語には、Windows、UNIXで共通

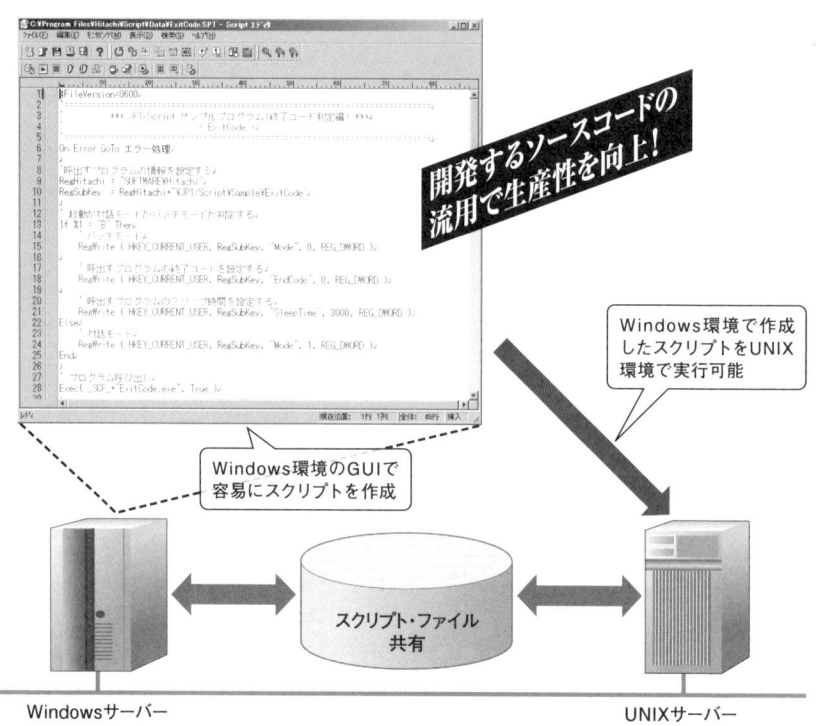

図7-2-4 ● ジョブ制御言語を使って、異機種環境向けの開発生産性が向上

のスクリプト言語が提供されている。専用関数によるカスタマイズ機能を使って容易にプログラムを開発でき，開発生産性を上げることができる。

〈ジョブ制御言語のメリット〉
- UNIX，Windows共通のスクリプト言語
 Windows環境で開発したスクリプトをUNIX環境で実行できる。
- 豊富なカスタマイズ機能
 ジョブ制御言語が提供する専用の関数を使用して，開発生産性を向上できる。

(3) 電源投入やシステム起動を自動化したい

サーバーの電源投入とシステムの起動，業務終了後のシステムのシャットダウンまでを自動化したい。どうすればよいか？

ソリューション
電源管理（JP1/Power Monitor）

U社の課題

ホームセンターU社の店舗では，バックヤードに設置したストア・コントローラ（Windowsサーバー）でPOSのコントロールや在庫管理，検品，アルバイト／パート従業員の勤怠管理などを行っている。また，売上情報などを毎日閉店直後に本部へ転送している。店長は閉店後に，ストア・コントローラの業務メニューから「集計」処理を実行し，1日の売り上げなどを確認する。その後，本部への「報告」メニューを実行して，必要なファイルを転送するのが日課だった。

しかし，以前よりも閉店時刻が遅くなっている上，アルバイト応募者の面接など閉店後の業務も多く，コンピュータに向かう時間は，少しでも短くしたいと考えていた。また開店前には，本部から送られてくる同業他社の近隣店舗の安売り情報をチェックし，必要に応じて価格の見直しやバーコード・ラベルの張り替えなどを行わなくてはならない。

そのため，店舗の営業時間前後の労働時間が増加し，ミスを誘発していた。お

図7-2-5●ユーザーの課題：店舗サーバーの起動や業務処理を自動化したい

朝
- 他店の安売り情報のチェック
- 価格の見直し
- バーコード・ラベルの張り替え
　：
開店前にやることがたくさん…

夜
- 本部へ売り上げ情報転送
- アルバイト応募者の面接
　：
閉店後もやることがいっぱい…

開店前，閉店後に手動でやることが多すぎて，作業ミスをしてしまった…

繁忙期は処理するデータが多すぎで処理が終わらない。PCの電源を切れなくて帰れない…

盆や年末などの繁忙期は，多忙のため，コンピュータの電源を入れっぱなしにすることもある。こうした問題を解決できないか，本部の情報システム部門と対策を検討した（図7-2-5）。

解決策　電源の自動制御で運用を無人化

　情報システム部門では，コンピュータの電源オン・オフを行うツールの導入を検討し，JP1の電源管理「JP1/Power Monitor」を導入することにした。電源管理はサーバーの無停電電源装置（UPS）と連携させて，指定した日時に自動で電源を投入または切断したり，特定ジョブの実行終了を待ってから，自動的に電源を切断したりすることなどが可能になる。

　U社は，店長が出勤する前にストア・コントローラ（Windowsサーバー）の電源を自動で投入してOSを立ち上げるとともに，本部のサーバーにアクセスして，指示事項ファイルをダウンロードしておくことにした。これにより，店長は出勤と同時に，その日の指示事項を確認できるようになった。

　閉店後は，「集計」処理を実行するだけで，集計処理を行って必要な書類をプリ

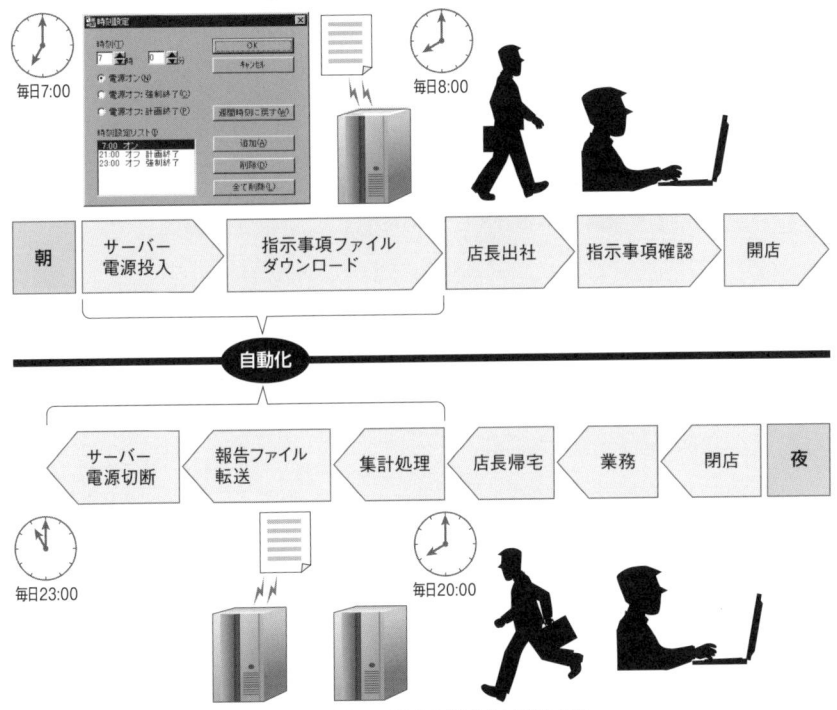

図7-2-6 ●電源制御の導入による自動化で，朝晩の業務を効率化する

ントアウトした後，本部への報告ファイルの転送，システムのシャットダウンと電源切断までを自動化できるようにした。店長は，他の業務に専念することができ，コンピュータの停止を確認しなくても帰宅できるようになった（図7-2-6）。

　JP1/Power Monitorには，カレンダーを設定できるため，休日など休業日の運用にも柔軟に対応できる。

〈電源管理のメリット〉
●勤務時間の削減
　システムの立ち上げやシャットダウンを自動化できるので，サーバー起動のために早く出勤したり，サーバーの電源を落とすために会社に残る必要はない。

● 確実な運用

カレンダーに設定した予定に基づいて，確実にシステムの立ち上げやシャットダウン業務が実施できる。

● エネルギーの節約

コンピュータを予定したスケジュール通りに確実に稼働するので，無駄な稼働時間による電力消費を抑えることができる。

(4) 運用実績報告書の作成を自動化したい

ジョブ運用の実績報告書の作成に工数がかかり過ぎる。報告書の作成を自動化したいが，方法はあるか？

ソリューション

運用情報印刷オプション
(JP1/Automatic Job Management System 2 - Print Option)

V社の課題

V社は，親会社である食品スーパーのシステム運用を任されている情報システム子会社。親会社へのシステム運用状況の報告は日次，月次で行っている。報告事項は，ネットワークの障害と対策，クライアントの保守，ストレージ利用状況，業務の実行状況と多岐にわたる。予定表を作成して親会社から承認を受け，予定に基づいて運用を実施し，実績を報告しなければならない（図7-2-7）。

報告書は，担当者の日報の情報を中心に作っていたが，この中でジョブ運用の実績報告に最も工数がかかっていた。

ジョブ運用の予定表作成と実績報告は，運用のPDCA実践のために重要な業務の一つであり，実績報告作業の効率アップが求められていた。

解決策 運用情報から帳票を自動作成

V社は，運用情報印刷オプション（JP1/AJS2 - Print Option）を報告書の作成に活用することにした。運用情報印刷オプションを使えば，実行登録済みのジ

7.2 ■ PDCAに役立つ運用改善ノウハウ

情報子会社Vのジョブ運用実績報告作業手順

① 予定表の作成
　↓
② 予定表の親会社承認
　↓
③ 予定に沿った運用の実施
　↓
④ 運用実績表の作成
　↓
⑤ 結果の確認と対策の検討

実績表作成までに多くの作業や承認が必要なため，工数がかかり過ぎる！

図7-2-7●ユーザーの課題：実績報告書の作成を効率化したい

運用情報に関連する様々な帳票を，少ない工数で作成できる

▼ユニットのマップ出力　　▼ユニットのフローチャートマップ出力

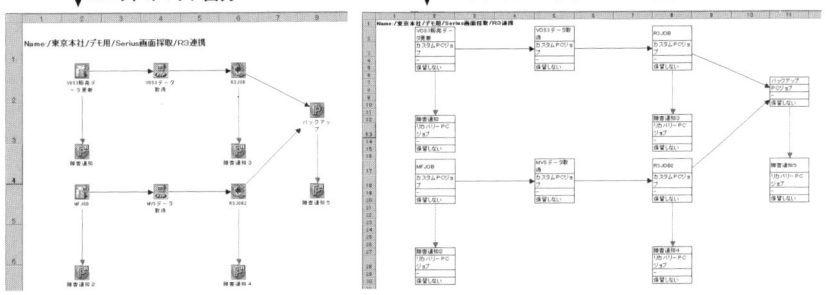

図7-2-8● 運用情報印刷オプションで，運用実績の報告書を作成する

ョブネットやジョブの実行予定や実行結果を，日次や月次形式の帳票として印刷できる。

　図7-2-8は，運用情報印刷オプションの印刷結果例である。ジョブやジョブネットの関連図，ジョブやジョブネットの定義情報一覧などを一枚にしたフローチャート風の帳票を出力できるので，日々の保守資料や設計時のレビュー資料としても活用できる。

〈運用情報印刷オプションのメリット〉
- 導入の容易さ

特別なプログラム開発は必要ない。インストールして初期設定するだけで、導入直後から運用できる。
- **カスタマイズの容易さ**

担当者印や承認印欄を設けて回覧できるようにするなど、運用方法に応じてカスタマイズした帳票を容易に作成できる。
- **分散したジョブスケジューラの運用状況を印刷可能**

一つのマネージャで管理された複数台のサーバー上で稼働するジョブスケジューラの実行予定や実績情報を一元管理し、まとめて印刷することができる。

(5) ジョブを実行するサーバーの稼働状況を集中監視したい

　管理対象のサーバーが多く、エラー情報も多い。重要なエラーが他のエラーに埋もれて見逃すことも少なくない。エラーを選別し、重大なエラーだけを優先的に通知できるようにしたいが、どうすればよいか？

ソリューション

統合コンソール（JP1/Integrated　Management - Manager,View）

W社の課題

　建設会社W社は東京本社から、全国の支社にあるジョブ管理システムの障害状況を集中管理している。しかし、バッチ・サーバーとバッチ・ジョブは増加の一途で、発生するエラーの数も増える一方である。重要なエラーが他の多くのエラーに埋もれてしまい、見逃すこともしばしば。管理画面でエラーを一つひとつ確認するのには限界があり、通報システムも、大小のエラーすべてに反応して点滅が続く。自律的に回復する多くのエラーは放っておいてもよい。しかし、対処が必要な重大なエラーについては、優先的に知らせてくれる方法が必要になっていた（図7-2-9）。

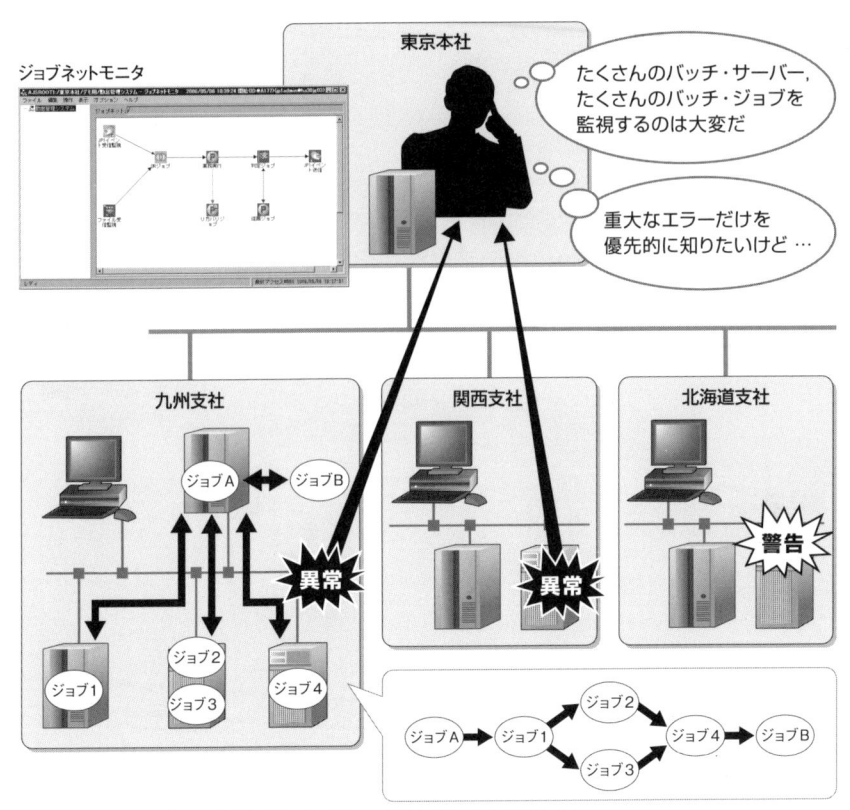

図7-2-9●ユーザーの課題：重要なエラーを見逃さないようにしたい

解決策 統合運用管理製品でエラー情報を選別

　統合管理の統合コンソール（JP1/Integrated Management - Manager, View）を使って，監視対象であるジョブスケジューラ・サーバーから収集した管理情報を1台のコンソール画面に集約し，システム全体の稼働状況をリアルタイムに監視できるようにした。統合コンソールは，**図7-2-10**に示すようなイベントコンソール画面によって，システムで発生する事象を監視する。

　システムのエラー・メッセージなど，イベント数が多いと，重要なエラーが埋もれ，対処する運用管理者の負担は増加する。統合コンソールは，イベントをフィルタリングして絞り込んだり，関連するエラーが繰り返し発生するようなイベ

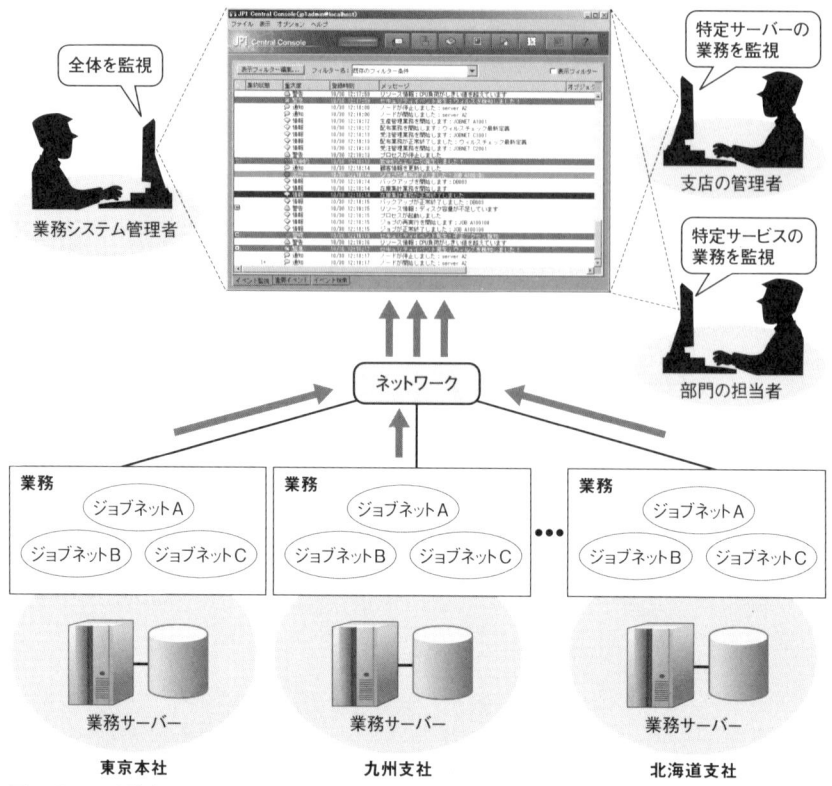

図7-2-10 ●統合コンソールを使って，ジョブを実行するサーバーの稼動状況を集中監視する

ントを一つに集約して通知したりする機能を備えている。これらの機能を活用することで，重要なエラーを見逃さないようになる。

さらに統合コンソールでは，ビジネスの観点からシステム全体を監視することも可能だ。システムを構成するハード／ソフトの障害が，ビジネス上のどの業務に影響を及ぼすかを予測して対処できるのである。

〈統合コンソールのメリット〉
● インストールと設定だけで監視可能
簡単なインストールと設定のみで，システム運用の一元管理を実現できる。

●ビジュアルな画面でシステム全体を把握

　イベントコンソール画面とビジュアル監視画面の2種類を使い分けて監視することで，システム全体の障害状況などを容易に把握できる。

●豊富なフィルタリング機能

　障害の重要度に応じて必要な通知メッセージを取り出す設定ができるので，重要な障害報告を見逃すことなく監視できる。

(6) ジョブの障害を確実に運用管理者に伝えたい

　夜間や休日で会社にいないときでも，システムの障害が発生したら，すぐに必要な対策を採らなければならない。システムの障害を確実に運用管理者に通知する仕組みを導入したいが，どうすればよいか？

ソリューション

通報管理（JP1/Integrated　Management - TELstaff）

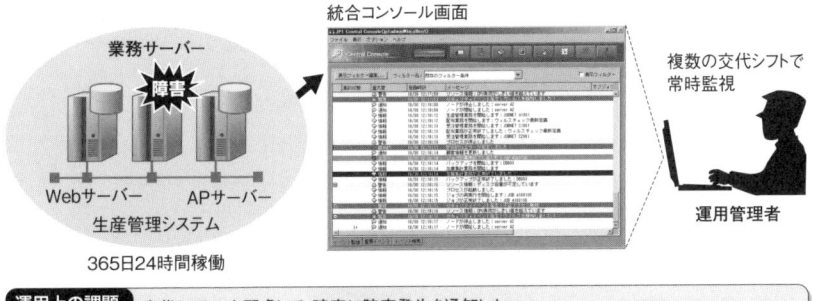

図7-2-11●ユーザーの課題：ジョブの障害情報を確実に運用管理者に通知したい

X社の課題

　食品業のX社は，各地の工場と連携して，生産管理システムを運用している。その中心となるジョブの障害を運用管理者が見逃し，作業指示書の発行が大幅に遅延する事態が度々発生するようになっていた。運用管理者が多忙なのが原因の一つだ。昼間は社員のパソコンの障害対応や会議で席を外すことが多く，常に管理画面を見ていられない。だが，多忙な運用管理者に対しても，障害の発生を確実に伝える仕組みが必要である（図7-2-11）。

　また，生産管理システムは海外拠点とのファイル転送もあり，夜間も稼働している。運用管理者はシフト制で交代勤務しているので，休日や夜間には携帯電話で知らせるなど，シフトを配慮して障害を通知できるようにしたい。

解決策　勤務シフトに合わせて通知方法を使い分ける

　JP1の通報管理（JP1/IM-TELstaff）を導入し，担当者やその勤務シフトに合わせて障害の通知方法を設定することにした（図7-2-12）。通報管理のスケジュール機能を使えば，発信抑止時間帯を設定したり，休日，平日を使い分けたりすることができる。勤務シフトに合わせ，昼間は，パトロール・ランプの点滅で知らせ，夜間や休日は携帯電話に通知するなど，確実に運用担当者に連絡が取れるようにした。

　グループ通報機能も適用した。グループ通報機能を使えば，指定したグループ内の誰かが障害の通報を確認すれば，以降の通報を中止でき，不要な通報を止めることができる。通報が確認されないときは，次のグループへ通報のエスカレーションができるので，確実に障害を通知できる。

〈通報管理のメリット〉

●**勤務シフトに合わせて通知相手を設定できる**

　障害発生時に対応可能な担当者を特定して通知できるので，迅速な障害対応が可能になる。

●**通知先のエスカレーションを設定できる**

　担当者が何らかの事情で通報を受け取れなかった場合，別の担当者に通報先を変えて通知できるので，誰も障害に気付かないという事態がなくなる。

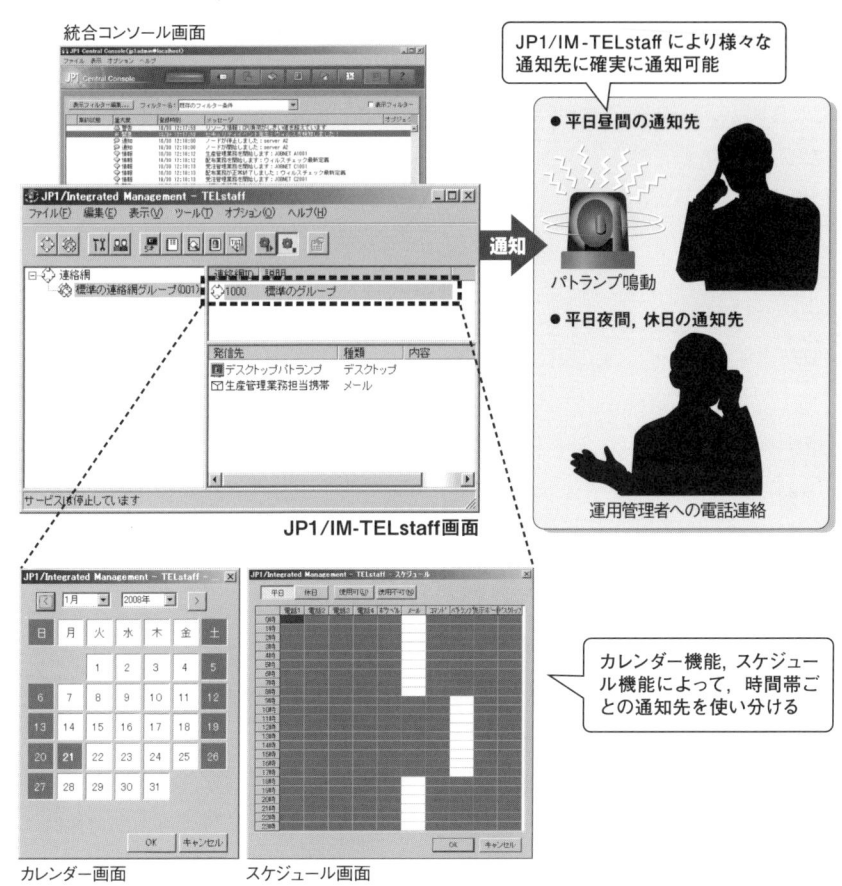

図7-2-12●スケジュールに応じて通知先，通知方法を使い分け，確実に障害情報を通知できる

● 時間帯によって通知方法が設定できる

　通知方法に携帯電話や電子メールなどを組み合わせることで，特定の障害通報手段に縛られず，他の通常業務を遂行できる。

(7) ジョブ実行サーバーを安定稼働させたい

既存のジョブ管理システムに，新しいジョブを追加することになった。将来のシステム拡張を踏まえ，サーバーの稼働状況を把握して適切なジョブ実行計画を立てられるようにしたい。

ソリューション

サーバ稼働管理のJP1/AJS2稼働監視エージェント
(JP1/Performance Management - Agent Option for JP1/AJS2)

Y社の課題

製造業のY社は，勤怠管理システムを3台の給与計算サーバーで運用し，ジョブスケジューラを利用して業務を自動化している。内部統制強化のため，勤怠管理システムのログ情報を収集することになり，そのためのジョブを新たに追加したい。勤怠管理システムには，前月も育児時短勤務の集計ジョブを追加したばかりで，そのときは主業務である給与計算が遅延するようになり，実行スケジュールの調整に苦労した。今回，むやみにログ情報収集ジョブを追加すると，また遅延が発生してしまう恐れがある（図7-2-13）。

そこで，各サーバーの稼働状況を的確に管理して負荷を平準化することが必要になった。測定した稼働情報を基に，ジョブスケジューラを使った業務の傾向を分析し，ジョブ実行計画やサーバー増設計画に役立てたい。

解決策 ジョブの滞留時間とサーバー負荷を監視・分析

キューイングジョブのサブミット（実行依頼），およびイベントジョブの実行登録が特定の期間に集中すると，ジョブが滞留し，実行開始までの滞留時間が長くなる。キューイングジョブおよびイベントジョブの滞留時間・滞留数の傾向が分かれば，ジョブの実行頻度が高い曜日や時間帯を把握して，負荷を平準化できる。JP1のサーバ稼働管理のJP1/AJS2稼働監視エージェント（JP1/Performance Management - Agent Option for JP1/AJS2）を使うと，マネージャ・ホスト別，スケジューラサービス別に，「ジョブの滞留数」「ジョブの最大滞留時間」「ジョブ

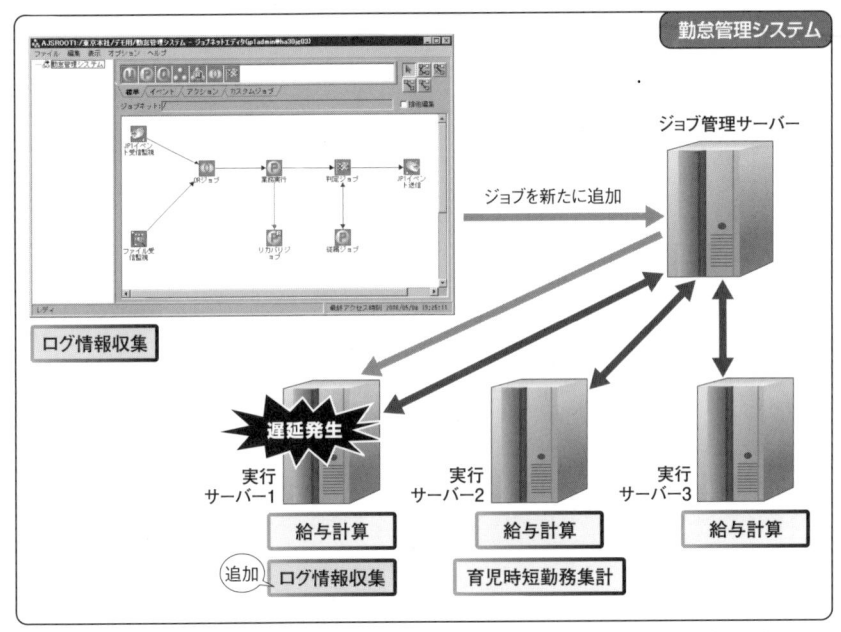

7.2 ■ PDCAに役立つ運用改善ノウハウ

図7-2-13●ユーザーの課題：サーバーの負荷状況が把握できず，処理の実行遅延が発生する

図7-2-14●JP1/PFM-Agent for JP1/AJS2でイベントジョブの平均滞留時間を分析する

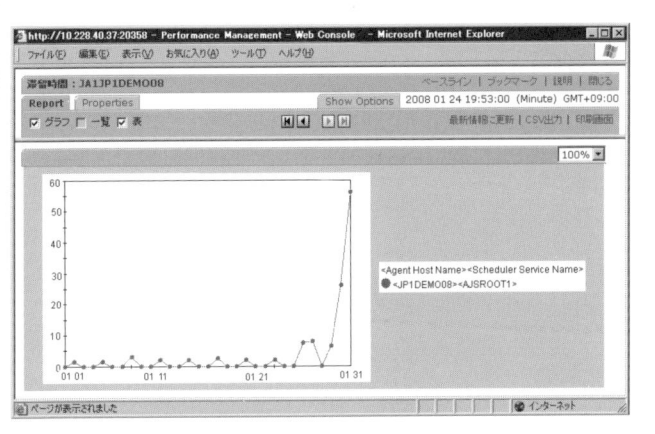

の平均滞留時間」の情報を収集できる。これらの情報を分析することで，新しいジョブの追加先を判断しやすくなる。

　JP1/PFM - Agent for JP1/AJS2が提供する「Event Job Stay Time」レポート機能を使うと，図7-2-14のように，イベントジョブの平均滞留時間を日単位で表示できる。このグラフを見ると，月末に実行したイベントジョブの平均滞留時間が長く，イベントジョブ実行のピークが月末であることが分かる。この結果から，月末に新しいジョブを追加することを避ければ，ジョブの実行が妨げられることなく，業務を継続できると判断できる。

　しかし，新たに追加するログ情報収集ジョブは，内部監査の都合上，月末締めで実行する必要がある。そのため，処理が集中する月末でも，比較的余裕のあるサーバーに，ジョブを追加することにしたのである。

　JP1/PFM - Agent for JP1/AJS2の複合レポート機能を使えば，ジョブの実行状況やサーバーの負荷状況などを同時にグラフ化して比較できる。図7-2-15は，ジョブの滞留時間と3台のサーバーのCPU使用率を重ね合わせたグラフである。グラフを見ると，3台の実行サーバーのうち1台は，月末になるとCPU使

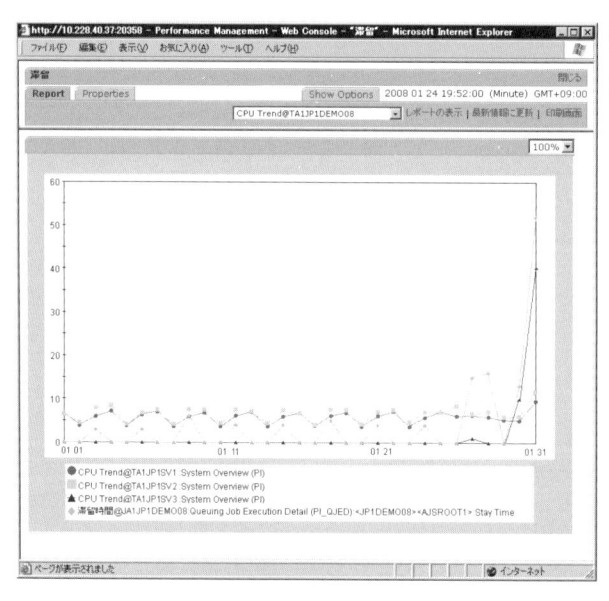

図7-2-15●イベントジョブの平均滞留時間とサーバーのCPU使用率のグラフを重ねて分析する

用率が上がって余裕がないことが分かる。この結果から、ログ情報収集ジョブをほかの2台の実行サーバーに振り分けることで、ジョブ実行が遅延することなく、業務を継続できると判断した。

〈JP1/AJS2稼働監視エージェントのメリット〉
● ジョブ追加時に，適切なジョブ運用計画を設定
　システム・リソースに余裕のあるサーバーや実行時間帯が特定できるので，適切な運用計画を立てることが可能。
● 常時稼働監視でピーク時の障害を回避
　しきい値を超えるとアラートを通知する設定で，監視を自動化できる。
● 導入の容易さ
　標準で提供される定義済みの監視項目やレポートを利用すれば，導入後すぐに運用を開始できる。

(8) 将来のリソース消費を予測したい

　実行すべきジョブが日ごとに増え続け，システムの負荷が増大したことで，システム・ダウンやジョブ実行の遅延が問題になってきた。システムの拡張を計画したいがどうすればよい？

ソリューション
サーバ稼働管理（JP1/Performance Management）
サーバ稼働情報分析（JP1/Performance Management - Analysis）

Z社の課題
　好調な業績で売り上げを伸ばすZ社。それに伴って増え続けるジョブ，増え続けるサーバー。業務増加に伴うシステム・ダウンも発生してしまった。ほとんどの場合は，ジョブスケジューラが自律的にダウンを回避したが，ジョブの実行スケジュール遅延は免れなかった。原因は，ジョブスケジューラのデータベースの容量が不足したことと，CPUの処理性能やメモリ容量が想定を超えてしまっ

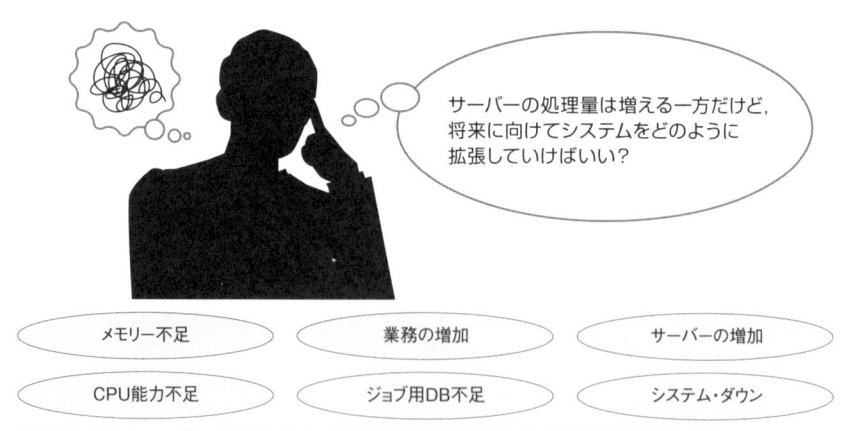

```
┌─メモリー不足─┐  ┌─業務の増加─┐  ┌─サーバーの増加─┐
┌─CPU能力不足─┐  ┌ジョブ用DB不足┐  ┌─システム・ダウン─┐
```

サーバーの処理量は増える一方だけど，将来に向けてシステムをどのように拡張していけばいい？

図7-2-16 ●ユーザーの課題：リソースの利用状況を把握して，将来の拡張を計画したい

たことだった。システムを安定的に運用し続けるには，こうしたリソース不足は，事前に予測しておかなければならない。関連するシステム・リソースの利用状況を監視し，将来を見越したシステム拡張計画を立てられるようにしたい（図7-2-16）。

解決策　サーバーの稼働情報分析で将来を予測

　「サーバ稼働管理（JP1/Performance Management）」と「サーバ稼働情報分析（JP1/Performance Management - Analysis）」を導入することで，システム・リソースを監視し，将来の性能を予測できるようにした。

　サーバ稼働管理は，システムの監視状況をWebブラウザから一元管理し，稼働情報が警告値や異常値に達した場合はアラートを画面に表示したり，イベントを統合コンソールに通知したりできる。サーバ稼働情報分析は，専用データベースに蓄えた稼働情報を基に，様々な分析手法を用いてシステムの稼働性能を予測する。例えば，複数の項目の測定データを相関分析することで，障害原因にかかわる異常値を発見したり，トレンド分析で将来の数値を予測したりできる。こうした分析結果を基に，将来の性能低下や起こりうる障害を未然に防ぐことが可能だ（図7-2-17）。

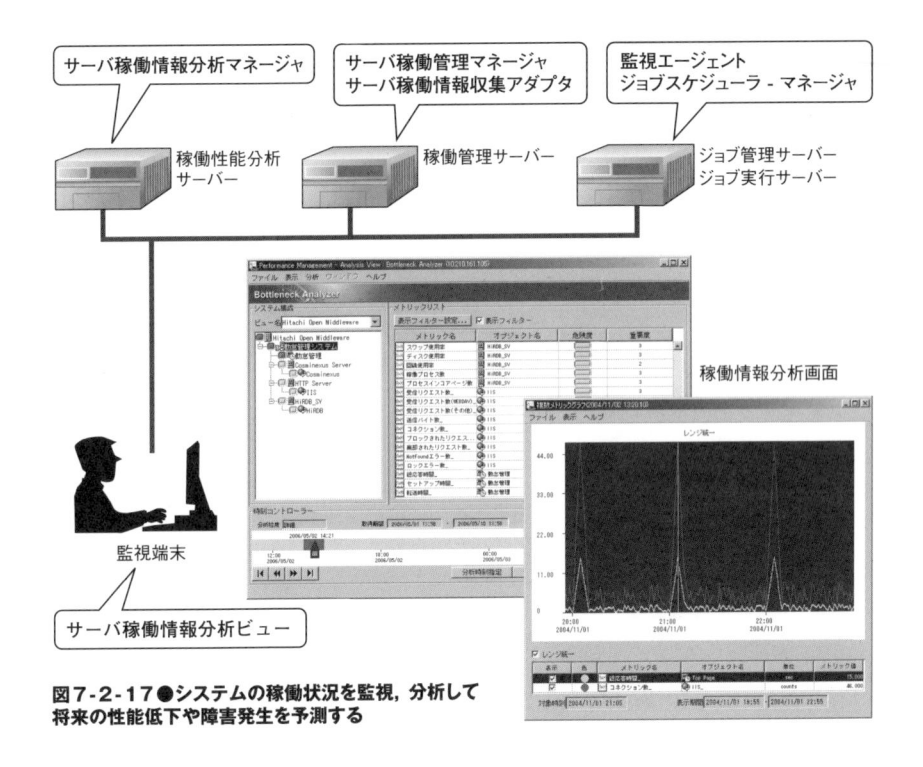

図7-2-17● システムの稼働状況を監視，分析して将来の性能低下や障害発生を予測する

〈サーバ稼働管理/サーバ稼働情報分析のメリット〉

● 性能低下や障害の未然防止

　将来のシステム拡張計画が立てられるので，計画的に設備投資できる。

● 異常値の統合コンソールへの通知

　運用環境に応じて，監視するリソースの異常値などをしきい値として指定し，危険域に達したことを統合コンソールに通知することが可能。

● 設定済みの標準テンプレートの活用

　重要な監視項目を設定した監視テンプレートが標準で用意されているので，難しい設定作業なしに，導入直後から監視を始めることができる。

付録

付録A オプション製品概要

付録B ジョブスケジューラの
　　　インストール手順

付録A
オプション製品概要

(1) ジョブ一括定義オプション
JP1/Automatic Job Management System 2 - Definition Assistant

　ジョブ一括定義オプションは，Excelで編集した大量のジョブスケジューラの定義情報を，ジョブ管理マネージャに登録できる。スケジュール情報，ジョブネットやジョブの名称，実行ファイル名などを定義情報という。また，ジョブ管理

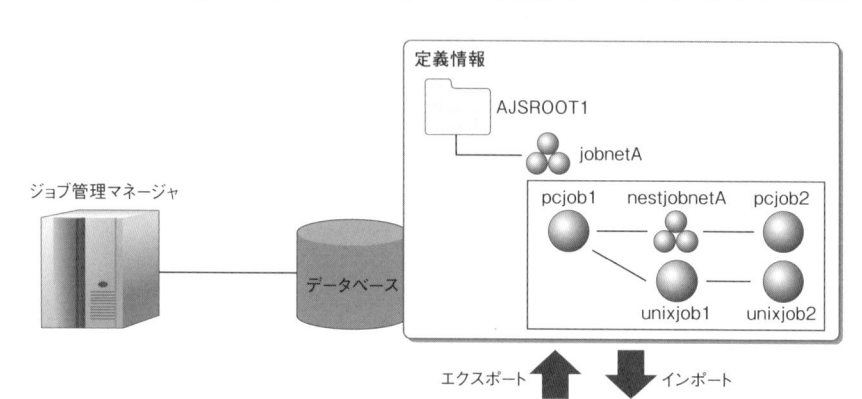

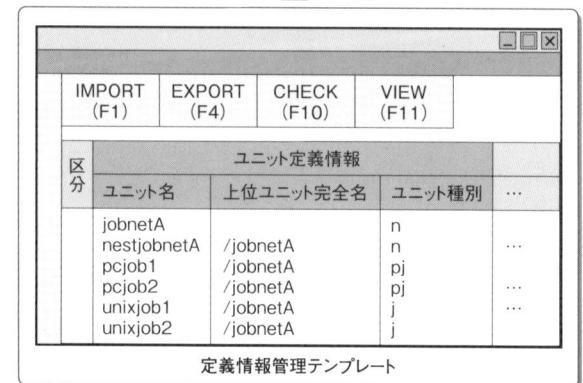

図A-1 ●定義情報管理テンプレート

マネージャに登録されているジョブスケジューラの定義情報を，Excelに取り込むことができる（図A-1）。ジョブ一括定義オプションが提供しているExcelのテンプレートを，定義情報管理テンプレートと呼ぶ。

〈システム構成例〉

ジョブ一括定義オプションは，定義情報の定義先であるジョブ管理マネージャにインストールして使用できるが，負荷を分散させるためには，ジョブスケジューラ - マネージャとは別のサーバーにインストールするとよい。また，定義情報管理テンプレートからジョブスケジューラ - ビュー（JP1/AJS2 -View）を起動したり，ジョブスケジューラ - ビューから定義情報管理テンプレートを開いたりする場合には，ジョブ一括定義オプションをジョブスケジューラ - ビューと同じサーバーにインストールする。一般的なシステム構成例を図A-2に示す。

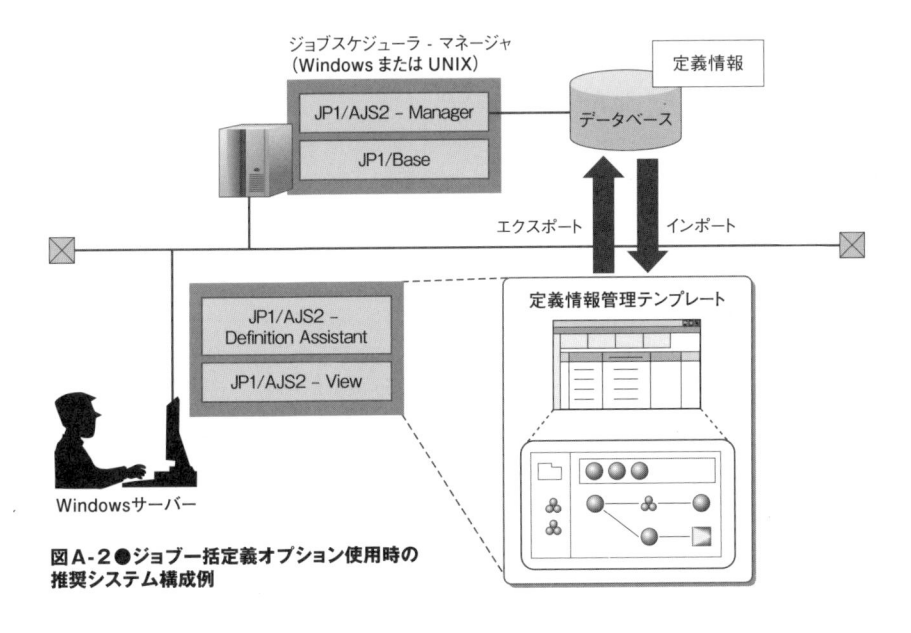

図A-2 ● ジョブ一括定義オプション使用時の推奨システム構成例

〈主な機能〉

① 大量の業務や処理の一括定義

定義情報管理テンプレートの表示内容に従って入力した定義内容を，接続先のジョブスケジューラ - マネージャに一括してエクスポートできる。ジョブスケジューラ - ビューで定義情報を定義するときは，1階層ごとに一つひとつのジョブネットやジョブを定義する必要がある。ジョブ一括定義オプションを使えば，定義情報管理テンプレートという一覧表形式のExcelのテンプレートで，複数の階層にまたがって，複数のジョブネットやジョブを同時にエクスポートできる。

② 定義情報の変更履歴管理

定義情報をインポートまたはエクスポート（一括および単独定義，変更，削除）すると，操作の実行結果が自動的にファイルに保存される。自動保存されたファイルを実行結果ファイルと呼ぶ。実行結果ファイル（定義情報管理テンプレート）には，操作を実行したときの対象情報（操作対象サーバー名，操作対象サービス名，操作対象ユニット名）が記録され，変更履歴を管理できる。

③ 業務の定義情報を一覧表形式で管理

ジョブ一括定義オプションを使えば，全体のユニット構成の定義情報を，定義情報管理テンプレートの一つの画面で参照できる。また，ジョブの階層や処理の前後関係の流れが，ユニット定義パラメータファイルよりも分かりやすい形式で表示できる。

④ 定義ミスを削減できる入力機能

ジョブスケジューラの定義情報には，あらかじめ選択できる項目や入力できる範囲が決まっている項目がある。これらの項目は，定義情報管理テンプレート上ではドロップダウンリストに登録されている候補から値を選択する。選択できない値は入力できないようになっているので，定義ミスを削減できる。

(2) ジョブ制御言語
JP1/Script

ジョブ制御言語は，Windows上でジョブを制御するスクリプトを作成し，

Windows環境やUNIX環境で実行するためのプログラムである。ジョブスケジューラでは，ジョブ制御言語で作成したスクリプトをジョブとして定義し，実行できる。

〈システム構成例〉

ジョブスケジューラと連携してジョブ制御言語で作成したスクリプトを実行するためのシステム構成を図A-3に示す。

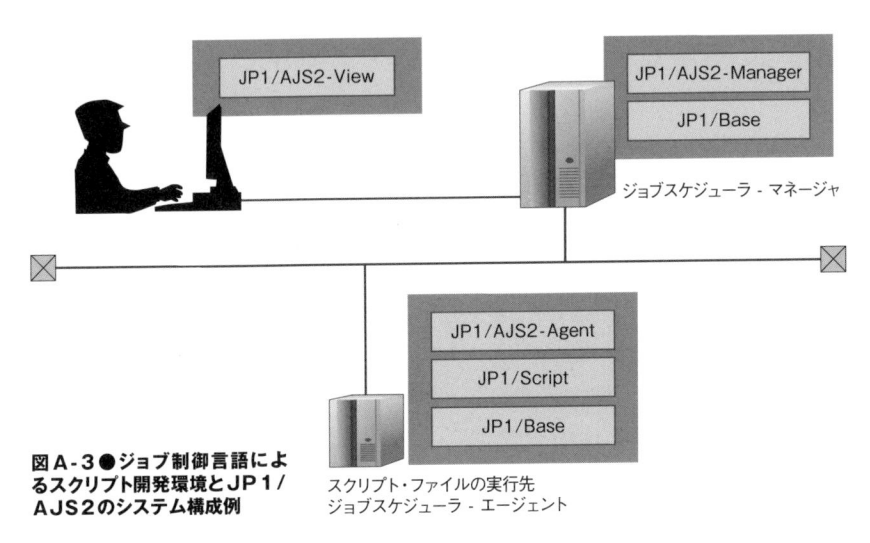

図A-3●ジョブ制御言語によるスクリプト開発環境とJP1/AJS2のシステム構成例

ジョブ制御言語をジョブスケジューラ - エージェントがインストールされているサーバーにインストールし，作成したスクリプトの実行を，ジョブスケジューラ - マネージャで定義する。ジョブの実行時は，ジョブスケジューラ - エージェントに格納したスクリプトが実行される。

〈主な機能〉

① 容易なプログラムの作成/実行

BASIC言語に似た言語で記述されたソースコードを逐次解釈しながら実行するプログラムなので，プログラムを作成/変更してから実行するまでの手間がなく，プログラムの作成/実行が容易である。

② プログラム編集/デバッグ作業の支援機能

スクリプトを作成するときに専用エディタを使用すると，簡易入力機能を使用して入力したコマンドやステートメントをボタン一つでエディタに貼り付けることができる。また，スクリプトの動作を見ながら実行できるモニタリング機能を使えば，デバッグ時の負荷を軽減できる。

③ 目的ごとの多様なコマンド

ファイルやフォルダの操作やメッセージの出力，レジストリの操作，Windowsのシャットダウンなど，業務に必要な様々なコマンドを用意している。

④ メニュー機能による対話形式のプログラム作成

画面上で操作した内容を基にスクリプトを実行できるメニュー機能を提供している。GUIを使った対話業務にも適用できる。

⑤ 豊富なスクリプト実行とアプリケーション連携

作成したスクリプトを自動起動させたり，スクリプトから別のスクリプトやアプリケーションを実行させたりすることができる。また，プログラムの実行結果を取得し，次に実行する処理などを切り替えることもできる。

⑥ マルチプラットフォームの実行環境

Windows環境で作成したスクリプトは，UNIX上でも実行できる。これにより，WindowsやUNIXに共通の言語で，高度なジョブ実行環境を実現する。

(3) 電源管理
JP1/Power Monitor

電源管理は，自サーバーや離れた場所にあるサーバーの無停電電源装置(UPS)と連携して，起動と終了処理を制御する製品である。サーバーの電源のON/OFFやJP1サービスまたはデーモンの開始と終了，OSのシャットダウンを実行できる。

〈システム構成例〉

電源管理を使って，自サーバーの電源を制御するときのシステム構成例を図A-4に，ネットワーク接続された他のサーバーの電源を制御するときのシステム構成例を図A-5に示す。

図A-4●自サーバーの電源管理構成例

電源のON/OFF
JP1/PW
JP1/Base

マネージャ
JP1/PW
JP1/Base

エージェント
電源のON/OFF
JP1/PW
JP1/Base

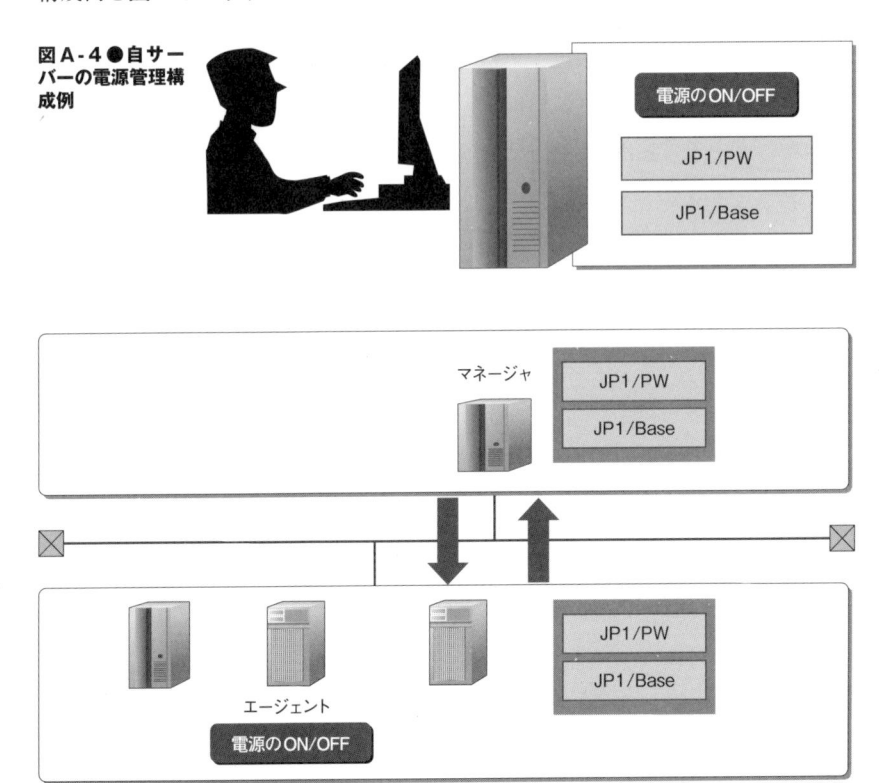

図A-5●他サーバーの電源管理構成例

JP1/PW：JP1/Power Monitor

〈主な機能〉

① 自サーバーの自動起動・終了

日時を決めて，自サーバーを自動的に起動・終了できる。起動・終了する日時は，カレンダー形式のGUIで設定できる。サーバーの電源をON/OFFするには，電源管理のほかに，電源をON/OFFできる機能を持ったサーバーを使うか，また

は電源制御装置をサーバーに接続する必要がある。

② 他サーバーの自動起動・終了

　LAN，WANまたは電話回線で接続された他のサーバーを，自動的に起動・終了できる。サーバーの起動・終了を制御するサーバーを「マネージャサーバ」，制御されるサーバーを「エージェントサーバ」と呼ぶ。

③ 複数のサーバーを連動させた自動起動・終了

　1台のマネージャサーバに対して複数のエージェントサーバをグループとして設定し，一括して起動・終了できる。

④ 起動・終了のスケジュール設定

　自サーバーを起動・終了する場合，サーバーを起動・終了するスケジュールを設定できる。スケジュールには運休日を設定可能で，運休日に設定されていたスケジュールは無効になる。

⑤ 業務と連携した自動電源切断

　ジョブスケジューラと連携することで，「ジョブの実行の終了を待ってからサーバーの電源を切断する」といった業務を自動化できる。

(4) 運用情報印刷オプション
JP1/Automatic Job Management System 2 - Print Option

　ジョブネットの定義情報や実行予定，結果情報といったジョブ運用情報を印刷できるオプション製品である。運用・保守業務のドキュメント化を支援する。

〈システム構成例〉

　運用情報印刷オプションは，管理対象サーバーにインストールするJP1/AJS2 - Print Option Manager Licenseと，管理者用マシンにインストールするJP1/AJS2 - Print Optionが連携して印刷処理を実行する（図A-6）。JP1/

図A-6 ●運用情報印刷オプションのシステム構成例

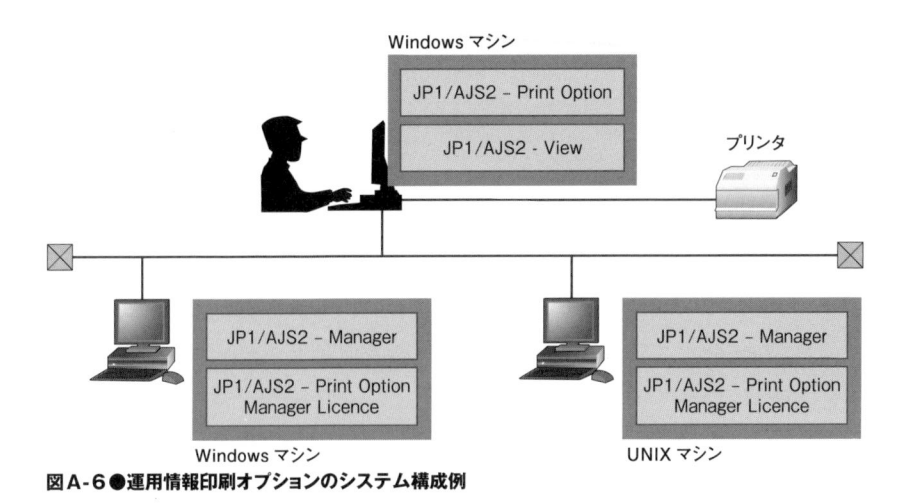

　AJS2 - Print Option Manager License と JP1/AJS2 - Print Option は，ファイルの受け渡しによりデータ交換を行うので，ファイルの受け渡しが可能であれば，WAN環境やオフライン構成にも対応可能。LANで接続されている場合は，ジョブスケジューラ - ビューと連携してジョブ運用情報を収集することもできる。

〈主な機能〉
① 定義内容の帳票出力
　ジョブネット要素の定義内容を，リスト形式，またはマップ形式の帳票として出力できる（**図A-7**）。

②実行予定・結果内容の帳票出力
　実行登録済みのジョブネット，またはジョブの実行予定・結果内容を，日次形式，または月次形式の帳票として出力できる。

③ 帳票のカスタマイズ
　用紙サイズや印刷の向き，余白，ヘッダーなどを自由にレイアウト可能。帳票の列項目は，任意の定義内容を組み合わせることができる。

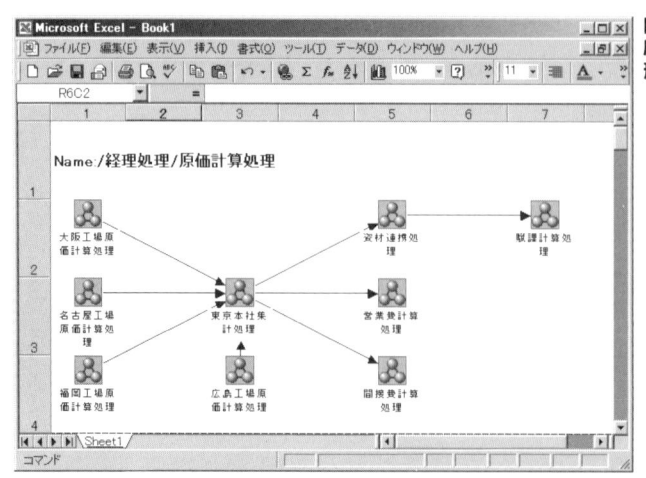

図A-7 ●運用情報印刷オプションのマップ形式の帳票出力例

(5) 統合運用管理
JP1/Integrated Management

　統合運用管理を使用すると，分散システム上の業務管理をはじめ，ネットワーク管理，ソフトウエア配布資産管理，サーバ稼働管理など，JP1の各機能を連携させた企業情報システムの統合運用を，統合コンソールから集中管理でき，管理者の手間を大幅に削減可能。Windows，UNIX，Linux，メインフレームが混在する環境の統合運用も，一つのコンソールから行うことができる。

〈システム構成例〉

　統合運用管理は，システムを統合管理するマネージャ，監視対象サーバーで動作するエージェント，および監視や操作を行うビューで構成される（**図A-8**）。マネージャは階層化できるので，拠点ごとの小規模システムから，企業全体の大規模システムまで，様々な規模のシステムを統合管理できる。

〈主な機能〉
① イベントコンソールによる集中監視

224

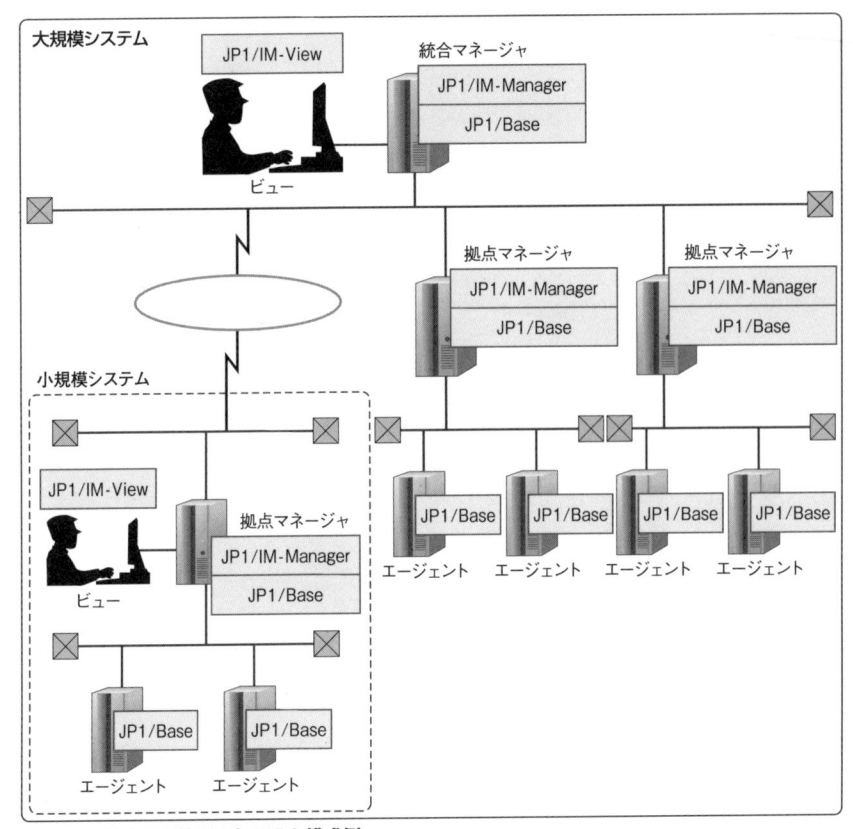

図A-8●統合運用管理のシステム構成例

　統合コンソールは，Windowsのイベントログや UNIX の syslog，SNMP トラップなど，システムで発生した事象をイベントとして集めてイベントコンソールに時系列で表示することで，システムを集中的に監視する（**図A-9**）。

● **色，アイコンによるイベント表示**

　重大度に応じた表示色や，対処状況（対処済，処理中，保留，未対処）ごとの表示色やアイコンで，イベントを視覚的に識別できる。

● **重要イベントの管理**

　迅速な対応が求められる重要イベントを［重要イベント］タブにまとめて表示

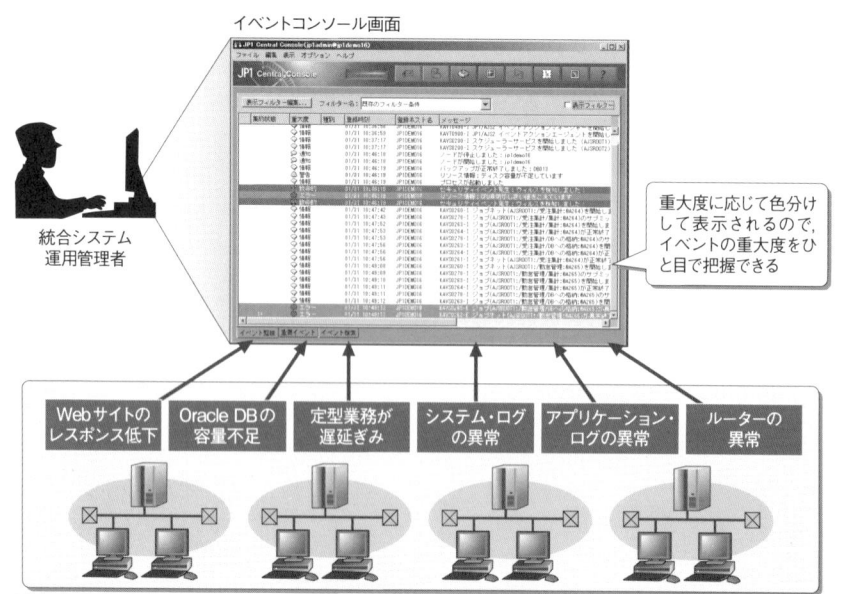

図A-9 ●イベントコンソールでシステムの異常を集中監視する

できる。それぞれの重要イベントに対処状況を設定して管理できる。

● アラーム・ランプによる重要イベントの通知

　重要イベントの情報を取得すると，アラーム・ランプが点滅して管理者へ通知する。アラーム・ランプは，すべての重要イベントを対処済にするか削除するまで点滅する。

② 統合スコープによる集中監視

　統合スコープは，システム管理者の目的に合わせた監視画面によって，システム統合管理を実現する。システムをツリー形式やマップ形式の監視画面によってビジュアル化し，システムの障害が業務に与える影響範囲を表示するなど，管理者が必要とする視点でシステムを監視できる（図A-10）。

③ フィルター機能による柔軟な運用の実現

　統合コンソールでは，イベントをフィルタリングすることで，マネージャに転

付録A■オプション製品概要

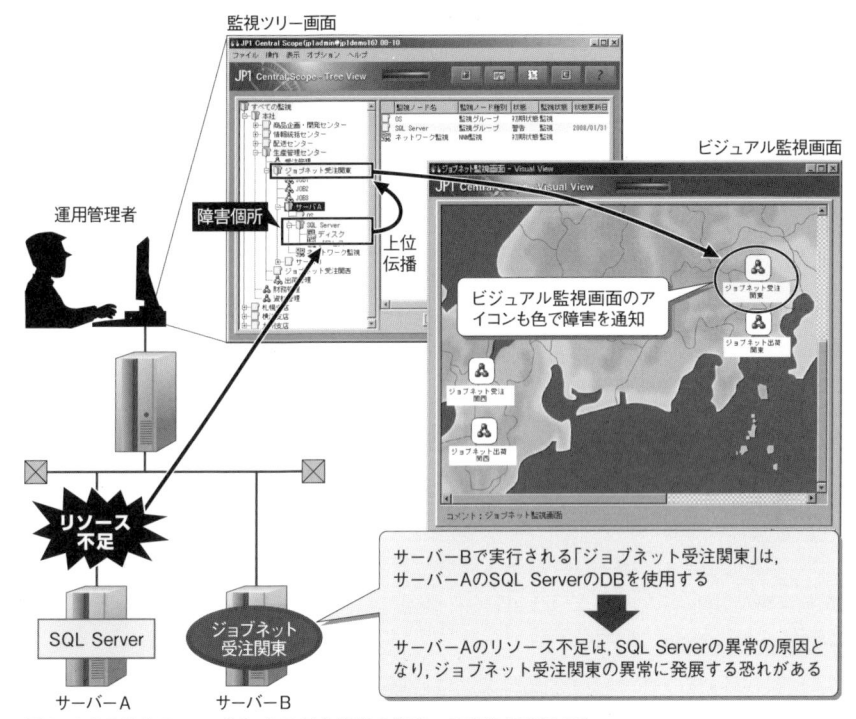

図A-10●統合スコープで，システム障害の業務への影響を監視する

送するイベントを限定したり，管理者ごとに監視するイベントを制限したりできる。以下の5種類のフィルターを提供している。

●表示フィルター

　一時的に特定のイベントだけを表示したい場合に，イベントコンソール画面に表示するイベントの条件を設定する。フィルターの条件は複数設定できる。

●重要イベントフィルター

　イベントコンソール画面の[重要イベント]タブに表示するイベントを定義するフィルター。重要なイベントを定義して，識別しやすくする。

●ユーザーフィルター

　ユーザーの権限，業務などによって，ユーザーごとに表示するイベントを制限したいときに利用するフィルター。

227

- **イベント取得フィルター**

　イベントサービスからイベントを取得するときのフィルター条件を設定する。例えば，正常イベントを大量に発行する製品を監視する場合，システムの監視に必要なJP1イベントが埋もれてしまわないように，正常なイベントを取得しないフィルター条件を設定できる。

- **転送フィルター**

　エージェントでイベントが発生したときに，どのイベントをマネージャに転送するかを設定できる。不要なイベントはマネージャに転送されないので，ネットワークやマシンの負荷を抑えることができる。

④ **自動アクションによる通知**

　特定のJP1イベントの受信をきっかけにして，統合運用管理が管理するサーバーで自動的にコマンドを実行し，問題の発生をシステム管理者へ通知できる。例えば，次の「(6) 通報管理」の製品と連携し，メール送信や電話連絡をするコマンドを自動で実行できる。

- **柔軟な条件指定**

　自動アクションを実行する条件として，JP1イベントのID，メッセージ・テキスト，イベント属性などを指定する。正規表現による条件指定もできる。

- **任意のコマンド実行**

　UNIXサーバーのコマンドやシェル・スクリプト，Windowsサーバーの実行形式ファイル（.com，.exe）やバッチ・ファイル（.bat），ジョブ制御言語のスクリプト・ファイル（.spt）を実行できる。

- **JP1イベント情報の自動アクションでの利用**

　自動アクションで実行するコマンドには，パラメータとしてJP1イベントのメッセージやイベント属性などを使用できる。例えば，問題を通知するメールの本文に，障害発生サーバー名やエラー内容を含めることなどが可能。

- **自動アクションの結果確認**

　自動アクションの実行結果の一覧表示や，実行結果に応じたJP1イベント発行ができる。失敗した自動アクションは，GUI操作で再実行できる。

(6) 通報管理
JP1/Integrated Management - TELstaff

障害の発生を確実に通報するシステムを構築するための製品。統合コンソールマネージャ製品運用時に発生した障害を，電話やメールなど，様々な通知先に確実，迅速に通知できる。

〈システム構成例〉

JP1/Integrated Management - TELstaffを使った障害通知のシステム構成例を図A-11に示す。通報を受けるPCにはJP1/IM - TELstaff Alarm Viewをインストールする。通報を受けたPCは，JP1/IM - TELstaff Alarm View画面を使用して，通報メッセージの参照や操作ができる。

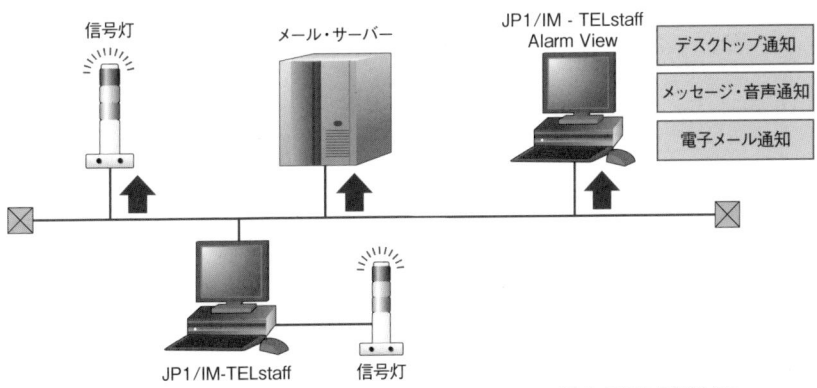

図A-11●JP1/Integrated Management - TELstaffで障害の通知を管理する

〈主な機能〉
① 多様な通報手段
1. PCのデスクトップ上への通報

JP1/IM - TELstaffからJP1/IM - TELstaff Alarm Viewへの通報には，次の7種類の方法がある。

- 障害の内容をメッセージで表示
  障害の内容に応じて，メッセージの文字色と背景色を指定できる。
- デスクトップパトランプを表示
  デスクトップパトランプは，デスクトップ上にパトロール・ランプのように色を表示する機能。色は，障害の内容に応じて変更できる。
- PC内蔵の警報音(ビープ音)の鳴動
  鳴動パターンは，問題の内容に応じて指定できる。
- デスクトップの壁紙を変更
  壁紙は，障害の内容に応じて変更できる。
- 問題が発生した時点の通報管理のデスクトップ画面を表示
- オーディオ・メディア・ファイルを再生
- 障害が発生した機器の画像を表示

2．その他の通報手段

　電話，電子メール，パトロール・ランプ，メッセージ表示ボードへ通報することができる。コマンド実行による通報も可能。

② 充実した通報機能

　担当者が必ず通報を受け取れるように，様々な通報機能を実装している。
- 通報方法
  通報コマンドを統合コンソール-マネージャから起動して通報できる。
- 通報スケジュール
  時間帯に応じて通報を抑止できる。深夜は通報しないなどの運用が可能。
- 通報制限
  同時に多数の通報要求があった場合に通報を制限する。制限された状態で多数の通報要求があった場合，最初の1件の要求だけを通報する。
- 通報抑止
  通報を抑止できる。抑止の範囲は，連絡網ID，通知ID，デスクトップ通知などの通知手段ごとに設定可能。

（7）サーバ稼働管理
JP1/Performance Management

　サーバ稼働管理は，サーバーやデータベース，アプリケーションの稼働情報を一元的に収集して問題を事前検知したり，稼働情報をレポート表示することで安定したシステム運用を実現する。収集したデータが警告値や異常値に達した場合は，アラートを画面に表示したり，統合管理に通知したりできる。

〈システム構成例〉
　サーバ稼働管理は，次の四つの製品で構成される（図A-12）。

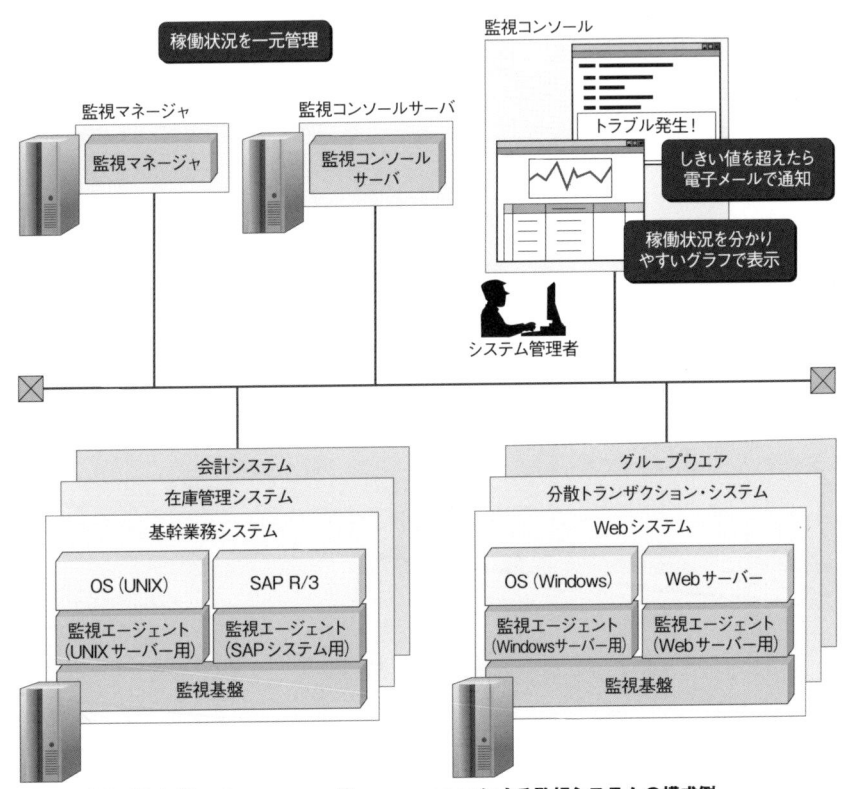

図A-12●JP1/Performance Managementによる監視システムの構成例

- 監視マネージャ（JP1/PFM - Manager）

  稼働状況を一元管理する。

- 監視コンソールサーバ（JP1/PFM - Web Console）

  グラフィカルなレポートを出力し，サーバ稼働管理の各種設定や稼働状況の分析を支援する。

- 監視基盤（JP1/PFM - Base）

  稼働監視を行うために必要な基盤プログラム。収集した稼働監視データの管理やログの出力などを行う。

- 監視エージェント（JP1/PFM - Agent）

  OSやサーバー・プログラムの稼働状況を監視するエージェント。

〈主な機能〉

① 拡張性の高いアーキテクチャ

アラート監視画面によって分散システム上のサーバーやデータベースのパフォーマンスを，システムとアプリケーションの両面から効率よく監視・管理できる（図A-13）。様々な種類のサーバーが多数接続された環境でも正確に監視可能。

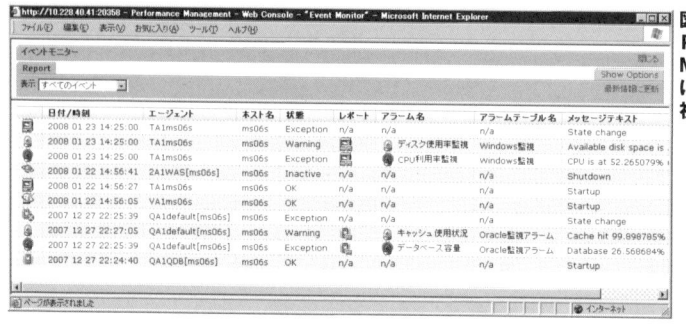

図A-13 ● JP1/Performance Managementによるアラート監視画面

② ネットワークへの負荷を最小限に抑えるパフォーマンス管理

監視対象のサーバーやパフォーマンス測定項目，測定タイミングを細かく設定できる。パフォーマンス情報を収集するエージェントは，問題を検知したときだけマネージャに通知するので，ネットワークの負荷を抑えることができる。

③ 豊富な監視エージェント
　豊富な監視エージェントを提供し，多様なハードウエア，ソフトウエアが混在するシステムを一元的に管理できる。主な監視エージェントを以下に示す。
- OS：Microsoft Windows Server，Solaris，Linux，AIX，HP-UX
- データベース・サーバ：Oracle Database，日立 HiRDB，IBM DB2 Universal Database，Microsoft SQL Server
- ジョブ管理：日立 JP1
- Webサーバ：Microsoft Internet Information Services
- Webアプリケーション・サーバ：BEA WebLogic Server，日立 uCosminexus Application Server，IBM WebSphere Application Server
- メッセージキューイング・システム：IBM WebSphere MQ
- 分散トランザクション・マネージャ：日立 OpenTP1
- ERP：SAP ERP (R/3)
- グループウエア：IBM Lotus Domino，Microsoft Exchange Server
- サービスレスポンス管理：HTTP，SMTP，FTP，TCPなどのプロトコルの応答時間，Web操作応答時間

④ 定義済みの監視テンプレート
　危険域や警告域に達したパフォーマンス情報を検知したときにシステム管理者へ通知する方法や，管理レポート表示形式を，定義済みのテンプレートとして標準で提供している。インストール直後からすぐに運用を開始できる。

⑤ 問題の事前検知と連動した自動アクション
　危険な状態になる前に，システム管理者へのメール通知や外部コマンドを自動実行するアラーム機能を提供している。メールやSNMPトラップの送信，JP1イベントの発行，アラームアイコンの点滅，外部コマンドの実行などが可能。

⑥ ドリルダウン・レポートで障害原因を分析
　収集したパフォーマンス情報は，グラフィカルなレポートとして表示できる。レポートは，ドリルダウン機能によって，より詳細なデータを参照できる。

⑦ データの自動集計

稼働状況データを蓄積し,分,時,週,月,年などの単位で平均を自動集計することで,将来のシステム資源の需要予測やキャパシティプランニングを支援する。集計データの保存期間を指定すれば,保存期間を超えたデータは自動的に削除されるので,ディスク使用量を一定に保つことができる。

⑧ レポートのファイル出力機能

稼働情報データのレポートをHTML形式やCSV形式のファイルとして出力できる。ODBCドライバを使ったパフォーマンス情報のデータベース連携も可能。

(8) 稼働情報分析
JP1/Performance Management - Analysis

システムを構成するサービス,サーバー,各種アプリケーションの稼働状況を監視,分析できる。問題点を切り分けるためのボトルネック分析や,問題を未然に防ぐプロアクティブな管理のための分析などの機能を備える。

〈システム構成例〉

稼働情報分析は,次の三つの製品で構成される(図A-14)。

- JP1/PFM - Analysis Manager

稼働情報分析のマネージャ・プログラム。収集した稼働性能情報をデータベースに取り込んで一元管理する。監視システムの構成定義や,収集した稼働性能情報の分析や予測,データのインポートとエクスポートなどを実行する。

- JP1/PFM - Analysis View

稼働情報分析のGUIを提供するプログラム。

- JP1/PFM - Analysis Adaptor

監視対象から情報を収集する監視プログラム(採取ツール)と連携するためのプログラム。採取ツールとしてJP1/Cm2/SSO(JP1/Cm2/SNMP System Observer)またはJP1/PFMを使用する場合に必要となる。

図A-14 ● JP1/Performance Management - Analysisによる分析システム構成例

※ 採取ツールがJP1/Cm2/SSOまたはJP1/PFMの場合に必要

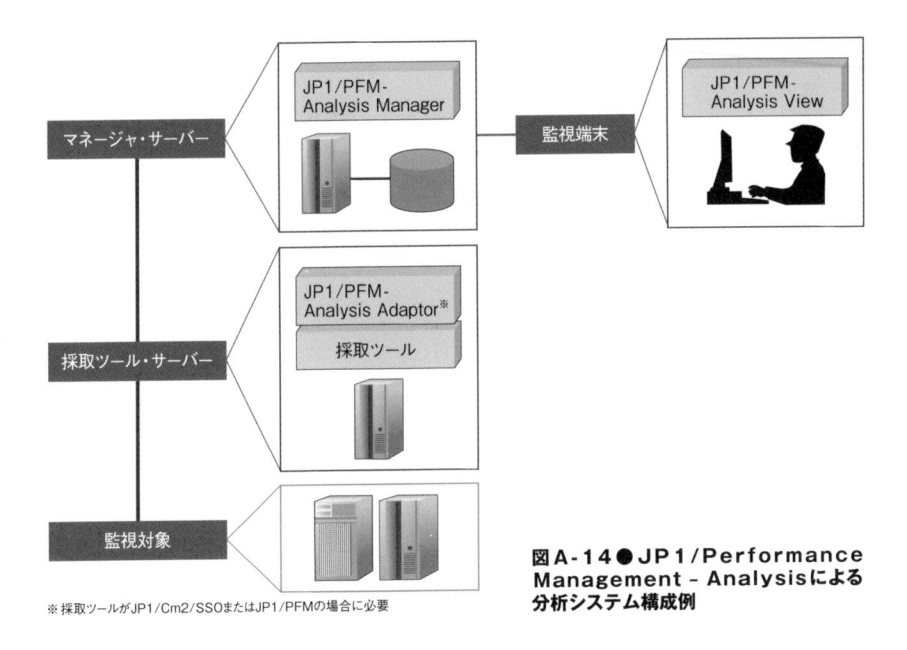

〈主な機能〉

① 目的に応じた監視・分析画面

監視・分析画面として2タイプの画面を用意している（図A-15）。

● メイン画面

監視対象のシステム構成をツリー形式で定義し，オブジェクト監視する画面。稼働性能情報をしきい値で評価し，危険度で色分けして表示できる。

● 警告メッセージ画面

危険度の変化やステータスの変化などを警告メッセージとして表示する。

② 2種類のデータ収集方法

● 稼働性能情報の自動収集

サーバ稼働管理の各種エージェントで収集した稼働性能情報を，設定したタイミングで自動収集できる。

● 外部データのインポート

CSV形式のデータを稼働性能情報として取り込むことができる。

付録

メイン画面

**図A-15●JP1/
Performance
Management -
Analysisの画面例**

警告メッセージ画面

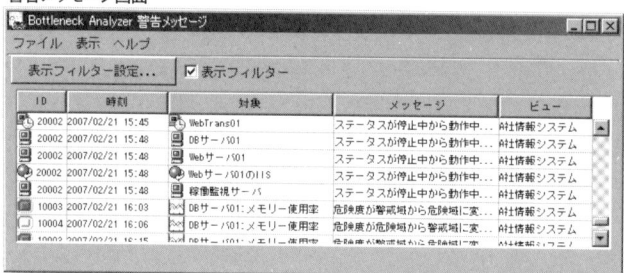

③ 問題点の切り分け支援

　システム内に稼働性能面での問題が発生した場合，3種類のボトルネック分析手法を使って，問題原因の候補を分析して表示できる。
- **ステータス分析**

　停止中など特定のステータスになっているオブジェクトを一覧表示する。時刻やオブジェクト・タイプ，指定した範囲などで絞り込んだ情報も表示できる。
- **危険度分析**

　特定の危険度にあるオブジェクトや稼働性能情報を一覧表示できる。時刻や稼働性能情報の属性，指定した範囲などで絞り込んだ情報も表示できる。

- **相関分析**

  指定したメトリックと相関関係があるメトリックを表示することで，問題の原因となっている可能性が高い稼働性能情報を抽出できる。

④ **プロアクティブな管理**

収集した稼働性能情報を以下の分析手法を用いて分析することで，将来システムで問題が発生する可能性が高い項目を把握できる。

- **トレンド分析**

  稼働性能情報の値が増加傾向にあるのか，減少傾向にあるのかを探る。将来の値の推移を予測するための材料として利用できる。

- **メトリック値の予測**

  将来のある時点における稼働性能情報の値を予測する。稼働性能の低下が予測されるシステムや機器を探し出せる。

- **危険域到達時刻予測**

  稼働性能が危険な状態になる時期を予測する。システムのどこにボトルネックが生じるのかを知ることができ，計画的な対応でシステムの安定稼働に役立つ。

- **メトリック値ランキング**

  複数の監視対象の稼働性能情報を比較し，順位付けして表示する。相対的にボトルネックとなる可能性の高い部分を把握できる。

⑤ **稼働性能情報や分析結果のレポート出力**

収集した稼働性能情報は，CSVファイルやHTML形式レポートとして出力できる。レポートには，以下の項目を出力できる。

- 監視対象のシステム構成
- 警告メッセージの一覧
- 分析結果（ステータス分析，危険度分析，相関分析など）

⑥ **Webトランザクションの監視**

Webアプリケーションの操作をシミュレートして，応答時間を計測する。ログインを伴うWebアプリケーションも計測可能。エラーやダウンも監視できる。

付録

付録B
ジョブスケジューラのインストール手順

　第5章で，JP1/Automatic Job Management System 2（JP1/AJS2，ジョブスケジューラ）によるジョブスケジューラの構築方法や基本環境の設定方法を紹介した。ここでは，ジョブスケジューラのインストールと，ジョブスケジューラ - マネージャ構築の具体的な操作手順を説明する。ここで説明するジョブスケジューラ - マネージャの構築方法は，ジョブスケジューラ - エージェントの構築方法も含んでいる。

（1）システム構成とインストール前の確認項目

〈システム構成〉

　構築するシステムは，第5章の解説で用いたものと同じ構成で，ジョブスケジューラ - ビュー，ジョブスケジューラ - マネージャ，ジョブスケジューラ - エージェントからなる（図B-1）。OSはWindowsとする。

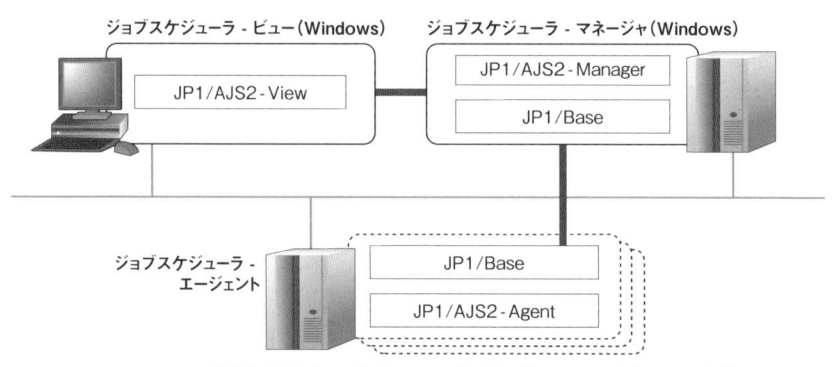

```
ジョブスケジューラ - ビュー（Windows）        ジョブスケジューラ - マネージャ（Windows）
    [ JP1/AJS2 - View ]                    [ JP1/AJS2 - Manager ]
                                           [ JP1/Base ]

         ジョブスケジューラ -
              エージェント       [ JP1/Base ]
                                [ JP1/AJS2 - Agent ]
```

JP1/AJS2 - View：JP1/Automatic Job Management System 2 - View
JP1/AJS2 - Manager：JP1/Automatic Job Management System 2 - Manager
JP1/AJS2 - Agent：JP1/Automatic Job Management System 2 - Agent

図B-1 ● JP1/AJS2を使ったジョブ管理システムのシステム構成

〈ネットワーク要件〉

　JP1/Base，JP1/AJS2を使用した環境での通信要件は，デフォルトで**表B-1**の通り。ファイアウォールなどが存在する環境では，表の要件を参考に通信環境を設定する必要がある。

表B-1●ジョブスケジューラの通信環境の要件

送信元		あて先		サービス	製品
ホスト	ポート	ホスト	ポート		
Mgr	ANY	Agt	製品デフォルト・ポート	jp1imevt	JP1/Base
Mgt	ANY	Agt		jp1bsuser	
Agt	ANY	Mgr			
Agt	ANY	Mgr		jp1ajs2qman	JP1/AJS2
Mgr	ANY	Agt		jp1ajs2qagt	
Agt	ANY	Mgr		jp1ajs2qnfy	
Mgt	ANY	Agt		jp1ajs2eamgr	
Agt	ANY	Mgr			
Mgt	ANY	Agt		jp1ajs2eaagt	
Agt	ANY	Mgr			
Mgt	ANY	Agt		jp1ajs2qlagt	
Agt	ANY	Mgr		jp1ajs2qlftp	
Mgt	ANY	Agt		jp1ajs2chkagt	
View	ANY	Mgr		jp1ajs2monitor	JP1/AJS2-View

Mgr：JP1/Automatic Job Management System 2-Manager
Agt：JP1/Automatic Job Management System 2-Agent
JP1/AJS2：JP1/Automatic Job Management System 2
JP1/AJS2-View：JP1/Automatic Job Management System 2-View

〈適用OS〉

　JP1/Base，JP1/AJS2を導入するにあたり，適用OSを確認しておく。適用OSのバージョンなどは，製品に添付されている「ソフトウェア添付資料」を参照する。

〈ホスト名〉

　ジョブ管理システムの環境を構築する前に，JP1/AJS2-Mangaerのサーバーと，JP1/AJS2-Agentのホストが，互いに名前解決ができている環境であることを確認しておく。

239

〈インストール順〉

　JP1/AJS2は，JP1/Baseを前提する製品である。両製品をインストールする場合は，JP1/Base→JP1/AJS2の順でインストールしなければならないので，注意が必要だ。

(2) JP1/Automatic Job Management System 2のインストール

　上記の項目を確認後，以下の手順で各製品のインストールを行う。

① CD-ROMのマウント

　JP1/Base，JP1/AJS2 - Managerを導入する機器に，JP1/BaseとJP1/AJS2 - Managerが含まれるCD-ROMを挿入する。

　インストールする製品がどのCD-ROMに入っているかは，納品物の中の「重要書類在中」と書かれた黄緑色の封筒の中の「CD-ROM格納明細書（日立オープンミドルウェア）」で確認できる。CD-ROMのラベルの色で対応するOSやデータの種類（緑：Windows，青：Solaris・Linuxなど，オレンジ：ドキュメントなど）を判別できる。

　CD-ROMドライブが使用できない機器にJP1を導入する場合は，何らかの方法で導入する機器からCD-ROMの内容にアクセスできる状態にする必要がある。その場合，比較的容量が大きいので，メディアはローカルに配置するとよい。

　インストール対象のサーバー上で，JP1シリーズの他のプログラムが動作している場合は，インストール前に停止させておく。

② インストーラの起動

　CD-ROMをマウント後，自動起動したインストーラの指示に従ってインストールを行う（図B-2）。インストーラは，OSの管理ユーザー（Administrator権限）で実行する必要がある。インストーラが自動起動しない場合は，CD-ROM内の[HCD_INST.EXE]をクリックして実行すれば，インストーラを起動できる。

図B-2 ● 日立総合インストーラ

③ JP1/Baseのインストール

1. 日立総合インストーラでJP1/Baseを選択し，[インストール実行]をクリックする(図B-3)。[インストール処理開始の確認]のポップアップ画面で[OK]をクリックすると，JP1/Baseのインストールが開始する。

図B-3 ● JP1/Baseを選択してインストールを実行

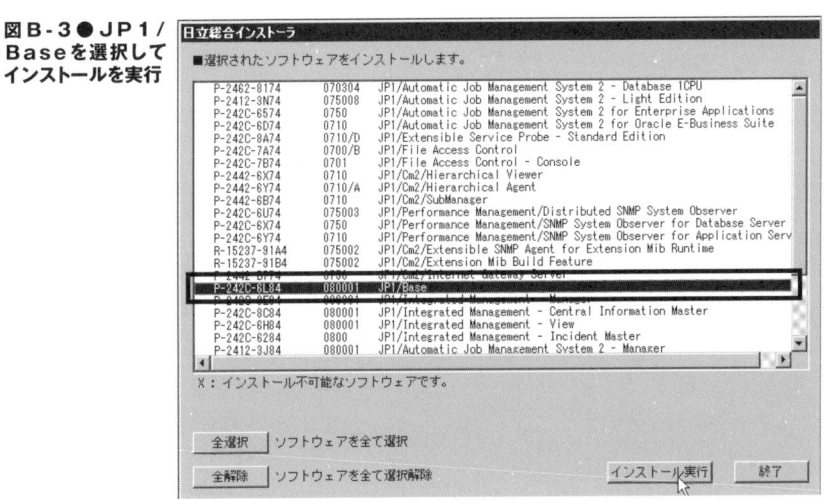

付録

2. ［JP1/Baseセットアップへようこそ］画面で［次へ］をクリックし，［ユーザ情報］画面でユーザー名，会社名が入力されていることを確認する（図B-4）。［次へ］をクリックして［インストール先の選択］画面でJP1/Baseをインストールしたいフォルダを選択し（デフォルトでよければそのまま），さらに［次へ］をクリックして進む。

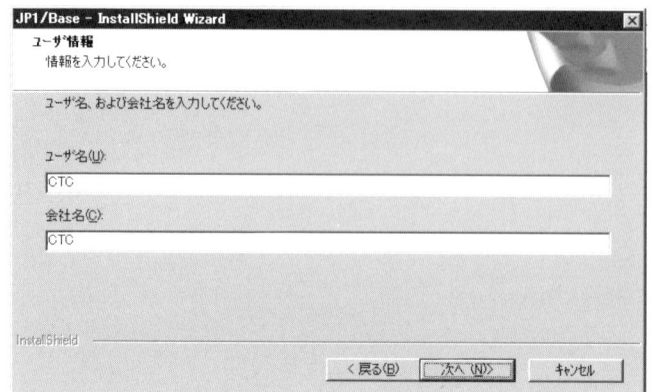

図B-4 ●ユーザー情報入力の確認

3. ［自動セットアップの選択］画面では，［セットアップ処理を行う］をチェックし，［次へ］をクリックする（図B-5）。［自動セットアップの選択］画面は，新規にJP1/Baseをインストールする場合のみ表示される。［セットアップ処理を行う］をチェックすると，自動で初期設定が行われ，インストール完了後すぐ

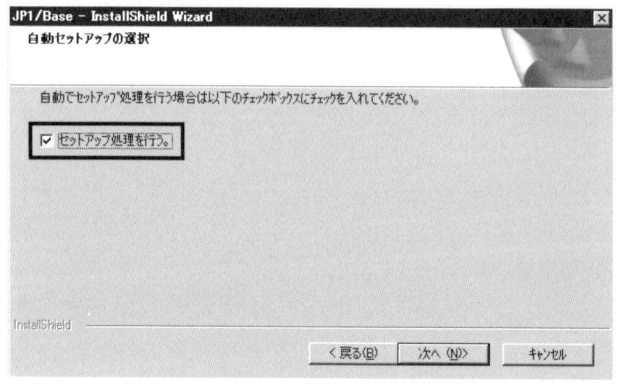

図B-5 ●自動セットアップの選択

に運用できる状態になるので，通常はチェックしておくとよい。

自動セットアップ処理を行う場合に設定される項目を(表B-2)に示す。

表B-2●自動セットアップの設定項目

設定項目		設定内容
認証サーバーの設定	認証サーバー名	自ホスト名
JP1ユーザーの設定	JP1ユーザー名	jp1admin
	パスワード	jp1admin
	JP1資源グループ	*
	所有する権限	JP1_AJS_Admin, JP1_JPQ_Admin, JP1_Console_Admin
ユーザーマッピングの設定	OSユーザー名とそのパスワード	[OSユーザー名とパスワードの入力]画面でOSユーザー名とパスワードを入力する
	マッピングするJP1ユーザー名	jp1admin
	サーバーホスト名	*
	JP1ユーザーとOSユーザーのマッピング	JP1ユーザー(jp1admin)と登録したOSユーザーをマッピングする

4. [OSユーザ名とパスワードの入力]画面で[OSユーザ名]と[パスワード]を入力する(図B-6)。[次へ]をクリックして表示されるポップアップ画面で[OK]をクリックする。

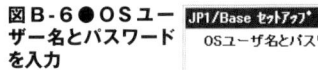

図B-6●OSユーザー名とパスワードを入力

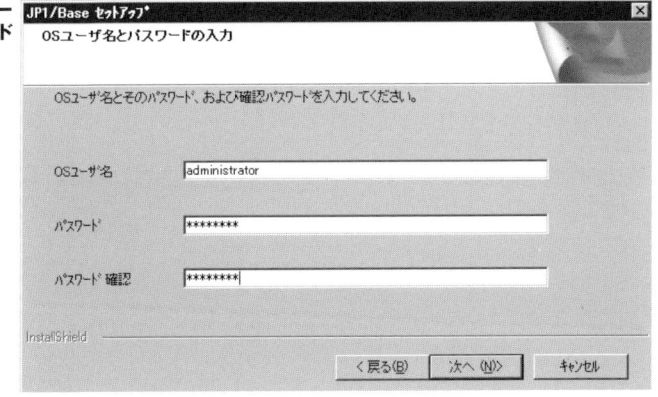

5. [プログラムフォルダの選択]画面で[次へ]をクリックし，任意でREADMEファイルを参照して[InstallShield Wizardの完了]画面で[完了]をクリックする。

④ JP1/AJS2 - Managerのインストール

1. 日立総合インストーラでJP1/AJS2 - Mangerを選択し,[インストール実行]をクリックする(**図B-7**)。[インストール処理開始の確認]ポップアップ画面で[OK]をクリックすると,JP1/AJS2 - Managerのインストールが開始する。

図B-7 ● JP1/AJS2 - Manager を選択してインストールを実行

2. [JP1/Aoutomatic Job Management System 2 - Managerセットアップへようこそ]画面で[次へ]をクリックし,[ユーザ情報]画面でユーザー名,会社名が入力されていることを確認する(**図B-8**)。[次へ]をクリックして[イ

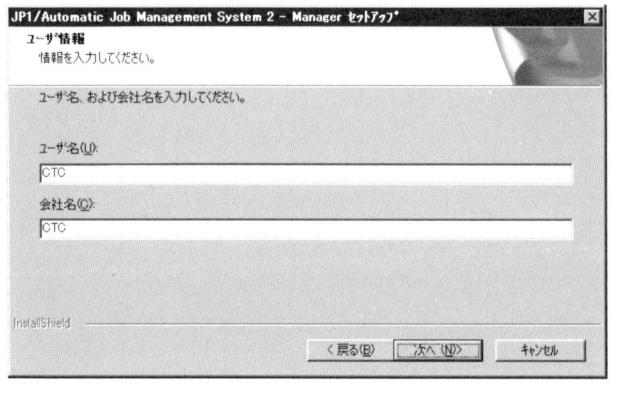

図B-8 ● ユーザー情報入力の確認

ンストール先の選択]画面でJP1/AJS2 - ManagerとJP1/AJS2 Consoleをインストールしたいフォルダを選択し(デフォルトでよければそのまま),さらに[次へ]をクリックして進む。

3. [プログラムフォルダの選択]画面で[次へ]をクリックし,表示される[ファイル コピーの開始]画面で続けて[次へ]をクリックする。任意でREADMEファイルを参照して[InstallShield Wizardの完了]画面で[完了]をクリックする。

⑤ JP1/AJS2 - Viewのインストール

1. 日立総合インストーラでJP1/AJS2 - Viewを選択し,[インストール実行]をクリックする(図B-9)。[インストール処理開始の確認]ポップアップ画面で[OK]をクリックすると,JP1/AJS2 - Viewのインストールが開始する。

図B-9●JP1/AJS2 - Viewを選択してインストールを実行

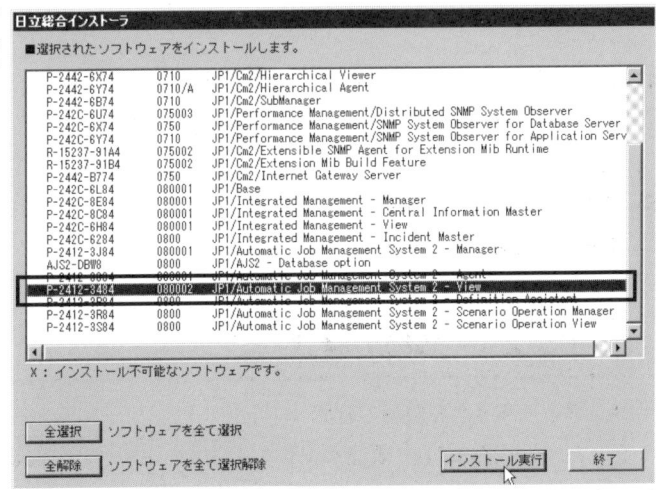

2. [JP1/Aoutomatic Job Management System 2 - Viewセットアップへようこそ]画面で[次へ]をクリックし,[ユーザ情報]画面でユーザー名,会社名が入力されていることを確認する(図B-10)。[次へ]をクリックして[インストール先の選択]画面でJP1/AJS2 - Viewをインストールしたいフォルダを選択し(デフォルトでよければそのまま),さらに[次へ]をクリックして進む。

付録

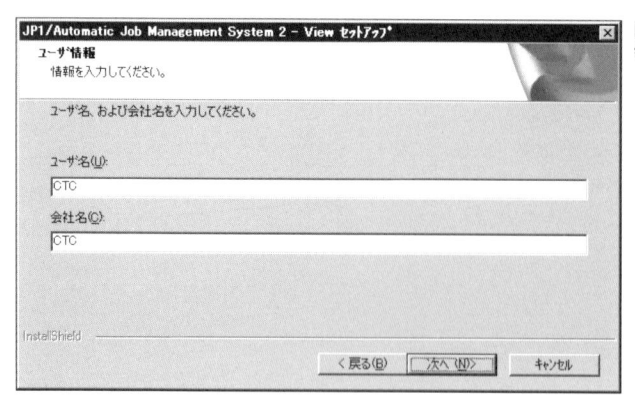

図B-10●ユーザー情報入力の確認

3. [プログラムフォルダの選択]画面で[次へ]をクリックし，表示される[ファイル コピーの開始]画面で続けて[次へ]をクリックする。任意でREADMEファイルを参照して[InstallShield Wizardの完了]画面で[完了]をクリックする。
4. 日立総合インストーラに戻り，[終了]をクリックし，表示される[日立総合インストーラ]ポップアップ画面で[OK]をクリックして，インストールを完了する。
5. JP1/Base，JP1/AJS2 - Manager，JP1/AJS2 - Viewのすべてをインストールしたら，システムを再起動する。

(3) インストール後の確認

① インストールされた製品の確認

インストール後は，JP1製品が正しくインストールされていることを確認しておく。Windowsのスタートメニューで[スタート][プログラム]から，以下のメニューが追加されていることを確認する。

- JP1_Base
- JP1_Automatic Job Management System 2 - Manager
- JP1_Automatic Job Management System 2 - View

付録B ■ ジョブスケジューラのインストール手順

表B-3 ● JP1/Baseで使用するフォルダ/ファイル一覧

オブジェクト	内容
{%install%}¥JP1Base¥bin¥	コマンド格納フォルダ
{%install%}¥JP1Base¥tools¥	ツール関連フォルダ
{%install%}¥JP1Base¥tools¥jbs_log.bat	資料採取ツールのサンプル・バッチファイル
{%install%}¥JP1Base¥tools¥event¥receiver.cpp	IM関数のサンプル・ソースファイル
{%install%}¥JP1Base¥event¥sender.cpp	
{%install%}¥JP1Base¥tools¥helpdesk¥register_ars.bat	AR System連携用サンプル・バッチファイル
{%install%}¥JP1Base¥include¥JevApi.h	IM関数ヘッダファイル
{%install%}¥JP1Base¥conf¥	環境設定フォルダ
{%install%}¥JP1Base¥conf¥boot¥JP1SVPRM.DAT	起動順序定義ファイル
{%install%}¥JP1Base¥conf¥boot¥jp1svprm_wait.dat.sample	起動遅延時間/タイマー監視時間定義ファイル
{%install%}¥JP1Base¥conf¥event¥index	イベントサーバーのインデックスファイル
{%install%}¥JP1Base¥conf¥event¥servers¥default¥conf	イベントサーバーの設定ファイル
{%install%}¥JP1Base¥conf¥event¥servers¥default¥forward	転送設定ファイル
{%install%}¥JP1Base¥conf¥event¥api	API設定ファイル
{%install%}¥JP1Base¥conf¥jp1hosts	jp1hosts定義ファイル
{%install%}¥JP1Base¥conf¥physical_ipany.conf	
{%install%}¥JP1Base¥conf¥logical_ipany.conf	
{%install%}¥JP1Base¥conf¥physical_recovery_0651.conf	通信方式設定ファイル
{%install%}¥JP1Base¥conf¥logical_recovery_0651.conf	
{%install%}¥JP1Base¥conf¥physical_anyany.conf	
{%install%}¥JP1Base¥conf¥physical_ipip.conf	
{%install%}¥JP1Base¥conf¥logical_ipip.conf	
{%install%}¥JP1Base¥sys¥event¥servers¥	イベントデータベース格納フォルダ
{%install%}¥JP1Base¥log¥	ログフォルダ
{%install%}¥JP1Base¥log¥JBS_SPMD{1|2|3}.log	
{%install%}¥JP1Base¥log¥JBS_SPMD_COMMAND{1|2|3}.log	プロセス管理ログファイル
{%install%}¥JP1Base¥log¥JBS_SERVICE{1|2|3}.log	
{%install%}¥JP1Base¥log¥JBSCNFCMD¥JBSCNFCMD{1|2}.log	共通定義情報ログファイル
{%Windows%}¥Temp¥HITACHI_JP1_INST_LOG¥jp1base_inst{1|2|3|4|5}.log	インストール・ログファイル
{%install%}¥HITACHI¥HNTRLib2¥spool¥	統合トレース・ログフォルダ
{%install%}¥JP1Base¥readme.exe	readmeファイル

{%install%}：インストール・フォルダ。デフォルトはC:¥Program Files¥HITACHI
{%Windows%}：Windowsインストール・フォルダ。デフォルトではC:¥WINDOWS

表B-4 ● JP1/AJS2 - Managerで使用するフォルダ/ファイル一覧

オブジェクト	内容
{%install%}¥JP1AJS2¥bin¥	実行ファイル格納フォルダ
{%install%}¥JP1AJS2¥lib¥	ライブラリファイル格納フォルダ
{%install%}¥JP1AJS2¥conf¥	環境設定ファイル格納フォルダ
{%install%}¥JP1AJS2¥conf¥jpqsetup.conf	ジョブ実行環境構成定義ファイル
{%install%}¥JP1AJS2¥readme.txt	readmeファイル
{%install%}¥JP1AJS2¥tools¥	ツールファイル格納フォルダ
{%install%}¥JP1AJS2¥include¥	ヘッダファイル格納フォルダ
{%install%}¥JP1AJS2¥jobinf¥	ジョブ情報格納フォルダ
{%install%}¥JP1AJS2¥database¥	AJS2用データベース格納フォルダ
{%install%}¥JP1AJS2¥database¥shcedule¥	ジョブ・ジョブネット情報格納フォルダ
{%install%}¥JP1AJS2¥database¥Queue¥	キュー情報データベース格納フォルダ
{%install%}¥JP1AJS2¥backup¥schedule¥	ジョブ・ジョブネット情報退避先フォルダ
{%install%}¥JP1AJS2¥sys¥	AJS2用システムファイルフォルダ

{%install%}：インストール・フォルダ。デフォルトはC:¥Program Files¥HITACHI

表B-5 ● JP1/AJS2 - Viewで使用するフォルダ/ファイル一覧

オブジェクト	内容
{%install%}¥JP1AJS2V¥bin¥	実行ファイル格納フォルダ
{%install%}¥JP1AJS2V¥lib¥	ライブラリファイル格納フォルダ
{%install%}¥JP1AJS2V¥conf¥	環境設定ファイル格納フォルダ
{%install%}¥JP1AJS2V¥conf¥ajs2view_opt.conf.model	ユーザ指定オプションファイル（モデルファイル）
{%install%}¥JP1AJS2V¥conf¥<JP1ユーザ名>¥MapBackGround¥wallpaper.conf	壁紙の設定ファイル
{%install%}¥JP1AJS2V¥conf¥<JP1ユーザ名>¥ajs2view_def.conf	デフォルト値の設定ファイル
{%install%}¥JP1AJS2V¥readme.txt	readmeファイル
{%install%}¥JP1AJS2V¥doc¥	ヘルプファイル格納フォルダ
{%install%}¥JP1AJS2V¥doc¥ja¥ajsmn.htm	ヘルプ目次ファイル
{%install%}¥JP1AJS2V¥tools¥	ツールファイル格納フォルダ
{%install%}¥JP1AJS2V¥class¥	Javaクラスファイル格納フォルダ
{%install%}¥JP1AJS2V¥image¥	imageファイル格納フォルダ
{%install%}¥JP1AJS2V¥custom.dir¥	カスタムジョブ登録情報フォルダ
{%install%}¥JP1AJS2V¥addin.dir¥	アドイン情報フォルダ
{%install%}¥JP1AJS2V¥log¥	ログファイル格納フォルダ
{%install%}¥JP1AJS2V¥log¥ajs.log	AJS2-Viewログ
{%install%}¥JP1AJS2V¥log¥ajs2view#nnnn_{1¦2}.log	AJS2-View情報ログ

{%install%}：インストール・フォルダ。デフォルトはC:¥Program Files¥HITACHI
nnnn：0001-9999の任意の値

② システムの変更項目の確認

JP1製品をインストールした後,追加,変更されるシステム環境について,主なものを以下に示す。必要に応じて変更内容を確認しておく。

● **各製品が使用するフォルダ/ファイル**

JP1/Base,JP1/AJS2 - Manager,JP1/AJS2 - Viewが使用するフォルダ/ファイルの一覧を,それぞれ表B-3,表B-4,表B-5に示す。

● **その他のシステム変更項目**

JP1/Base,JP1/AJS2のインストール時に,システムの環境変数(Path変数)に,表B-6以下のフォルダのパスが設定される。また各種の設定情報を格納する「services」ファイルには,表B-1に示した通信要件のサービス名などが自動的に設定される。デフォルト以外のポートを使用したい場合は,変更することもできる。

表B-6●変更可能なその他のシステム環境変数

製品	Path	説明
JP1/Base	{%system%}¥Program Files¥Common Files¥Hitachi	HNTRLib2(統合トレース機能)のパスで,日立製品に共通のフォルダ
	{%install%}¥JP1Base¥bin	Baseのbinフォルダ
JP1/AJS2	{%install%}¥JP1AJS2¥bin	AJS2のbinフォルダ
	{%install%}¥JP1AJS2CM¥bin	AJS2 Console Managerのbinフォルダ

インストール時に設定されたPath変数やポート番号は,アンインストール時に削除されるものもあるが,そのまま残るものもある。必要に応じて手動で削除する。ただし,日立製品に共通のフォルダのパスは,統合トレース機能(HNTRLib2)以外のJP1製品でも使用するため,他のJP1製品がインストールされているマシン上では,削除時に注意が必要だ。

(4) JP1サービスの起動と停止

JP1/AJS2などJP1/Baseを前提とする製品のサービスは,JP1/Baseのサービスが起動した後に起動する必要がある。Windows版の製品では,JP1/Baseが備える起動管理機能で,JP1シリーズ製品,JP1以外の製品のサービス起動順序,終了順序を詳細に管理できる。

① サービスの起動確認

JP1/Base，JP1/AJS2が起動しているかどうかは，Windowsのコントロールパネルの[管理ツール][サービス]画面で確認する。状態が「開始」になっていれば，サービスは起動している。JP1/Base，JP1/AJS2を実行したときに起動するサービスの一覧を，それぞれ表B-7，表B-8に示す。

表B-7 ● JP1/Base実行時に起動するサービス一覧

サービス名	種類	プロセス / 子プロセス	説明
Hitachi Network Object plaza Trace Monitor 2	自動	hntr2srv.exe	統合トレース起動用
		—	—
		hntr2mon.exe	統合トレース
		—	—
JP1/Base	手動	jbs_service.exe	Baseプロセス管理起動用。
		—	
		jbs_spmd.exe	Baseプロセス管理
		jbssessionmgr.exe	認証サーバ。認証サーバとして設定したホスト上にだけ存在する
		jbsroute.exe	構成管理
		jcocmd.exe	コマンド実行
		jcocmdexe.exe	
		jcocmdapi.exe	
		jbsplugind.exe	プラグイン・サービス
		jbshcd.exe	ヘルスチェック（自ホスト監視用）
		jbshchostd.exe	ヘルスチェック（他ホスト監視用）
JP1/Base Control Service	自動	jbapmsrvcecon.exe	起動管理
		powendar.exe	電源制御。JP1/Power Monitorがインストールされていると生成される
JP1/Base Event	手動	jevservice.exe	イベントサービス
		jevsessvc.exe	イベントサービス。物理ホストでのみ生成される
JP1/Base LogTrap	手動	jevtraplog.exe	ログファイル・トラップ
		—	
JP1/Base Eventlog Trap	手動	jevtrapevt.exe	イベントログ・トラップ
		—	

② サービスの起動

システム起動時にはまず，JP1/Baseの起動管理サービス「JP1/Base Control Services」が自動的に起動する。そしてこの起動管理サービスが，定義された順番にサービスを起動していく。デフォルトでは，JP1/Baseが起動した後に，

JP1/AJS2が起動する。JP1/Base，JP1/AJS2の各サービスを手動で起動したい場合は，コントロールパネルの［サービス］画面から起動する。

表B-8 ● JP1/AJS2実行時に起動するサービス一覧

サービス名	種類	プロセス / 子プロセス	説明
JP1/AJS2	手動	jajs_service.exe	AJS2プロセス管理起動用
		―	
		jajs_spmd.exe	AJS2プロセス管理
		ajsmasterd.exe	スケジューラ。スケジューラサービスのプロセス全体を監視
		jpomanager.exe	イベント・アクションの制御（マネージャプロセス）。イベントジョブを管理
		jpoagent.exe	イベント・アクションの制御（エージェントプロセス）。jpomanager.exe以外の各監視用のプロセスを監視・制御
		jpqmon.exe	ジョブ実行制御。ジョブ実行制御のプロセス全体を監視
JP1/AJS2 Monitor	自動	ajsscmsvc.exe	JP1/AJS2 Monitorのサービス
		ajsinetd.exe	JP1/AJS2 - Viewなど，他のサーバーからのアクセスを制御するネットワーク制御プロセス
JP1/AJS2-Queueless Agent	手動	ajsqlagtd.exe	キューレスジョブ管理スレッド。JP1/AJS2 - Managerからのキューレスジョブの実行要求を受け付け，キューレスジョブを実行する
		―	
JP1/JAS2-Queueless File Transfer	手動	ajsqlftpd.exe	キューレスファイル転送スレッド。キューレスジョブ管理プロセスからのファイル転送要求を受け付け，転送ファイル，標準出力ファイル，標準エラー出力ファイルのデータ転送を行う
		―	
JP1/AJS2 Console Manager	自動	ajscmscm.exe	JP1/AJS2 Console Manager サービスの実体
		ajscminetd.exe	JP1/AJS2 Console Viewとやり取りするプロセス
		ajscmmonsvr.exe	JP1/AJS2 Console Agentとやり取りするプロセス
JP1/AJS2 Console Agent	自動	ajscasvc.exe	JP1/AJS2 Console Agent サービスの実体
		ajscainetd.exe	JP1/AJS2 Console Managerとやり取りするプロセス
		ajscagtd.exe	JP1/AJS2の業務の状態を取得，オブジェクトを操作するプロセス

③ サービスの終了

　JP1/Base，JP1/AJS2のサービスは，システムのシャットダウン時に，他の

付録

アプリケーションの停止と共に終了する。JP1/Base，JP1/AJS2のサービスを手動で終了したい場合は，コントロールパネルの[サービス]画面から停止させる。

(5) JP1/AJS2の疎通確認

ジョブスケジューラで実際のジョブを定義する前に，テスト用のジョブを作成して正しくジョブを実行できることを確認し，JP1/AJS2 - ManagerとJP1/AJS2 - Agent間の疎通確認をする。以下に，疎通確認テストの例を示す。

① テスト用ジョブネットとジョブの作成

まず，ジョブスケジューラの管理画面であるJP1/AJS2 - Viewを起動して，JP1/AJS2 - Managerにログインする(**図B-11**)。ジョブを作成するには，まずジョブネットを作成する。**表B-9**に，テスト用のジョブの作成例を示す。ここでは，ジョブネット「TEST」を作成し，a～gの7種類のジョブで構成する。

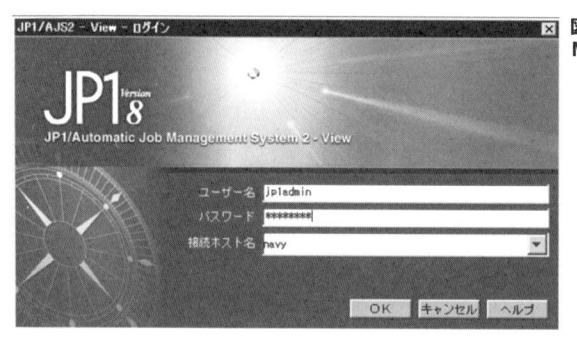

図B-11 ● JP1/AJS2 - Managerへのログイン画面

② ジョブ同士の関連付け

作成した各ジョブを以下のように関連付けすることで，JP1/AJS2 - ManagerとJP1/AJS2 - Agent間の疎通確認を一度に行うことができる(**図B-12**)。
- ジョブa→ジョブb
- ジョブc→ジョブd→ジョブe
- ジョブf→ジョブg

付録B ジョブスケジューラのインストール手順

表B-9 ● 疎通確認テスト用のジョブ作成例

ジョブ番号	ユニット名※1	ユニットの種類	実行ホスト名	コマンド文
a	JOB1	UNIXジョブ	JP1/AJS2-Managerのホスト名	任意のコマンドなど(空白も可)
b	JP1イベント送信1	イベント送信ジョブ	JP1/AJS2-Managerのホスト名	—
c	JP1イベント受信監視1	イベント受信監視ジョブ	JP1/AJS2-Agentのホスト名	—
d	JOB2	UNIXジョブ	JP1/AJS2-Agentのホスト名	任意のコマンドなど(空白も可)
e	JP1イベント送信2	イベント送信ジョブ	JP1/AJS2-Agentのホスト名	—
f	JP1イベント受信監視2	イベント受信監視ジョブ	JP1/AJS2-Managerのホスト名	—
g	JOB3	UNIXジョブ	JP1/AJS2-Managerのホスト名	任意のコマンドなど(空白も可)

ジョブ番号	イベント送信先ホスト名	イベントID※2	イベント発行元ホスト名	プラットフォーム
a	—	—	—	—
b	JP1/AJS2-Agentのホスト名	7FFF9001※3	—	UNIX
c	—	7FFF9001※3	JP1/AJS2-Managerのホスト名	—
d	—	—	—	—
e	JP1/AJS2-Managerのホスト名	7FFF9002※3	—	UNIX
f	—	7FFF9002※3	JP1/AJS2-Agentのホスト名	—
g	—	—	—	—

※1:ユニット名には任意の名前を付ける
※2:任意の16進数で指定(00000000-00001FFF,7FFF8000-7FFFFFFF)
※3:送受信する関係にあるジョブのイベントIDは同一にする

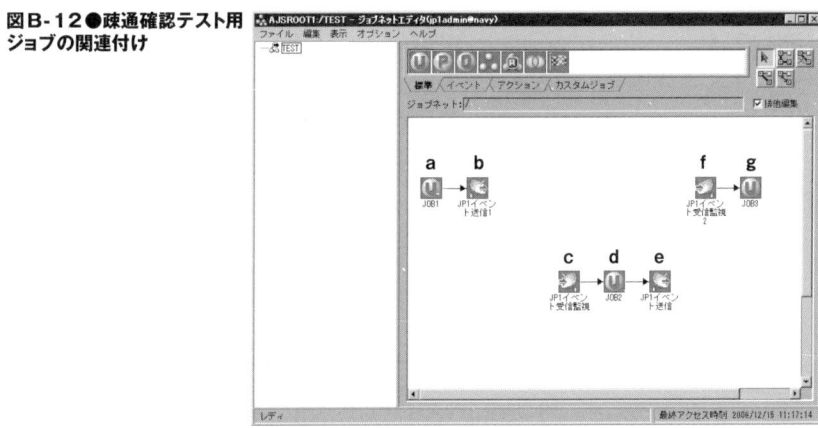

図B-12 ● 疎通確認テスト用ジョブの関連付け

(6) JP1製品のアンインストール

　Windows版のJP1製品は，Windowsの自動アンインストール機能を使って削除する。JP1/BaseとJP1/AJS2をアンインストールする際の注意事項と手順は以下の通り。

〈JP1/AJS2アンイストール時の注意事項〉
- JP1/AJS2をアンインストールすると，JP1/AJS2のプログラムが削除され，同時にユーザー環境（データベースや環境設定ファイルなど）も削除される。JP1/AJS2を削除後に再インストールした場合は，すべて最初から設定し直す必要がある。
- コントロールパネルの［サービス］画面を開いた状態でアンインストールを行うと，JP1/AJS2で提供しているサービスの［スタートアップの種類］が「無効」となり，削除されない場合がある。また，［スタートアップの種類］が「無効」のまま再インストールした場合は，JP1/AJS2で提供するサービスがインストールされないので注意が必要である。
- JP1/AJS2のアンインストール前にJP1/Baseをアンインストールすると，JP1/AJS2をアンインストールできない。JP1/AJS2のアンインストール実行前にJP1/Baseがインストールされていることを必ず確認する。

〈JP1/Baseアンイストール時の注意事項〉
- JP1/Baseをアンインストールすると，他のJP1製品が使用する共通の定義ファイルも削除されるため，他のJP1製品が動作できなくなる。
- JP1/AJS2，JP1/Baseをインストールしたあと JP1/AJS2だけをアンインストールすると，その後イベントサービスが起動しなくなることがある。この場合は，イベントサーバ設定ファイル［¦インストール・フォルダ¦¥HITACHI¥JP1Base¥conf¥event¥servers¥default¥conf］の「include ajs-conf」パラメータの行を削除するか，コメントアウトする。
- JP1/Baseをアンインストールすると，統合トレース機能「HNTRLib2」が自動的にアンインストールされる。ただし，HNTRLib2を利用するプログラム

が他にある場合は，そのプログラムがすべてアンインストールされた時点で
HNTRLib2がアンインストールされる。

〈アンインストールの手順〉
JP1/AJS2製品のアンインストール手順は以下の通り。

① **Administrator権限でログインする**
　JP1/Base，JP1/AJS2 - Managerのプログラムをアンインストールするホストに，Administrator権限でログインする。

② **サービスを終了する**
　Windowsの[コントロールパネル]の[サービス]から，JP1/Base，JP1/AJS2のサービスをすべて終了する。他のJP1シリーズのプログラムが動作している場合は，全てのJP1シリーズのサービスを停止しておくとよい。

③ **「プログラムの追加と削除」の実行**
　Windowsの[コントロールパネル]から[プログラムの追加と削除]（Windows2000の場合は[アプリケーションの追加と削除]）を実行し，JP1/AJS2 - Manager，JP1/Baseの順で，プログラムを選択して削除する（**図**

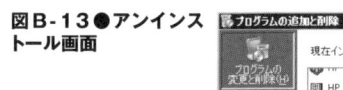

図B-13●アンインストール画面

B-13)。JP1/AJS2 - Viewも同様の手順で削除するが，削除する順番は特に問わない。

④ システムの再起動

JP1/Baseの動作環境を無効にするために，Windowsシステムを再起動する。

⑤ 関連ファイルやインストール・フォルダの削除

JP1/AJS2 - Manager，JP1/Baseをアンインストールした後，**表B-10**に示すフォルダが残っていないかを確認し，残っている場合は手動で削除する。

表B-10●アンイストール時に削除するフォルダ一覧

製品	フォルダ
JP1/AJS2	{%install%}¥JP1AJS2
	{%install%}¥JP1AJS2CM
JP1/AJS2 - View	{%install%}¥JP1AJS2V
JP1/Base	{%install%}¥HNTRLib2※
	{%install%}¥JP1Base

{%install%}：インストール・フォルダ。デフォルトはC:¥Program Files¥HITACHI
※ 他にJP1/Baseを前提としたJP1製品が導入されている場合は削除しない

JP1の主な製品一覧

本書で登場するJP1製品は以下の通り。

JP1/Automatic Job Management System 2 - Manager
略称　　JP1/AJS2 - Manager
日本名　ジョブスケジューラ - マネージャ

業務を自動的に運用するための製品。処理を順序付けて定期的に実行したり，特定の事象が発生したときに処理を開始したりできる。JP1/Automatic Job Management System 2 - Agentの機能や業務の集中監視機能を含む。

JP1/Automatic Job Management System 2 - View
略称　　JP1/AJS2 - View
日本名　ジョブスケジューラ - ビュー

JP1/Automatic Job Management System 2のビュー製品。JP1/Automatic Job Management System 2 - ManagerをGUIで操作できる。業務の集中監視を行うGUIや，ジョブやジョブネットを定義するGUIを提供する。

JP1/Automatic Job Management System 2 - Agent
略称　　JP1/AJS2 - Agent
日本名　ジョブスケジューラ - エージェント

JP1/Automatic Job Management System 2 - Managerのエージェント製品。マネージャからの指示に従って処理を実行する。

JP1/Automatic Job Management System 2 - Print Option
略称　　JP1/AJS2 - PO
日本名　ジョブスケジューラ - 運用情報印刷オプション - ビュー

ジョブネットやスケジュールの情報を，ジョブネット定義情報，実行予実績確認表，実行結果確認表などの帳票レイアウトの形式で表示，印刷するための製品。

JP1/Automatic Job Management System 2 - Print Option Manager License
略称　JP1/AJS2 - PO Manager License
日本名　ジョブスケジューラ - 運用情報印刷オプション - マネージャ

JP1/Automatic Job Management System 2のジョブやジョブネットなどの定義情報を収集し，JP1/Automatic Job Management System 2 - Print Optionの入力データに変換するための製品。

JP1/Automatic Job Management System 2 - Definition Assistant
略称　JP1/AJS2 - DA
日本名　ジョブスケジューラ - ジョブ一括定義オプション

JP1/Automatic Job Management System 2のユニット定義情報をMicrosoft Excel上に帳票レイアウトの形式で一括表示して編集するための製品。Excel上で作成した情報をユニット定義情報として一括反映することもできる。

JP1/Power Monitor
略称　JP1/PW
日本名　電源管理

サーバー装置の電源のON/OFFを制御するための製品。遠隔地からの電源制御，サーバーの業務処理と連携した起動制御などの機能を備える。

JP1/Script
略称　―
日本名　ジョブ制御言語

if文，while文，DeleteFileコマンドなど，ジョブ実行に必要なコマンドを130種類以上提供する。定義はWindows上で行える。Windows上で定義した内容に従って，WindowsまたはUNIX上で実行できる。

JP1/Integrated Management - View
略称　JP1/IM - View
日本名　統合コンソール - ビュー

JP1/Integrated Management - Managerに接続して管理するためのビュー製品。JP1/Integrated Management - Managerの監視・操作画面を提供する。

JP1/Integrated Management - Manager
略称　　JP1/IM - Manager
日本名　統合コンソール - マネージャ

分散システムを構成する多数のサーバーや各種アプリケーションなどを，一つの端末から集中的に監視，操作できる統合コンソールマネージャ製品。分散システムで発生した事象を監視したり，管理対象マシンへのコマンド実行を指示したりできる。

JP1/Integrated Management - TELstaff
略称　　JP1/IM - TELstaff
日本名　統合コンソール - 通報管理

通知コマンドをJP1/Integrated Management - Managerの自動アクション機能に設定して，JP1/Integrated Management - TELstaff Alarm Viewにアラームを通知する製品。赤色灯，電話，電子メールなど，多様な通知手段を利用できる。

JP1/Integrated Management - TELstaff Alarm View
略称　　JP1/IM - TELstaff Alarm View
日本名　統合コンソール - 通報管理 - ビュー

JP1/Integrated Management - TELstaffからの通知を受けて，受信メッセージを参照したり操作したりする製品。

JP1/Base
略称　　―
日本名　JP1管理基盤

JP1/AJS2，JP1/IM，JP1/PWなどの前提製品であり，イベントサービス機能を提供する製品。サービスの起動順序の制御やJP1イベントの送受信，ユーザー管理など，ジョブ管理，統合管理の基盤となる機能やコンソールのエージェント機能を提供する。

JP1/Performance Management - Web Console
略称　　JP1/PFM - Web Console
日本名　サーバ稼働管理 - ビュー

JP1/Performance Management - Managerのビュー製品。JP1/Performance ManagementシステムをWebブラウザから一元管理できる。アラームによる監視や，レポート情報の表示ができる。

JP1/Performance Management - Manager
略称　JP1/PFM - Manager
日本名　サーバ稼働管理 - マネージャ

　JP1/Performance Management - Agent Optionのノード情報やアラームイベントを一元管理する製品。

JP1/Performance Management - Agent Option for Platform
略称　JP1/PFM - Agent for Platform
日本名　サーバ稼働管理 - プラットフォーム監視エージェント

　JP1/Performance Management - Managerのエージェント製品。Windowsシステム，UNIXシステムの稼働性能を監視してデータを収集する。

JP1/Performance Management - Agent Option for JP1/AJS2
略称　JP1/PFM - Agent for JP1/AJS2
日本名　サーバ稼働管理 - JP1/AJS2監視エージェント

　JP1/Performance Management - Managerのエージェント製品。JP1/Automatic Job Management System 2 - Managerの稼働性能を監視してデータを収集する。

JP1/Performance Management - Analysis View
略称　JP1/PFM - Analysis View
日本名　サーバ稼働情報分析 - ビュー

　JP1/Performance Management - Analysis ManagerのGUI操作製品。稼働性能情報を分析したり監視システムの構成定義を設定したりするためのGUIを提供する。

JP1/Performance Management - Analysis Manager
略称　JP1/PFM - Analysis Manager
日本名　サーバ稼働情報分析 - マネージャ

　Webシステムをはじめとする様々なシステムの応答時間や稼働性能を統合管理する製品。相関分析を中心とした分析手法を使って，システムのボトルネックを監視，分析できる。

用語解説

英字・五十音順。

【JP1イベント】
システム内で何らかのイベントが発生した際に,そのイベントの発生を通知する情報。JP1/Baseを経由して,JP1/AJS2やJP1/IMなどに通知される。

【JP1権限レベル】
JP1/AJS2で定義したジョブやジョブネット,イベントなどの管理対象(資源)に対して,JP1ユーザーがどのような操作をできるかを表した名称。JP1/Baseで定義する。

【JP1資源グループ】
JP1/AJS2の各ユニットに対するJP1ユーザーのアクセスを制御するために,ユニットに設定する名称。

【JP1ユーザー】
JP1/AJS2またはJP1/IM - Consoleを使用するときのユーザー名。JP1ユーザーとして認証サーバーに登録すると,管理対象(資源)へのアクセスが制御される。

【アクションジョブ】
メールやメッセージキューを送信したり,JP1/IM - ConsoleやJP1/Cm2に状態を知らせるイベントを送信したりするジョブ。

【異常終了】
ジョブネットの異常終了は,ジョブネットに定義した処理の一部が正しく実行されず,その時点でジョブネットを終了すること。ジョブの異常終了は,ジョブが正しく実行されず,処理を途中で中断すること。

用語解説

【異常終了しきい値】
ジョブが正常終了したか異常終了したかを，リターン・コードで判断するための値。

【イベント】
メールの受信やファイルの更新など，システム内で起こる特定の事象のことで，ジョブやジョブネットの実行契機となる。イベントが発生したかどうかは，イベントジョブを使って監視する。

【イベントジョブ】
システム内の特定のイベントの発生を監視するジョブ。イベントジョブを開始すると，ファイルの更新やメッセージの受信などを監視し始める。

【打ち切り時間】
ジョブを実行したとき，ジョブからの応答がなかったり，終了しなかったりした場合に，ジョブを強制的に打ち切るまでの時間。

【運用日】
ジョブネットを実行する日。

【確定実行登録】
スケジュール定義に基づいてあらかじめ実行日時を算出しておき，その日時に従ってジョブネットを起動し，処理を開始する場合の実行登録方法。

【確定スケジュール】
確定実行登録時に決められた，絶対日時で確定しているスケジュール。

【カスタムジョブ】
ある特定の機能を持つジョブを実行するように，あらかじめ定義されたジョブ。ファイル転送やメインフレームへのジョブ依頼など，標準で提供されるもののほか，業務の中でよく使うジョブをカスタムジョブとして登録しておくこともできる。

【カレンダー情報】
　業務の運用日と休業日についての情報。ジョブグループごとに定義した情報を基に，ジョブグループ中のジョブネットを実行する日と実行しない日を決定する。運用日に合わせて，基準日と月区分，基準時刻の設定もできる。

【環境設定パラメータ】
　JP1/AJS2の運用に必要な各種情報を設定するためのパラメータで，環境設定ファイルの中に記述する。

【環境設定ファイル】
　スケジューラサービスの環境やジョブの実行環境など，JP1/AJS2の運用に必要な情報を設定するファイル。

【起算スケジュール】
　実行開始日時や処理サイクル，休業日の振り替えに従って決められた次回実行予定日を起点日とし，新たに次回実行予定日を算出したい場合に定義するスケジュール。

【起算猶予日数】
　起算後の次回実行予定日が休業日の場合に，実行予定日を探す期間の日数。

【基準時刻】
　JP1/AJS2を運用するときの，日付の境となる時刻。例えば，基準時刻を「8時」と設定すると，7時59分までは前日扱いとなる。

【基準日】
　カレンダー情報で，月の開始日として指定した日。1日以外を指定できる。

【起動条件】
　特定のイベントを契機としてジョブネットを実行させる場合に，どのような条件が成立したときにジョブネットを実行させるか定義したもの。

【キュー】

実行登録されたジョブを一時的にためておくところ。ジョブは，登録された順番でキューに並び，キューに接続されたジョブ実行エージェントが順次実行する。大量のジョブが同時に実行されて処理性能が低下しないよう，エージェントで同時に実行するジョブの数を制御する。

【キューイングジョブ】

ジョブを直接キューへ登録して実行依頼する形態のジョブ。

【休業日】

ジョブネットを実行しない日。ただし，休業日振り替え実行が定義されている場合はジョブネットを実行する。

【キューレスジョブ】

キューを使わず，ジョブ管理マネージャからジョブ実行エージェントへ直接送られて実行されるジョブ。ジョブネットに定義するPCジョブ，およびUNIXジョブをキューレスジョブとして定義できる。

【強制終了】

実行中のユニットを強制的に終了すること。ルートジョブネットを強制終了した場合，実行中のジョブをすべて強制終了し，ジョブネットを中断すること。

【クラスタ・システム】

複数のサーバーを連携して一つのシステムとして運用するシステム。業務を実行中のサーバー（実行系）で障害が発生しても，待機していた別のサーバー（待機系）が業務の処理を引き継いで，処理を継続できるようにする。

【計画実行登録】

スケジュール定義に基づいてジョブネットを起動し，処理を開始する場合の実行登録方法。

【警告終了】
　ジョブネットに定義した処理の一部が正しく実行されないままジョブネットを終了すること。ジョブネットは中断されず，最後まで実行される。発生した障害がジョブネットを中断するほど重大でない場合に利用する。

【後続ジョブ】
　あるジョブ，またはジョブネットの直後に実行するジョブ。

【後続ジョブネット】
　あるジョブ，またはジョブネットの直後に実行するジョブネット。

【サスペンド】
　ルートジョブネットおよびその下位にあるユニットの実行を抑止すること。実行登録中のルートジョブネットの下位にある定義を変更するときに，定義処理と実行制御処理のすれ違いなどを防止するために，ルートジョブネットをサスペンドする。

【サブミット】
　ジョブの実行を依頼すること。

【しきい値】
　ジョブの終了状態を判断するための値。ジョブには，異常終了しきい値と警告終了しきい値を定義できる。

【実行ID】
　最上位ジョブネットの実行予定の一つに対して一つ割り振られる識別番号。

【従属ジョブ】
　判定ジョブの判定結果が真のときに実行するジョブ。

【従属ジョブネット】
　判定ジョブの判定結果が真のときに実行するジョブネット。

【ジョブ】
ジョブネットワーク要素の最小単位。

【ジョブグループ】
ジョブネットをまとめたり分類したりして体系的に管理するためのユニット。

【ジョブ多重度】
同時に実行できるジョブの数。

【ジョブネット】
実行順序を関連付けたジョブの集まり。ジョブネットを実行すると，ジョブネット中のジョブが実行順序に従って自動的に実行される。

【ジョブネットエディタ画面】
ジョブネットを作成したり，編集したりする画面。

【ジョブネットコネクタ】
ルートジョブネットの実行順序を制御するためのジョブネットワーク要素。先行のルートジョブネットと後続のルートジョブネットのそれぞれに作成する。対象のルートジョブネットと接続関係を持ち，その終了や開始を待ち合わせる。

【ジョブネットモニタ】
ジョブネットやジョブの実行状況や実行の詳細結果を表示したり，ジョブネットやジョブを操作したりする画面。

【ジョブネットワーク要素】
ジョブネットワークを定義するための要素。「ユニット」とも呼ぶ。

【処理サイクル】
ジョブネットの実行開始日から，次の実行開始日までの間隔。処理サイクルを定義しておくと，定期的にジョブネットを実行できる。

【スケジューラサービス】
　ジョブネットを実行するスケジュールを管理し，スケジュールに従って処理を実行するサービス。一つのジョブ管理マネージャで複数起動でき，スケジューラサービスと同じ名称のルートジョブグループ配下のユニットを管理する。

【スケジュールルール】
　ジョブネットの実行開始日時や処理サイクルなどの情報。一つのジョブネットに144個までスケジュールルールを定義できる。

【正常終了】
　ジョブネットの正常終了は，ジョブネットに定義した処理がすべて正しく実行されて，ジョブネットが終了すること。ジョブの正常終了は，ジョブが正しく実行されて終了すること。

【先行ジョブ】
　あるジョブ，またはジョブネットの直前に実行されるジョブ。

【先行ジョブネット】
　あるジョブ，またはジョブネットの直前に実行されるジョブネット。

【即時実行登録】
　実行登録と同時にジョブネットを起動し，処理を開始する場合の実行登録方法。

【デイリースケジュール画面】
　1日ごとの実行予定，実行状況，および実行結果を表示するための画面。

【デフォルトキュー】
　ジョブを実行するために，ジョブ実行エージェントに対して作成するキュー。必ず作成しておく必要がある。

【ネストジョブネット】
　ジョブネット中に定義したジョブネット。

用語解説

【排他実行リソース】
複数のジョブの同時実行を抑止したい場合に，それぞれのジョブに同じリソース名(排他実行リソース名)を指定しておき，同時実行を抑止すること。

【判定ジョブ】
指定された条件を判定し，判定結果が真であれば，従属ジョブおよび従属ジョブネットを実行するジョブ。

【判定値】
ジョブが正常終了したか異常終了したかを判断するための値。

【プランニンググループ】
複数のルートジョブネットを計画的に切り替えて実行するためのユニット。プランニンググループの直下に異なる定義内容のルートジョブネットを作成し，それぞれのルートジョブネットに異なるスケジュールを定義することで，自動的にジョブネットを切り替えて実行できる。

【振り替え】
スケジュールに従って決められた次回実行予定日が休業日だった場合に，ほかの日にジョブネットを実行させること。

【振り替え猶予日数】
振り替え日が休業日の場合に，振り替え日を探す期間を日数で定義したもの。

【閉塞状態】
障害などによってジョブネットが開始または終了できず，実行状況や次回実行予定が確認できない状態。ジョブネットの実行登録を解除して登録し直す必要がある。

【マクロ変数】
後続ジョブでイベント受信情報を参照するために定義する変数。イベントジョブに情報を引き継ぐためのマクロ変数名を定義し，引き継ぐイベントのマクロ変数を後続ジョブで指定する。

【マンスリースケジュール画面】
　1カ月ごとの実行予定や実行結果を表示する画面。

【ユニット】
　ジョブネットワーク要素の総称。

【ユニットID】
　一つのユニットに対して一つ割り振られる識別番号。

【ユニット定義パラメータファイル】
　ユニット定義パラメータを格納したテキスト・ファイル。コマンドでジョブネットワーク要素を定義する場合の入力情報になる。

【予定情報ファイル】
　予定情報パラメータを格納したテキスト・ファイル。コマンドでジョブネットを確定実行登録する場合の入力情報になる。

【リカバリジョブ】
　先行するジョブやジョブネットが異常終了したときに実行されるジョブ。

【リカバリジョブネット】
　先行するジョブやジョブネットが異常終了したときに実行されるジョブネット。

索引

■数字
48時間制　　73

■C
CSV　　25

■F
FTP　　27, 102

■I
ISAMデータベース　　163, 186

■J
JP1資源グループ　　142, 166
JP1ユーザー　　44, 142

■O
ORジョブ　　35
OSユーザー　　45, 143

■P
PDCA　　9, 190

■R
REDOログ　　50

■S
SLA　　9

■あ行
アーカイブログ　　50
アクションジョブ　　35
アプリケーション・サーバー　　16, 42
異常終了　　32, 173
イベントID　　95
イベントコンソール　　203
イベント受信ジョブ　　92
イベントジョブ　　35, 208
イベント送信ジョブ　　35, 92
運用日　　36, 112

■か行
開始時間　　73, 123
確定実行登録　　114, 125
カスタムジョブ　　35
稼働情報分析　　211
カレンダー　　112, 199
環境設定パラメタ　　85, 168
管理者権限　　45, 131, 142
関連線　　36, 91
起算スケジュール　　70
起点日　　70
起動管理サービス　　132
起動条件　　35, 81, 117
キュー　　30, 155
キュー・データベース　　158
休業日　　36, 112
キュー構成定義ファイル　　160
キューレスジョブ　　155
クラスタ・システム　　16
計画実行登録　　114, 125

270

権限レベル	45, 144
後続ジョブ	34

■さ行

サブミットジョブ	146
シェル・スクリプト	26, 38
実行ID	122
実行開始日時	112, 123
実行予定	34, 114
ジョブ管理マネージャ	130, 149, 193
ジョブグループ	36, 75, 108
ジョブ実行エージェント	130, 143
ジョブ実行サイクル	43, 73
ジョブスケジューラ	12, 30, 130
ジョブネット	34, 108, 130
ジョブネットコネクタ	36, 97
ジョブネットワーク要素	32, 110
スケジューラサービス	32, 152
スケジュール情報	34, 112
スケジュールルール	18, 80, 112
ストアド・プロシージャ	27
スナップショット	18
先行ジョブ	34
疎通確認	134

■た行

多重起動	33, 81
デイリースケジュール	118
統合コンソール	135

■な行

認証サーバー	139, 182
ネストジョブネット	34, 87
ネットワーク要件	131

■は行

排他編集	101, 110
バッチ・ファイル	38
判定ジョブ	35, 87
標準ジョブ	35
ファイル監視ジョブ	35, 102
ファイル受信ジョブ	103
フラグ・ファイル	103
プランニングジョブグループ	36
振り替え	44, 68
保存世代数	34, 185

■ま行

マクロ変数	78
マッピング	143
マンスリースケジュール	120
命名ルール	40

■や行

ユニット	32, 118

■ら行

リカバリジョブ	64
リターン・コード	41, 87
ルートジョブグループ	32, 149

■わ行

ワトソン博士	179

■ 執筆者紹介

伊藤忠テクノソリューションズ株式会社
ITエンジニアリング室
ITマネジメントソリューション技術部

柳沢 昭則（やなぎさわ あきのり）
　1991年、プログラマとしてITエンジニアの道を歩み始める。アプリケーション開発のみならず、様々な業務を経験。2000年から運用管理のSEとして、JP1製品を活用した統合運用管理システム提案、構築で活躍。JP1認定シニアコンサルタント資格を保有。

渋谷 恵（しぶや けい）
　2001年、伊藤忠テクノサイエンス株式会社（現・伊藤忠テクノソリューションズ株式会社）に入社。JP1をはじめとする複数の運用管理ツールを扱い、システム運用管理の提案、構築を手掛ける。JP1プロフェッショナル認定資格を保有。

JP1によるジョブ管理の実践ノウハウ

2008年3月10日　第1版第1刷発行

　著　者　伊藤忠テクノソリューションズ株式会社
　協　力　株式会社日立製作所
　編　集　日経SYSTEMS
　発行人　中島 久弥
　発　行　日経BP社
　発　売　日経BP出版センター
　　　　　〒108-8646　東京都港区白金1-17-3　NBFプラチナタワー
　　　　　☎03-6811-8200（営業）
　　　　　http://store.nikkeibp.co.jp
　　　　　book@nikkeibp.co.jp
　カバー表紙デザイン　葉波 高人（ハナデザイン）
　制　作　エステム
　印刷・製本　図書印刷

©伊藤忠テクノソリューションズ株式会社　2008　ISBN 978-4-8222-2984-9

● 本書の無断複写複製（コピー）は、特定の場合を除き、著作者・出版社の権利侵害になります。